教育部人文社会科学研究规划基金项目

《网络文化异化境遇下大学生虚拟生存的社会责任践行研究》

（项目批准号：16YJA710012）

异化与重塑

网络社会责任生存研究

林瑞青　范　君｜著

九州出版社

JIUZHOUPRESS

图书在版编目（CIP）数据

异化与重塑：网络社会责任生存研究／林瑞青，范君著．－－北京：九州出版社，2020.9

ISBN 978－7－5108－9567－8

Ⅰ.①异⋯ Ⅱ.①林⋯ ②范⋯ Ⅲ.①互联网络—关系—大学生—社会责任—责任感—研究—中国 Ⅳ.①G641.6

中国版本图书馆 CIP 数据核字（2020）第 179442 号

异化与重塑：网络社会责任生存研究

作　　者	林瑞青　范君　著	
出版发行	九州出版社	
地　　址	北京市西城区阜外大街甲 35 号（100037）	
发行电话	（010）68992190/3/5/6	
网　　址	www.jiuzhoupress.com	
电子信箱	jiuzhou@jiuzhoupress.com	
印　　刷	三河市华东印刷有限公司	
开　　本	710 毫米×1000 毫米　16 开	
印　　张	17	
字　　数	335 千字	
版　　次	2020 年 10 月第 1 版	
印　　次	2020 年 10 月第 1 次印刷	
书　　号	ISBN 978－7－5108－9567－8	
定　　价	75.00 元	

虚拟生存：衡平于自由与秩序之间
——代序

　　《异化与重塑：网络社会责任生存研究》一书，是林瑞青副教授主持的教育部人文社会科学研究规划基金项目"网络文化异化境遇下大学生虚拟生存的社会责任践行研究"（16YJA710012）的最终成果。作者以网络文化异化为背景，从网络社会责任践行视角切入，积极探索了大学生网络文化生产与传播中的价值重塑和行为重塑问题。

　　在当下，人们对网络时代和网络社会充满无限的美好憧憬，并早已迫不及待地讨论着"信息共产主义化"。认为网络社会已呈现出"信息生产力高度发达，信息产品极大丰富"，"人人平等，消灭三大差别"，"共创共享，按需分配"的"共产主义化"趋势②。于是，又有人开始热烈讨论"网络共产主义"和"信息共产主义社会"。认为如今的网络社会，"每个人每时每刻都自觉不自觉地按照'人人为我、我为人人'，'各尽所能、各取所需'的行为模式行事，每个人都是这个社会里平等的成员和公民，这个社会里没有压迫、剥削和歧视，没有工农、城乡、体脑三大差别"，这就是共产主义的生活方式和社会特征，这就是共产主义的曙光③。

　　美国学者安德鲁·沙利（Andrzej Wiktor Schally）更是模仿马克思、恩格斯的《共产党宣言》，慷慨写就《网络共产主义宣言》一文，欢呼"只要进入网

---

① 李辉，中山大学马克思主义学院教授、博士生导师。
② 陆地：《信息共产主义化的特征和影响》，载于《新闻爱好者》2014年第8期，第4－7页。
③ 何其行：《"信息共产主义社会"已经显现——著名社会学家王辉发表新观点》，载于价值中国网，网址：http：//www. chinavalue. net/Finance/Blog/2016－7－10/1281767. aspx，2016年7月10日。

络，我们就像中世纪的农民拥有了村里的公共财产，几乎每一样东西都被分享。而且，甚至连'分享'都不是，而是同时'拥有'"。并斩钉截铁地说，"唯一可行的定义就是实现了共产主义"。于是，在文末更直截了当地说："一个幽灵在美国徘徊——共产主义的幽灵。……有什么比这更为动人心弦的呢？在新世纪的曙光到来之时，一个高科技的世界解决了一个低科技的人类问题。所以，让资本主义和美国的音响工业协会发抖吧。共产主义者们失去的只是锁链，而他们得到的是网络（Web）。"①

对此，本书作者显然没有这么乐观，而在审慎看待所谓"信息共产主义化倾向"的同时，转而关注信息狂欢背后因过度互联所带来的诸多隐忧及其化解路径。事实上，不管"网络共产主义论"，抑或"共产主义幽灵论"，其所关注到的更多是网络社会的一些表征，而忽视了网络社会发展的质量及其潜在的风险。应该看到，网络社会信息产品的低品质生产与信息垃圾、信息陷阱的轰炸式充斥，并非马克思主义学说所描述的"社会生产力高度发展，物质财富极大丰富"；而信息资源的自由复制"拥有"和无序剽窃利用，恰恰是网络社会的一大弊端，并非实质上的"社会成员共同占有全部生产资料"；再看低品质与不良信息产品的生产以及人们对信息资源的警惕与不信任，也严重背离了"各尽所能、按需分配"原则；而且，由于人们对信息资源、网络技术的拥有程度、应用程度以及创新能力之差异，必然造成信息落差以及贫富两极分化，从而产生了信息富人和信息穷人，因而不可能"彻底消灭了阶级差别和重大社会差别"；更为重要的是，正如本书作者所分析的网络文化异化问题，恰恰反映出当下网民仍然缺乏应有的道德自觉，因而根本称不上"全体社会成员具有高度的共产主义觉悟和道德品质"。

所以，本书作者认为，网络共产主义"至今也没在网络上实现。网络社会显然依旧未能突破马克思关于资本的核心理论判断，即一切都是为了金钱，市场把人性异化。现实是，一个高科技的世界，使人们得到的不仅仅是网络，还有一副甩不掉的'锁链'，以及资产阶级的个人主义。而为了不被这副'锁链'所窒息，人们要基于责任、仁爱、正义以及共同的喜好与经历，在网络社会一起分享、治理、合作和展开集体创建行动，以便于探索用互联网技术来实现每

---

① ［美］安德鲁·沙利：《网络共产主义宣言》，邵薇译，选自《侨报》网络版，译自《纽约时报》周刊，载于南京大学马克思主义社会理论研究中心网站，网址：https：//ptext. nju. edu. cn/bc/bb/c13327a244923/page. htm，2007 年 3 月 13 日。

一个人的梦想，而不是一个个梦魇"。

其实，安德鲁·沙利和本书作者一样，是看到了网络社会的阴暗面的。他甚至深刻意识到，网络共产主义全然是"资本主义使这一切成为现实"的，因此"它唯一的弊端是，我们很多人还是喜欢资产阶级的个人主义。……所有意识形态上的斗争还会持续一段时间，一边是贪婪，另一边是高科技的不断开发。最终，那些有胆量的年轻人会胜利的"①。显然，正是资本主义的逐利本性，以及"资产阶级个人主义"在网络社会的盛行，使一种无休止的"贪婪"催生着网络文化之异化，以致"眼前呈现的反而是一个无法无天的抽象空间。因为人们可以自由地侮辱他人，而不用承担任何后果，不用感到任何羞耻，所以，游荡在赛博空间里的人们几乎带着某种激情为所欲为"②，其结果是让"有胆量"的人成为网络社会的最大"获利者"。

诚然，网络社会不乏这些"有胆量"的人，但我们并不欢迎这些人。我们知道，网络空间的创建者之初衷，是建立一个精神理想国——一个没有立场的、和平的纯粹平台，让全人类彼此连接、相互沟通。尽管，现实偏离初衷甚远，但本书作者所提出的网络社会"责任生存"理念，或许可以较好地矫正这些偏差。

本书全面概括了网络文化异化的基本表现，认为首先是玷污文化，以有悖人类基本价值标准的伪文化、反文化而大肆泯灭文化之灵魂，将文化审美沦为了大众快感，诱使大学生的虚拟生存实践走向了庸俗化；其次是消解理想，以扮纯卖萌来魅惑大众，将应有的文化导向演变为一种精神迷宫，诱使大学生在虚拟生存和现实生存中都迷失了信仰；其三是挫伤创造，以山寨复制精品、以戏仿抄袭创意、以剽窃摧垮原创，致使大学生忽视创新创造乃至渐渐丧失了创造力；其四是混淆历史，热衷恶搞经典以取宠、穿越历史以哗众，遮蔽混淆了历史真实，使大学生在一定程度上迷失精神家园、丧失历史感。

直面网络文化之异化，本书作者开始寻找虚实交互融通、互促相成的通路，借此深入剖析了虚拟生存的社会责任生成问题。认为互联网技术仅仅是现实的

---

① ［美］安德鲁·沙利：《网络共产主义宣言》，邵薇译，选自《侨报》网络版，译自《纽约时报》周刊，载于南京大学马克思主义社会理论研究中心网站，网址：https://ptext. nju. edu. cn/bc/bb/c13327a244923/page. htm，2007 年 3 月 13 日。

② ［美］马克·斯劳卡：《大冲突：赛博空间和高科技对现实的威胁》，黄锫坚译，江西教育出版社 1999 年版，第 71 页。

人展开虚拟生存的工具，"虚拟的人"也仅仅是受现实的人操控的"影子"，而经由"虚拟的人"之虚拟生存体验，必反作用于现实的人而产生真实的情感体验。大学生基于虚拟生存与现实生存交互融通的生命体验场，构成一个虚实互塑、对接完整的社会责任发生系统，形成了虚拟生存以"虚拟的人"为纽带作用于现实的人之社会责任发生机制。因此，在网络时代，大学生之社会责任生成，以虚实耦合为生成机理，以交互融通为必要路径，以"虚拟的人"之社会责任生成为表征，以现实的人之社会责任生成为实质。

正是虚拟生存具有这种虚实耦合的德性生成机制，也就决定了网络空间的社会责任践行之可能性。所以，作者进一步分析了虚拟生存的价值重塑问题。认为大学生要想成为在道德上有价值的"人"（虚拟的人），其网络行为就必须具有一定的价值合理性，即在网络社会实施价值合理性行为，体现一种善的行为动机。这种价值合理性行为，必须经由现实的人有意识地对自身一系列网络行为的无条件的价值信仰而产生。实际上，这就是从满足网络社会需要出发，使现实的人在实施网络行为时，在内在精神层面上通过反观己身而陶冶、涵养人的整体精神，从而将现实的人之心灵提升到普遍性状态。为此，作者提出了网络社会的六条价值重塑路径，包括增强虚拟认同以凝聚大学生虚拟生存的价值共识、以利他关怀意识培育集体主义为内核的公共精神、以责任担当而激励大学生网络空间的责任行为、以平等守信理念培育大学生的网络社会契约精神、以慈善之心凝聚网络社会的慈善心愿共同体，以及以制度规引而弘扬大学生网络社会的法治精神。

而基于网络社会虚拟生存的价值重塑，作者更对网络社会的行为重塑问题展开了有价值的讨论。认为大学生虚拟生存应追求行为目的之善，以行为结果之合目的性与合价值性而彰显虚拟生存价值。而大学生网络社会责任行为价值之大小与有无，全在于其自觉自愿地为他人、集体或者社会做出了多少自己应做的贡献。其贡献之核心在于网络行为所产生的社会性价值，它不仅体现在有价值的网络行为对现实的人经由"虚拟的人"而产生强烈的自我悦纳与激励以及他人认同与追随的传动效应，也体现在有价值的网络行为产生榜样引领作用所带来的网络社会分工效率提升、网络社会管理自觉规范化和网络社会公共意识自觉增强的蝴蝶效应。因此，大学生要想实现网络行为价值的最大化，就必须以目的之善为标尺，对网络行为进行必要的选择：一是以公共参与行为助推网络时代利益衡平公平正义，二是以共享共治行为引领网络社会虚拟社区价值共创，三是以内生净化行为开启网络自媒体的自清洁新模式，四是以理性围观行为重塑大学生多元利益的话语表达，五是以网络微文明引领大学生践行微责任。

毫无疑问，网络社会不是只讲"自由"而不顾秩序的虚拟空间，虚拟生存必须在自由与秩序之间进行合理衡平。作者对网络文化异化境遇下大学生虚拟生存的社会责任践行研究，是很有现实意义的，也取得了较好的研究成果。当然，本书所涉网络社会相关问题的研究，还有一些值得深挖的理论问题和实践问题，也有一些值得重新思考和再商榷之处。期望作者能够持续关注网络社会虚拟生存的文化问题、政治问题和伦理问题，不断取得新的研究成果。

是为序。

目　录
CONTENTS

导　论　社会责任：网络文化异化对大学生虚拟生存之吁求 ············· **1**

第一节　网络文化异化吁求虚拟生存的社会责任担当 ················· 2

一、研究背景：网络文化异化与社会责任吁求 ············· 2

二、研究主线：网络文化异化境遇下的责任生存实践 ········· 4

三、研究靶向：重点深化与难点突破 ················· 5

四、研究价值：责任生存的理论延展与责任行为的路径开拓 ····· 7

第二节　网络文化异化与网络社会责任问题研究述评 ··········· 7

一、国内：基于实践视角的网络道德研究 ············· 8

二、国外：基于哲学视角的网络伦理研究 ············· 10

三、简评：网络文化异化境遇下责任生存问题拾遗 ········· 13

第三节　技术与结论：研究的基本思路、方法和观点 ········· 14

一、研究思路：从可能性、可行性到实践性 ··········· 14

二、研究方法：文献研析、问题探究与跨学科分析 ········· 15

三、主要观点：虚实耦合、责任生存与行为重塑 ········· 15

第一章　网络文化形成：网络社会之出现与网络文化之勃兴 ········· **19**

第一节　技术革命：互联网技术之迅猛发展 ··············· 19

一、互联网技术革命发生的前置条件 ················· 20

二、互联网技术革命延展的驱动机制 ················· 22

三、互联网技术革命引致的行为重塑 ················· 25

第二节　第二空间：网络社会之划时代形成 …………………… 29

一、从局限于现实到拓展现实的技术成熟 ……………… 29

二、基于网络分类的更广阔网络社会形成 ……………… 37

第三节　现实超越：网络社会之本质与构成 ………………… 39

一、对世界格局的现实性超越 ……………………………… 40

二、对社会关系的现实性超越 ……………………………… 41

三、对交往结构的现实性超越 ……………………………… 42

第四节　文化新贵：网络文化之兴起与盛行 ………………… 43

一、网络文化兴起的科学技术基础 ……………………… 44

二、网络文化勃发对传统文化的扬弃 …………………… 45

三、网络文化勃兴对多元亚文化的催生 ………………… 46

第二章　网络文化异化：大学生网络文化的畸形生产与传播 ………… **48**

第一节　新锐文化圈：大学生网络文化之萌生与勃发 ……… 48

一、作为新锐大学生情感依托空间的网络文字 ………… 49

二、作为新锐大学生情感依托空间的表情符号 ………… 51

三、作为新锐大学生情感依托空间的网络流行语 ……… 52

第二节　引领新思想：网络文化影响下的大学生特征 ……… 53

一、网络文化影响下的大学生道德认知独特性 ………… 54

二、网络文化影响下的大学生道德感知变迁 …………… 55

三、网络文化影响下的大学生道德建构逻辑 …………… 56

第三节　生存方式变革：大学生网络虚拟生存与发展 ……… 58

一、虚拟的现实生活——存在于网络空间中 …………… 58

二、现实的虚拟生活——"宅"文化的泛滥 …………… 60

三、半虚半实的生活——网络游戏中的自我建构 ……… 61

第四节　虚拟生存畸变：网络空间大学生之异化生存 ……………… 63

一、大学生网络文化异化之延展类型 ………………………… 63

二、大学生网络文化异化之思想延展 ………………………… 66

三、大学生网络文化异化之行为延展 ………………………… 69

第五节　文化基因变异：大学生网络文化之异化生产 …………… 73

一、大学生网络文化异化生产的内生机制 …………………… 73

二、大学生网络文化异化生产的外部氛围 …………………… 75

三、大学生网络文化异化生产的发育土壤 …………………… 76

第六节　文化流毒蔓延：大学生网络文化之异化传播 …………… 78

一、大学生网络文化异化传播的主体肇因 …………………… 78

二、大学生网络文化异化传播的技术凭借 …………………… 79

三、大学生网络文化异化传播的社会环境 …………………… 80

第三章　责任生存：大学生网络虚拟生存与发展之价值选择 …… **82**

第一节　庸俗虐染：网络文化异化之负面价值 …………………… 82

一、网络文化对大学生价值取向的偏误影响 ………………… 83

二、网络文化对大学生道德人格生成的偏误影响 …………… 84

三、网络文化对大学生人文素养形成的偏误影响 …………… 85

第二节　病根切诊：大学生网络文化异化之基本症结 …………… 87

一、大学生网络文化虚拟特质潜藏的异化风险 ……………… 87

二、大学生网络文化资本植入引致的异化必然 ……………… 90

三、网络文化遮蔽现实图景带来的异化结果 ………………… 91

第三节　拓展深化：大学生虚拟生存发展之当代境遇 …………… 94

一、表征大学生虚拟生存与发展境遇的教育技术革新 ……… 94

二、教育技术革新引致的大学生教育机遇与挑战 …………… 96

三、网络时代大学生教育的观念更新 ………………………… 97

四、网络时代大学生教育方式的迭代 ………………………… 98

第四节　社会融入：大学生虚拟生存发展之基本向度 ………… 100

　一、匿名社会与大学生生存、发展 ……………………… 100

　二、社会流动性与大学生责任养成 ……………………… 103

　三、匿名性和流动性对大学生道德进化的要求 ………… 104

第五节　责任生存：大学生虚拟生存发展之价值选择 ………… 106

　一、大学生传统道德与现代价值的交叠 ………………… 106

　二、互联网＋传统观念所带来的大学生责任选择 ……… 108

第四章　共生共存：大学生虚拟生存的社会责任践行之可能 ………… **111**

第一节　责任归属：大学生虚拟生存的社会责任担当依据 ……… 111

　一、于怀疑与不确定中明晰大学生社会责任的必须性 ……… 112

　二、于虚拟生存中凸显大学生担当社会责任的必然性 ……… 113

　三、于普遍伦理通约中明确大学生责任归属的必要性 ……… 114

第二节　共生共存：构建虚拟生存的网络空间命运共同体 ……… 115

　一、构建大学生网络空间命运共同体的核心内容 ……… 116

　二、构建大学生网络空间命运共同体的基本方法 ……… 118

　三、构建大学生网络空间命运共同体的系统策略 ……… 119

第三节　以文化人：网络优秀文化对大学生的正价值引领 ……… 121

　一、优秀网络文化引领对大学生正价值生成的结构图谱 ……… 121

　二、当前以文化人在大学生价值引领中的困难所在 ……… 122

　三、优秀网络文化引领对大学生正向价值发展的可行路径 ……… 123

第四节　责任依据：大学生网络社会责任生存的理论支持 ……… 125

　一、作为网络责任生存的道德自觉预判 ………………… 126

　二、技术革新引致的道德理论改革 ……………………… 127

　三、道德宽容的理论对策 ………………………………… 128

第五节 责任可能：大学生网络社会责任生存的现实基础 ………… 130

一、从常规社会到"陌生人社会"的伦理关系转向 ………… 130

二、从"实证思维"到"伦理思维"的思维转换 ………… 131

三、从"物质文明"到"信息文明"的迭代 ………… 132

第六节 内生超越：大学生虚拟生存的社会责任理想境界 ………… 133

一、虚拟生存社会责任的认知境界 ………… 134

二、虚拟生存的社会责任的素质境界 ………… 135

三、虚拟生存的社会责任的价值境界 ………… 136

四、虚拟生存的社会责任的实践境界 ………… 138

第五章 虚实耦合：网络时代中大学生社会责任之生成机理 ………… **140**

第一节 操控"影子"：虚拟生存的责任生成之可能 ………… 140

一、互联网技术的工具性：责任生存之可能 ………… 141

二、现实生存行为的反映：虚实趋同之可能 ………… 141

三、"影子"特质：有效操控之可能 ………… 142

四、人作为社会存在物：责任承担之内在规定 ………… 143

五、追求德性圆满：责任选择之可能 ………… 144

第二节 虚实耦合：虚拟生存的社会责任内生机制 ………… 145

一、虚拟生存的"现实性"：虚实耦合的基础 ………… 146

二、网络社会的形成：虚实耦合的必要场域 ………… 146

三、虚与实融通互促：社会责任的内生机制 ………… 147

第三节 交互融通：社会责任在虚实之间互塑生成 ………… 150

一、责任情感之发生：社会责任生成的基础 ………… 150

二、责任情感之真实性：社会责任生成的关键 ………… 151

三、交互融通：社会责任在虚实间互塑生成 ………… 152

第四节　虚实互塑：交互融通的社会责任发生系统 ………… 153

一、责任生存："虚拟的人"迈向生命超然 ……………… 153

二、非责任生存："虚拟的人"走向生命黯然 …………… 154

三、虚实互塑：大学生网络社会责任生成系统 ………… 155

第五节　自我管控：网络社会责任的内生育成机制 ………… 156

一、主体重塑：类我与自我的协同与超越 ……………… 156

二、虚拟发展：确证虚拟生存的生命意义 ……………… 157

第六章　价值重塑：大学生虚拟生存的社会责任之引领路径 ………… **159**

第一节　虚拟认同：凝聚大学生虚拟生存的价值共识 ……… 159

一、虚拟认同的内涵界定 ………………………………… 160

二、虚拟认同的实践价值 ………………………………… 161

三、虚拟认同的文化风险 ………………………………… 162

四、构建命运共同体以强化虚拟认同 …………………… 164

第二节　利他关怀：培育集体主义为内核的公共精神 ……… 167

一、利他关怀视域下的集体主义选择 …………………… 168

二、集体主义与网络社会公共精神的张扬 ……………… 170

三、利他关怀：以集体主义为内核的公共精神培育 …… 172

第三节　责任担当：激励大学生网络空间的责任行为 ……… 174

一、共生共存：凝聚责任担当的价值共识 ……………… 175

二、责任人格：类我与自我的协同与超越 ……………… 176

三、角色责任：网络责任的具体化与主体化担当 ……… 178

四、虚拟发展：以自我责任行为确证虚拟生存的生命意义 ………… 181

第四节　平等守信：培育大学生的网络社会契约精神 ……… 182

一、网络社会的契约精神 ………………………………… 183

二、网络社会契约精神的现实审视 ……………………… 185

三、网络社会契约精神的育成 …………………………… 187

第五节　慈善引领：凝聚网络社会的慈善心愿共同体 ……………… 189

一、弘扬网络慈善文化 ……………………………………… 190

二、塑造网络公共慈善精神 ………………………………… 193

三、凝聚网络慈善心愿共同体 ……………………………… 195

第六节　制度规引：弘扬大学生网络社会的法治精神 …………… 197

一、优化网络有限实名制度：遏制网络隐形人的恶 ……… 198

二、建立网络行为诚信制度：强化虚拟生存的硬约束 …… 200

三、强化网络行为责任制度：加大虚拟生存的违法成本 …… 202

第七章　行为重塑：大学生虚拟生存的社会责任之践行路径 ………… 204

第一节　公共参与：助推网络时代利益衡平公平正义 …………… 204

一、网络社会的公共参与 …………………………………… 205

二、大学生网络公共参与的动力与形式 …………………… 206

三、大学生网络公共参与的实现路径 ……………………… 207

第二节　共享共治：引领网络社会虚拟社区价值共创 …………… 209

一、网络社会的虚拟社区 …………………………………… 209

二、大学生虚拟社区的负面因素 …………………………… 211

三、大学生虚拟社区的价值共创 …………………………… 212

第三节　内生净化：开启网络自媒体的自清洁新模式 …………… 214

一、网络社会的自媒体发展 ………………………………… 214

二、大学生自媒体的负面影响 ……………………………… 216

三、大学生自媒体的自清洁实现路径 ……………………… 218

第四节　共景监狱：重塑大学生多元利益的话语表达 …………… 219

一、全媒体时代"全景监狱"向"共景监狱"的转换 …… 220

二、"共景监狱"场域下的网络社会特征分析 …………… 221

三、"共景监狱"场域下的大学生话语表达路径选择 ………… 225

第五节　积微致著：以微文明引领大学生践行微责任 …………… 227

　　一、网络社会的微文明呈现 ……………………………… 227

　　二、网络微文明的特征分析 ……………………………… 228

　　三、网络微文明的实践路径 ……………………………… 229

余　论　相生相合：大学生虚拟生存的社会责任践行之路向 ………… **231**

　第一节　虚实相生：社会责任在虚拟生存与现实生存中合力生成 ……… 231

　　一、社会责任在虚拟生存与现实生存中的合力生成环境 ………… 232

　　二、社会责任在虚拟生存与现实生存中的合力生成瓶颈 ………… 233

　　三、社会责任在虚拟生存与现实生存中的合力生成路径 ………… 234

　第二节　虚实交融：大学生在虚实合一之生存中走向德性之圆满 ……… 235

　　一、虚实交融的道德形态 ………………………………… 236

　　二、虚实交融的生存机制 ………………………………… 239

　　三、虚实交融的德性前景 ………………………………… 241

　第三节　虚实共生：在共存相合之中实现大学生的自由全面发展 ……… 242

　　一、自由全面发展在虚实共生中的意蕴 ………………… 243

　　二、自由全面发展在虚实共生中的转换 ………………… 243

　　三、自由全面发展在虚实共生中的路向 ………………… 246

后　记 ……………………………………………………… **251**

导　论

社会责任：网络文化异化对大学生虚拟生存之吁求

加拿大社会学家马绍尔·麦克卢汉（Marshall McLuhan）指出："任何技术都倾向于创造一个新的人类环境。"①显然，互联网技术的天才发明与迅猛发展，更是创造了一个任何其他技术无法比拟的崭新的人类环境——网络空间（网络社会）。这是一个人类生存方式的根本性革命，它开辟了人类生存的第二空间。网络社会的横空出世，必然地产生了人类的虚拟生存，必然地建构了超越现实社会的网络社会，也必然地创造了独特的网络文化。现实社会之万象，在网络社会中得以再现、延伸和虚拟，乃至超越。当然，互联网技术及互联网功能的过度利用，网络文化也可能因此被扭曲，并在一定程度上走向异化。

正如美国学者理查德·A. 斯皮内洛（Richard A. Spinello）所言："技术的步伐常常比伦理学的步伐要急促得多，而正是这一点对我们大家都构成某些严重威胁。技术的力量所造就的社会扭曲已有目共睹。"②事实上，互联网技术的步伐比伦理道德的步伐要急促得多得多。互联网技术所造就的社会扭曲现象中，网络文化之异化是最为显著的问题之一。毫无疑问，人类在一定程度上正面临被互联网技术支配、被网络文化奴役的双重风险。人们必须在抓住互联网技术带来的机遇之同时，要充分意识到并密切关注这其中的诸多风险，以及为互联网技术之进步和网络文化之异化所付出的种种与日俱增的社会代价。正是在这一意义上，斯皮内洛告诫世人："计算机技术正在创造一个新的人类环境，我们应当谨慎从事，使这个新的环境不至于成为个人权利或公平和正义的敌人。"③

---

① Marshall McLuhan, *Understanding Media：The Extensions of Man*（New York：Mentor Books，1964），P. ⅳ.

② ［美］理查德·A. 斯皮内洛：《世纪道德：信息技术的伦理方面》，刘钢译，中央编译出版社1999年版，中文版序言第Ⅱ页。

③ ［美］理查德·A. 斯皮内洛：《世纪道德：信息技术的伦理方面》，刘钢译，中央编译出版社1999年版，扉页。

显然，还要警惕的，是这个新的环境不至于成为个人发展、社会进步和国家安全的巨大"陷阱"。大学生唯有真正理解互联网技术和网络文化异化带来的实际与潜在之威胁后，方有可能鼓起勇气对其进行充分而有效地防御改善与共享共治。

第一节 网络文化异化吁求虚拟生存的社会责任担当

网络社会犹如一个百变魔术箱，给人类生活、社会变革、经济创新、政府管理、社会治理等带来千变万化的福利与便利，并对时间和空间进行有效的压缩或延伸，其所拥有的创造潜能为人类提供了无限的美好机会。然而，网络社会所孕育的网络文化，一旦出现异化并蔓延，其对人类生活、个体发展、社会进步，乃至国家安全之侵蚀必然日渐增强，网络文化安全由此成为网络安全的核心部分，社会责任担当也就成为促进网络社会生态化发展的必然要求。

一、研究背景：网络文化异化与社会责任吁求

美国学者尼古拉·尼葛洛庞帝（Nicholas Negroponte）早在 1991 年问世的《数字化生存》一书的结语中就预见："未来 10 年中，我们将会看到知识产权被滥用，隐私权也受到侵犯。我们会亲身体验到数字化生存造成的文化破坏，以及软件盗版和数据窃取等现象。"① 的确，10 年后，直至今天，网络社会的个人主义和权力分散所带来的迅猛且野蛮式的发展，已超出了尼古拉·尼葛洛庞帝当初的想象力，无所不在的数字化使人们在网络社会的文化生产和传播变得更加多元，甚至走向了文化异化而达到了难以调和的程度。

所谓异化，有疏远、脱离之意，通常是指相似或相同的事物逐渐变得不相似或不相同。而从哲学层面来看，就是主体发展到了一定阶段，分裂出自己的对立面，并成为一股外在的异己的力量。那么，所谓网络文化异化，其主要表现为，现实社会反映于网络社会的主流文化、先进文化，在自由野蛮的发展中逐渐分裂出一种在内涵和精神上疏离、对立的异己文化，如亚健康文化，乃至不健康文化。

---

① ［美］尼古拉·尼葛洛庞帝：《数字化生存》，胡泳、范海燕译，电子工业出版社 2017 年版，第 228 页。

　　当前，虚拟生存已成为普遍存在并无可抗拒的事实，网络文化亦陷入了不断异化的困境，具体表现在以下几方面。一是玷污文化。现实的人经由"虚拟的人"，不惜编"谎"猎奇、造"谣"吸睛、推"黄"入网、引"暴"上线，以有悖人类基本价值标准的伪文化、反文化而大肆泯灭文化之灵魂，将文化审美沦为了大众快感，诱使大学生的虚拟生存实践走向了庸俗化。二是消解理想。在网络社会，随时随处可以看到这样的信息，即以"高富帅""白富美"标准来塑造所谓的理想，以扮纯卖萌来魅惑大众，将应有的文化导向演变为一种精神迷宫，诱使大学生在虚拟生存和现实生存中都迷失了信仰。三是挫伤创造。互联网技术的迅猛发展为人们提供了种种便利，于是越来越热衷于以山寨复制精品、以戏仿抄袭创意、以剽窃摧垮原创，致使大学生忽视创新创造乃至渐渐丧失了创造力。四是混淆历史。娱乐化、污名化是网络文化的一大倾向，许多网民热衷恶搞经典以取宠、穿越历史以哗众，遮蔽混淆了历史真实，使大学生在一定程度上迷失精神家园、丧失历史感。面对如此境遇，作为最大最活跃网络群体的大学生，却缺乏应有的社会责任感，在网络社会上热衷充当"枪手""打手""传手""水军""黑客"，生产传播庸俗、低俗、媚俗文化，或盲目跟帖、转帖，或散播谣言、操纵舆论，或招摇撞骗，或制造传播病毒等，危及网络文化和网络安全。

　　显然，在网络文化异化境遇下，尽管"赛博空间的创建者的初衷是建立一个精神理想国"，但其"眼前呈现的反而是一个无法无天的抽象空间。因为人们可以自由地侮辱他人，而不用承担任何后果，不用感到任何羞耻，所以，游荡在赛博空间里的人们几乎带着某种激情为所欲为"①。而美国学者安德鲁·沙利（Andrzej Wiktor Schally）在"网络共产主义宣言"中慷慨激昂所说的——"一个幽灵在美国徘徊——共产主义的幽灵。它既不需要革命，资产阶级也不需要被消灭。……一个高科技的世界解决了一个低科技的人类问题"② ——而这般景象，至今也没在网络上实现。网络社会显然依旧未能突破马克思关于资本的核心理论判断，即一切都是为了金钱，市场把人性异化。现实是，一个高科技

---

① ［美］马克·斯劳卡：《大冲突：赛博空间和高科技对现实的威胁》，黄锫坚译，江西教育出版社1999年版，第71页。

② ［美］安德鲁·沙利：《网络共产主义宣言》，邵薇译，选自《侨报》网络版，译自《纽约时报》周刊，载于南京大学马克思主义社会理论研究中心网站，网址：https：//ptext. nju. edu. cn/bc/bb/c13327a244923/page. htm，2007年3月13日。

的世界，使人们得到的不仅仅是网络，还有一副甩不掉的"锁链"，以及资产阶级的个人主义。而为了不被这副"锁链"所窒息，人们要基于责任、仁爱、正义以及共同的喜好与经历，在网络社会一起分享、治理、合作和展开集体创建行动，以便于探索用互联网技术来实现每一个人的梦想，而不是一个个梦魇。因此，对网络文化异化境遇下大学生虚拟生存的社会责任践行问题展开深入研究，显得尤为必要和迫切。

二、研究主线：网络文化异化境遇下的责任生存实践

2016 年，尼古拉·尼葛洛庞帝在《数字化生存》中文纪念版专序中，承认了早年的一个误判："25 年前，我深信互联网将创造一个更加和谐的世界。我相信互联网将促进全球共识，乃至提升世界和平。但是它没有，至少尚未发生。"[①] 这种不和谐，体现在"民族主义甚嚣尘上，管制在升级，贫富鸿沟在加剧"[②] 等方面。而网络文化异化，显然是网络时代缺失全球责任、搁置和谐追求、滥用网络权力情势下的综合体现。所以，我们应该引领大学生重拾全球责任、追求社会和谐、善用网络权力，在联通全球化、权力分散化的网络社会全面深入展开责任生存实践。为此，本研究以网络文化异化境遇下的责任生存实践为主线，从如下方面予以展开：

一是虚拟生存的社会责任理论阐释与大学生网络文化异化及网络责任生存状况分析。提出网络空间"责任生存"概念并进行学理解析，剖析网络文化异化境遇下的大学生虚拟生存样态。同时探索网络文化异化与大学生虚拟生存的道德异化之关联性与因果关系，剖析大学生网络文化异化机制。以网络伦理切入，通过对大学生网络责任生存现状之分析，追问大学生网络文化异化及社会责任缺失之根源，分析网络时代对大学生网络责任生存之吁求。还将对网络文化异化境遇下大学生责任人格的双重性展开理论探索。

二是论证大学生在网络文化异化境遇虚拟生存中践行社会责任之可能。以马克思主义人学的实践生存论和马克思主义伦理学为基础，回答什么是网络社会责任、网络社会责任从何而来、为何要承担网络社会责任、如何能承担网络

[①] ［美］尼古拉·尼葛洛庞帝：《数字化生存》，胡泳、范海燕译，电子工业出版社 2017 年版，中文纪念版专序第 1－2 页。

[②] ［美］尼古拉·尼葛洛庞帝：《数字化生存》，胡泳、范海燕译，电子工业出版社 2017 年版，中文纪念版专序第 2 页。

社会责任等基本问题。重点对中西方伦理学关于责任根据的理论进行归纳分析，从网络社会责任来源的视角，探讨大学生网络社会责任生存的理论支持；从如何能承担网络社会责任的视角，剖析大学生网络社会责任生存的现实基础。以马克思主义文化生产理论为基础，分析网络文化异化与大学生虚拟生存的社会责任行为之辩证关系，探讨大学生对网络文化异化之责任以及网络社会责任践行对网络文化异化的矫正机制。

三是揭示大学生虚拟生存的社会责任践行对促进责任人格生成之机理。首先，探索网络责任评价对大学生在虚拟生存中的责任人格生成之影响，分析如何确定虚拟生存的责任归责和自我控制机制建立。其次，从角色理论出发，探讨大学生虚拟生存的责任存在与实现。网络虚拟角色是网络责任生存的实践基础，也是网络责任的逻辑前提，网络虚拟角色的瞬变性产生了大学生网络行为在责任归责和责任评价上的难题，亟待解决。第三，结合传播学、责任心理学理论，探索大学生虚拟生存中的责任生成机理，为探寻网络责任生存教育规律提供依据。第四，从文化心理学理论，探索网络文化在虚拟生存中对大学生的道德涵养，对网络虚拟角色与现实自我、个体精神等之关系展开论述。

四是研究网络文化异化境遇下大学生虚拟生存的责任生存之实现。从不同维度深入探索大学生网络社会虚拟生存的社会责任践行路径，具体为：一是价值重塑维度，分别从虚拟认同、利他关怀、责任担当、平等守信、慈善引领、制度规引等方面，探讨大学生虚拟生存的社会责任之引领路径；二是行为重塑维度，从网络公共参与、虚拟社区共享共治、自媒体内生净化、多元利益理性表达、网络微文明践行等方面，探讨大学生虚拟生存的社会责任之践行路径，并剖析了大学生虚拟生存的社会责任践行之有限性，以及社会责任践行的自律性与强制性。

三、研究靶向：重点深化与难点突破

遵循以网络文化异化境遇下的责任生存实践为研究主线，必须准确把握和着力突破研究的重点和难点，具体有四方面：

一是大学生网络文化异化机制如何？对大学生虚拟生存社会责任践行产生何等影响？首先，大学生群体的网络文化异化有其特殊的异化机制，因此在异化表征、异化的动力机制、异化的思想根源均有所差异。其次，网络文化异化与大学生网络社会责任缺失之间互为因果，那么网络文化异化对大学生的文化

审美、价值判断、理想信念、网络德行、社会责任等产生怎样的影响？

二是如何确定大学生网络社会责任归责？如何评价大学生网络社会责任行为？首先，网络社会"虚拟的人"的隐匿性、符号性、易变性和缺场性，阻碍了网络社会责任的有效归责，导致了大学生网络行为的责任规避和责任虚无论，故须找到责任归责的依据与判断原则。其次，在网络责任归责模糊的情况下，大学生的网络责任评价也面临难题。但这两个难题却是讨论大学生网络责任生存的重大前提，也是展开大学生网络责任生存教育的依据。若网络责任无法归责，就无法对网络行为作出价值判断，最终也无法规引大学生虚拟生存的社会责任践行行为。因此，这是研究的重点也是难点之一。

三是大学生虚拟生存的责任人格塑造何以可能？大学生虚拟生存的社会责任生成机理如何？网络社会的虚拟生存是否能促进大学生责任人格的塑造？这在学界存在争议。南京师范大学道德教育研究所的冯建军教授在《道德岂能在虚拟中成长》一文中认为，"道德不是在虚拟中生成的，而是在真实的生活中体验的"，"一旦把网络作为道德教育的一个途径，虽然新鲜，但却是值得商榷的"①。美国学者马克·斯劳卡（Mark Slouka）在《大冲突：赛博空间和高科技对现实的威胁》一书中也认为："自由仅仅存在于某种限制之内，道德仅仅在现实世界中才有意义。"②倘若如此，一切关于网络思想政治教育（或网络德育）的命题将变得毫无意义。在这一语境下，本研究关于大学生网络责任人格塑造之可能的假设便成为一个难点，大学生虚拟生存的社会责任生成机理探索也必须找寻新的突破口。

四是网络文化异化境遇下大学生如何实现虚拟生存的社会责任践行？首先，大学生网络社会责任践行的动力机制如何？大学生网络文化生产与传播应遵循怎样的文化逻辑和责任伦理？如何以网络共生共存理念引领大学生网络成人成才的自我责任？其次，分析大学生网络社会责任践行的有限性，以及其自律性与强制性。第三，基于价值重塑的引领路径，网络文化异化境遇下应该从哪些方面增强大学生的虚拟认同？又如何引领大学生践行社会责任？第四，基于行为重塑的践行路径，应当如何对大学生在公共参与、虚拟社区建设、自媒体发

---

① 冯建军：《道德岂能在虚拟中成长》，载于《思想理论教育》2006 年第 2 期，第 11 – 14 页。

② ［美］马克·斯劳卡：《大冲突：赛博空间和高科技对现实的威胁》，汪明杰译，江西教育出版社 1999 年版，第 71 页。

展、微文明践行等方面予以有效规引？

四、研究价值：责任生存的理论延展与责任行为的路径开拓

本研究试图弥补网络文化异化与大学生虚拟生存的社会责任践行方面研究之不足，为拓展大学生网络社会责任践行路径提供理论依据。首先提出"责任生存"概念，强调大学生在虚拟生存中应以"社会责任"为价值取向，为他人虚拟生存以及网络生态化发展而担负责任。如今，网络社会已成为大学生高度依赖的第二"生存空间"，但网络社会责任缺失已成为思想政治教育的难题之一。而现有研究侧重大学生网络伦理/道德的现状及其教育分析，对网络文化异化境遇下大学生虚拟生存的社会责任践行问题尚未深入探究，如大学生网络文化异化机制、网络责任的生成机理、网络角色责任、网络社会责任践行等理论问题有待研究。因此，本研究是大学生网络思想政治教育研究的一个理论上的新生长点。

而在工具性价值方面，一是拓展了大学生虚拟生存的社会责任践行路径，规引大学生网络文化生产与传播的责任行为。当前，教育工作者多以现实社会的道德规则和教育手段去指引大学生虚拟生存之责任行为。但网络空间的隐匿性、符号性、虚拟性和责任主体的模糊性，却使其网络行为在很大程度上仍处于道德真空状态。故应区别对待现实生存与虚拟生存的责任问题，探讨网络社会特有的社会责任践行路径。而本研究对网络文化异化之矫正、网络社会责任践行路径、网络文化生产传播责任等予以探索，得以规引大学生网络社会责任行为。二是指引大学生建立网络文化审美的价值标准，培育虚拟生存的责任精神，塑造网络社会责任人格，反思并唤醒大学生虚拟生存的价值理性和责任人格塑造，激发网络社会责任践行的能动性与自觉性，以抑制个人主义和自由主义在网络空间的膨胀，实现虚拟生存与现实生存的责任精神和谐，从而消解大学生网络社会责任缺失现象，消除责任人格的双重性，化解网络自由表达与社会责任之伦理难题。

第二节　网络文化异化与网络社会责任问题研究述评

在国外，互联网技术肇始于 20 世纪五六十年代，经历了大半个世纪的蓬勃

发展。直到 20 世纪八九十年代，互联网才在中国大地得以萌生。到如今，我国互联网已称得上全球第一大网，不仅网民最多，而且联网最广。在短时间内，整体发展快速，网速可靠性、网络科技性迅速增强。但是，学界对互联网技术迅猛发展所产生的系列社会问题之客观认识与理论研究，在深度和广度上与西方国家还存在一定的差距。

一、国内：基于实践视角的网络道德研究

在国内，关于网络文化异化的研究极少，主要对网络异化之现象及其根源、异化属性，以及矫正策略进行了一些探索，但尚未将之与网络社会责任进行关联性研究。

与网络社会责任践行相关的研究也不多，但网络伦理/道德研究较丰富。现有研究对网络责任缺失类型、特征及成因作了分析，对网络责任教育的一般路径进行了探寻，对网络自由与责任之关系等也展开了一些有益探索。较早的网络伦理研究有陆俊与严耕的论文《国外网络伦理问题研究综述》①、陆俊等人的著作《网络伦理》② 等。近年来的研究成果相对较多，论著有刘少杰的《中国网络社会研究报告 2019》③ 与《网络社会的结构变迁与演化趋势》④、程士强的《网络社会中的群体、结构与治理》⑤、徐仲伟的《网络社会公德建设研究》⑥、白志如的《网络社会的参与式生产逻辑》⑦、贾英健的《虚拟生存论》⑧、关晓兰与李孟刚的《网络社会生态系统形成机理研究》⑨、郑爱龙的《网络社会与社会主义核心价值观认同》⑩、郑洁的《网络社会的伦理问题研究》⑪、何明升的《虚拟世界与现实社会》⑫，等等；博士论文有孟卧杰的《网络社会治理中的

---

①　陆俊、严耕：《国外网络伦理问题研究综述》，载于《国外社会科学》1997 年 2 期，第 14 − 18 页。

②　陆俊、严耕、孙伟平：《网络伦理》，北京出版社 2000 年版。

③　刘少杰：《中国网络社会研究报告 2019》，中国人民大学出版社 2020 年版。

④　刘少杰：《网络社会的结构变迁与演化趋势》，中国人民大学出版社 2019 年版。

⑤　程士强：《网络社会中的群体、结构与治理》，经济科学出版社 2019 年版。

⑥　徐仲伟：《网络社会公德建设研究》，中国人民大学出版社 2018 年版。

⑦　白志如：《网络社会的参与式生产逻辑》，中国社会科学出版社 2018 年版。

⑧　贾英健：《虚拟生存论》，人民出版社 2011 年版。

⑨　关晓兰、李孟刚：《网络社会生态系统形成机理研究》，经济科学出版社 2017 年版。

⑩　郑爱龙：《网络社会与社会主义核心价值观认同》，安徽师范大学出版社 2016 年版。

⑪　郑洁：《网络社会的伦理问题研究》，中国社会科学出版社 2011 年版。

⑫　何明升：《虚拟世界与现实社会》，社会科学文献出版社 2011 年版。

"单边主义"困境及其出路》①、刘秉鑫的《我国网络社会话语权生成、运行及调控研究》②、孙余余的《人的虚拟生存与思想政治教育创新研究》③，等等。既有研究成果可归纳为如下四个方面：

一是侧重网络不道德行为研究。现有研究成果比较关注网络社会的不道德行为，尤其是网络沉溺、信息污染、信息欺诈、商务伦理、网络犯罪，以及网络文化、网络社会和网络道德等问题的抽象探讨。从方法上看，较多采用现象描述、现象归纳和文本解读的方法进行宽泛分析。

二是对网络道德表现及其根源的研讨。在网络伦理/道德表现方面，从不同角度进行分析归纳，如黄寰等人从网络所涉领域，将网络伦理问题分为网络隐私、网络人际关系、网恋、网络知识产权、信息公共安全、网络国家安全等八大问题④；有学者从网络带来悖论性问题的角度，将网络伦理问题概括为网络道德与既有道德的问题、通讯自由与社会责任的问题、网络开放性与网络安全的问题、网络资源正当使用与不当使用问题等八个内容⑤。在根源方面，主要涉及网络生态伦理缺失、黑客哲学泛化、虚拟与现实伦理标准双重性、网络主体素质、网络立法滞后等。

三是网络对道德教育的影响分析。学者认为，网络影响人的思想、观念等，对传统道德教育的主导地位形成冲击，给道德教育内容、方式方法、途径等带来挑战，但网络有利于道德教育及时性、针对性、实效性和吸引力之提升。

四是重点探索网络伦理/道德问题的解决路径。一般认为要完善网络道德规范、开展网络德育、健全网络法制、构筑网络管理体系、树立网络生态伦理观等；并提出网络德育要实现观念创新（如价值观、义务观、主体观等），还要创新内容（如全球伦理、网络伦理等），更要创新德育方法途径（如网络德育活动、培养网络德育队伍等）。

---

① 孟卧杰：《网络社会治理中的"单边主义"困境及其出路》，华中师范大学 2016 年博士学位论文。
② 刘秉鑫：《我国网络社会话语权生成、运行及调控研究》，上海大学 2018 年博士学位论文。
③ 孙余余：《人的虚拟生存与思想政治教育创新研究》，山东师范大学 2011 年博士学位论文。
④ 黄寰：《网络伦理危机及对策》，科学出版社 2003 年版。
⑤ 严耕、陆俊、孙伟平：《网络伦理》，北京出版社 1998 年版。

二、国外：基于哲学视角的网络伦理研究

依据文献检索情况，国外与网络社会责任践行相关的研究不多，主要为网络伦理研究，且以美国为理论高地。代表性著作主要有：迈克尔·海姆（Michael Heim）的《从界面到网络空间：虚拟实在的形而上学》①、尼古拉·尼葛洛庞帝（Nicholas Negroponte）的《数字化生存》②、曼纽尔·卡斯特（Manuel Castells）的《网络社会的崛起》③、埃瑟·戴森（Dyson Esther）的《2.0版：数字化时代的生活设计》④、泰普斯科特（Don Tapscott）的《数字化成长》⑤、派卡·海曼（Pekka Himanen）的《黑客伦理与信息时代精神》⑥、叶夫根尼·莫罗佐夫（Evgeny Morozov）的《技术至死：数字化生存的阴暗面》⑦、约翰·哈特利（John Hartley）的《数字时代的文化》⑧、马克·格雷厄姆（Mark Graham）与威廉·H. 达顿（William H. Dutton）的《另一个地球：互联网＋社会》⑨、迈克尔·帕特里克·林奇（Michael Patrick Lynch）的《失控的真相》⑩、克莱·舍基（Clay Shirky）的《人人时代：无组织的组织力量》⑪、雪莉·特克

---

① ［美］迈克尔·海姆：《从界面到网络空间：虚拟实在的形而上学》，金吾伦、刘钢译，上海科技教育出版社2000年版。
② ［美］尼古拉·尼葛洛庞帝：《数字化生存》，胡泳、范海燕译，电子工业出版社2017年版。
③ ［美］曼纽尔·卡斯特：《网络社会的崛起》，夏铸九等译，社会科学文献出版社2006年版。
④ ［美］埃瑟·戴森：《2.0版：数字化时代的生活设计》，胡泳、范海燕译，海南出版社1998年版。
⑤ ［美］泰普斯科特：《数字化成长》，陈晓开、袁世佩译，东北财经大学出版社2003年版。
⑥ ［美］派卡·海曼：《黑客伦理与信息时代精神》，李伦、魏静、唐一之译，中信出版社2002年版。
⑦ ［白俄罗斯］叶夫根尼·莫夫佐夫：《技术至死：数字化生存的阴暗面》，张行舟、闾佳译，电子工业出版社2014年版。
⑧ ［澳］约翰·哈特利：《数字时代的文化》，李士林、黄晓波译，浙江大学出版社2014年版。
⑨ ［美］马克·格雷厄姆、威廉·H. 达顿：《另一个地球：互联网＋社会》，胡泳、徐嫩羽、于双燕、胡晓娅译，电子工业出版社2015年版。
⑩ ［美］迈克尔·帕特里克·林奇：《失控的真相》，赵亚男译，中信出版集团2017年版。
⑪ ［美］克莱·舍基：《人人时代：无组织的组织力量》，胡泳、沈满琳译，浙江人民出版社2015年版。

尔（Sherry Turkle）的《群体性孤独》①和《重拾交谈》②、罗伯特·郑（Robert Zheng）等人的《青少年在线社会沟通与行为》③、马克·斯劳卡（Mark Slouka）的《大冲突：赛博空间和高科技对现实的威胁》④，等等。国外的研究成果可以概括为如下四个方面：

一是网络生存问题研究。学者从认识论视角探索网络生存问题，如约翰·佩里·巴洛（John Perry Barlow）、迈克尔·本尼迪克特（Michael Benedikt）、迈克尔·海姆（Michael Heim）等人，充分肯定了网络空间是一个新的精神家园，人类将置身于技术事件之中⑤。学者还把网络与人的交往实践、生存与发展联系起来研究，如斯通（A. R. Stone）、曼纽尔·卡斯特（Manuel Castells）等人，认为电子网络是社会空间的新形式，要以实践的观点来认识网络社会。但在网络的社会影响及网络价值问题上，存在两种论争，即网络乌托邦和网络恶托邦。前者以尼古拉·尼葛洛庞帝⑥、安德鲁·沙利（Andrzej Wiktor Schally）⑦、迈克

---

① ［美］雪莉·特克尔：《群体性孤独》，周逵、刘菁荆译，浙江人民出版社 2014 年版。

② ［美］雪莉·特克尔：《重拾交谈》，王晋、边若溪、赵岭译，中信出版集团 2017 年版。

③ ［美］罗伯特·郑、杰森·伯罗·桑切斯、克利福德·德鲁：《青少年在线社会沟通与行为》，刘勤学、黄飞、熊俊梅译，世界图书出版公司 2014 年版。

④ ［美］马克·斯劳卡：《大冲突：赛博空间和高科技对现实的威胁》，黄锫坚译，江西教育出版社 1999 年版。

⑤ 如约翰·佩里·巴洛在其 1996 年发表的《网络赛博空间独立宣言》中指出："我们正在创造一个世界：在那里，所有的人都可加入，不存在因种族、经济实力、武力或出生地点生产的特权或偏见。我们正在创造一个世界，在那里，任何人，在任何地方，都可以表达他们的信仰而不用害怕被强迫保持沉默或顺从，不论这种信仰是多么的奇特。"参见 ［美］约翰·佩里·巴洛：《网络赛博空间独立宣言》，网址：http：//worldol. bokee. com/418283. html，2004 年 12 月 21 日。

⑥ 尼古拉·尼葛洛庞帝认为，网络时代是"乐观的时代"，是"沙皇退位，个人抬头"的时代，是"真正的个人化时代"。参见［美］尼古拉·尼葛洛庞帝：《数字化生存》，胡泳、范海燕译，电子工业出版社 2017 年版，第 230 页和第 159 页。

⑦ 安德鲁·沙利仿照马克思、恩格斯的《共产党宣言》所撰写的《网络共产主义宣言》指出："有一天，当我正在网上从另一个音乐爱好者的硬盘上下载一盒音乐时，我忽然想到，我这算是偷窃吗？我这样做伤害了谁吗？当然，我躲避了向音响公司付版税。但他们不是已经够富有吗？那么，我的行为说明了什么？这网上到底发生了什么？唯一可行的定义就是实现了共产主义。……这是马克思曾经梦想过而没能实现的，它超越了过去对'资产阶级所有制'的任何一次改革。……共产主义者们失去的只是锁链，而他们得到的是网络（Web）。"参见 ［美］安德鲁·沙利：《网络共产主义宣言》，邵薇译，选自《侨报》网络版，译自《纽约时报》周刊，载于南京大学马克思主义社会理论研究中心网站，网址：https：//ptext. nju. edu. cn/bc/bb/c13327a244923/page. htm，2007 年 3 月 13 日。

尔·本尼迪克特等为代表，认为，网络将给人类带来光明的前景和难得的发展机遇。后者以马克·斯劳卡①、丹·希勒（Dan Schiller)② 等为代表，认为网络社会是一个无法无天的抽象空间，游荡其中的人们几乎带着某种激情为所欲为。

二是网络空间伦理规范研究。学者研究了网络社会不道德行为及其成因，逐步构建了网络伦理规范，如美国南加利福尼亚大学研究总结出"六种网络不道德行为"：（1）有意地造成网络交通混乱或擅自闯入网络及其相联的系统，（2）商业性地或欺骗性地利用大学计算机资源，（3）偷窃资料、设备或智力成果，（4）未经许可而接近他人的文件，（5）在公共用户场合做出引起混乱或造成破坏的行动，（6）伪造电子邮件信息；又如美国计算机伦理协会制定的"网络十条戒律"：（1）不应用计算机去伤害别人，（2）不应干扰别人的计算机工作，（3）不应窥探别人的文件，（4）不应用计算机进行偷窃，（5）不应用计算机作伪证，（6）不应使用或拷贝没有付钱的软件，（7）不应未经许可使用别人的计算机资源，（8）不应盗用别人的智力成果，（9）应该考虑你所编的程序的社会后果，（10）应该以深思熟虑的方式来使用计算机③。还有欧盟、日本、俄罗斯、韩国、澳大利亚、新加坡等国家和学者，对网络运行和使用过程中一些具体伦理问题都有进行深入研究和严格规范。

三是网络空间伦理原则与内容研究。关于伦理原则，美国学者罗伯特·N.巴格研究提出了计算机伦理关怀的三条基本原理：（1）一致同意的原则，如诚实、公正和真实等；（2）把这些原则运用到对不道德行为的禁止上；（3）通过惩罚并且（或者）通过对遵守规则行为积极的鼓励来加强对不道德行为的禁

---

① 马克·斯劳卡指出："在这个杂糅的世界，每一种潜在的价值都变成了它自己的阴暗面……当真实世界用各种检查制度和权衡措施把住邪恶之门时，人性中的所有恶魔，却在极短时间内跳到赛博空间里重新开张营业。"参见［美］马克·斯劳卡：《大冲突：赛博空间和高科技对现实的威胁》，黄锫坚译，江西教育出版社1999年版，第70－71页。

② 丹·希勒指出："在扩张性市场逻辑的影响下，因特网正在带动政治经济向所谓的数字资本主义转变。然而，这场划时代的转变对大多数人来说并不吉祥。"参见［美］丹·希勒：《数字资本主义》，杨立平译，江西人民出版社2001年版，引言第15－16页。

③ 以上"六种网络不道德行为"和"网络十条戒律"，参见央视网：《如何借鉴国外网络媒体的伦理规则》，网址：http://www. cctv. com/tvguide/tvcomment/wtjj/xzlz/7329_6. shtml，2003年7月10日。

止①。而理查德·A. 斯皮内洛提出了网络信息技术应用中道德判断的三种重要的规范性原则，即自主原则、无害原则和知情同意原则②。至于研究内容，则涉及网络空间主体、权利义务的界定、网络精神价值、网络社会问题等方面。

四是由网络伦理引发的哲学问题研究。如网络伦理研究的理论流派、网络空间的人类新的生存状态和生活方式，以及传统伦理道德（如权利、义务、正义、责任等）的网络适用性等。

总而言之，国外的网络伦理研究较侧重基本理论剖析以及网络隐私、网络知识产权、网络安全、黑客伦理、电子商务伦理、从业人员职业伦理等网络具体道德问题的实证分析。从抽象的理论建构到具体的网络行为分析，最终将之付诸实践，制定相关伦理规范和政策法规，有效规引了网络责任行为。

三、简评：网络文化异化境遇下责任生存问题拾遗

上述文献分析可见，国内、国外的相关研究成果为本研究提供了很好的理论基础、实践启示和文献参考。但基于网络文化异化之境遇，从虚拟生存的社会责任践行视角来看，至少在如下方面仍有待进一步深入研究：

一是大学生网络文化异化的道德问题尚待研究。大学生网络文化异化有其特殊性，其异化根源、发生机制、网络文化异化与其网络道德异化之关系、异化之反文化逻辑、网络文化生产与传播的社会责任等均应予以重视。

二是大学生虚拟生存的社会责任生成机理有待研究。从责任伦理视角，结合网络社会"虚拟的人"（电子人）的隐匿性、符号性、易变性、缺场性等特征，网络社会责任的归责、责任评价机制、社会责任生成机理诸问题都值得研究。

三是大学生虚拟生存的社会责任践行问题研究有待深入。大学生网络文化异化与网络社会责任缺失互为因果，而在虚拟生存的自由表达过程中，应恪守怎样的社会责任？又有哪些社会责任引领路径和社会责任践行路径（社会责任生存路径）？

----

① 宋永琴：《视觉传播伦理：网络时代的新命题》，载于《中国社会科学网》，网址：http://www. cssn. cn/ddzg/ddzg_ ldjs/ddzg_ wh/201310/t20131030_ 798916. shtml，2012 年 7 月 12 日。

② 理查德·A. 斯皮内洛：《世纪道德：信息技术的伦理方面》，刘钢译，中央编译出版社1999 年版，第 51 - 56 页。

第三节 技术与结论：研究的基本思路、方法和观点

本研究的目标是，以马克思主义人学的实践生存论、马克思主义文化生产理论，以及网络伦理、责任伦理、角色理论等为理论基础，对网络文化异化境遇下大学生虚拟生存的社会责任践行问题进行分析论证，以拓展大学生虚拟生存的社会责任践行路径。在理论层面，主要对大学生网络文化异化现象及其异化机制展开分析，剖析网络文化异化与大学生网络社会责任之关联，探索大学生网络文化生产与传播的社会责任；对大学生网络空间责任生存的基础理论展开分析，剖析大学生网络空间责任生存可能性的哲学基础，揭示大学生网络空间的责任生成机理，为拓展大学生虚拟生存的社会责任践行路径提供学理依据。在实践层面，主要对大学生网络文化生产与传播、虚拟生存的社会责任践行展开调查分析，以社会责任践行之视角，从网络公共参与、虚拟社区共享共治、自媒体内生净化、理性话语表达、网络微文明践行等方面探索大学生虚拟生存的社会责任之践行路径，以优化大学生的网络社会责任行为。以此为目标，我们明确了研究思路和研究方法，实现了研究目的，形成了主要观点。

一、研究思路：从可能性、可行性到实践性

本研究的技术路线，可简明表述为：网络社会责任践行现状审思→网络社会责任践行之可能→网络社会责任生成机理→网络文化异化境遇下大学生虚拟生存的社会责任践行路径。遵循这一内在逻辑顺序，各环节的研究思路如下：

一是对大学生展开网络文化异化境遇下的网络空间责任生存现状分析。对大学生网络社会虚拟生存和网络文化生产与传播等问题展开现状分析研究，剖析大学生网络文化异化机制及其对虚拟生存的道德层面影响，剖析大学生虚拟生存的社会责任迷失根源以及其社会责任践行的动力机制和思想根源，分析网络时代对大学生网络责任生存的吁求。

二是大学生虚拟生存的社会责任践行之可能性论证。深入探索了网络社会责任之依据、网络社会责任之可能、网络社会责任之内生超越等问题，从责任归属、共生共存、以文化人等视角分析了践行社会责任之可能性，并剖析虚拟生存的社会责任践行之有限性、自律性与强制性。

三是大学生虚拟生存的责任生成机理阐释。以网络心理、文化心理、责任心理等理论为基础，探索网络文化异化境遇下大学生虚拟生存中的责任生成机理，分析了"虚拟的人"为现实的人所操控的"影子"特质，深入探讨了虚实耦合、交互融通状态下的社会责任发生系统和内生机制，为探寻大学生虚拟生存的社会责任教育以及践行路径拓展提供依据。

四是网络文化异化境遇下大学生虚拟生存的社会责任践行之现实问题研究。分别从价值重塑和行为重塑两方面探索大学生网络社会责任之引领路径与践行路径。在引领路径方面，侧重研究虚拟认同、利他关怀、责任担当、平等守信、慈善引领、制度规引等方面的价值规范性；在践行路径方面，侧重研究网络公共参与、虚拟社区共享共治、自媒体内生净化、共景监狱场域的话语表达、网络微文明等方面的行为实践性。

二、研究方法：文献研析、问题探究与跨学科分析

一是文献研析法。广泛收集国内外有关网络伦理/道德、责任伦理、网络生存、网络文化生产与传播等方面的研究文献，及由网络文化异化引发的道德（责任）问题的研究成果，通过研究分析、归纳总结，以构建网络文化异化境遇下大学生虚拟生存的社会责任践行及其责任教育的理论框架。

二是问题探究法。本研究紧紧围绕"虚拟生存如何产生畸变""网络文化如何走向异化""网络社会责任承担何以可能""网络社会责任何以生成"等问题而展开，以找寻大学生网络文化异化机制、网络文化异化与大学生网络行为之关联（影响），找寻大学生网络责任缺失的内在逻辑、网络社会责任践行的动力机制和思想根源。

三是比较借鉴法。本研究在域外具有可资借鉴的实践经验和理论成果，可通过梳理整合与比较借鉴，并结合我国实际，以形成符合网络时代特征的大学生网络社会责任践行路径及网络责任生存教育理论和方法。

四是跨学科分析法。本研究涉及多学科，将结合思想政治教育、文化学、伦理学、教育学、心理学、社会学、传播学等学科，以展开网络文化异化境遇下大学生虚拟生存的社会责任践行路径之研究。

三、主要观点：虚实耦合、责任生存与行为重塑

本研究的主要观点可以简要表述为三个词语：一是虚实耦合，网络时代大

学生的社会责任在操控"虚拟的人"过程中于虚实耦合间交互融通而互塑生成；二是责任生存，网络文化异化吁求大学生以共生共存、共享共治理念打造网络空间命运共同体；三是价值重塑，大学生虚拟生存的行为动机和行为结果均须合目的、合价值，既突出价值对虚拟生存行为的引领性，又强调行为对虚拟生存价值的彰显度。各章的主要观点如下：

第一章分析了互联网技术背景下网络社会之出现与网络文化之勃兴。认为科学技术是人类提高生产力和自身认知与实践能力的重要凭借，随着互联网技术迅猛发展所引致的互联网空间的建成，作为文化新贵的网络文化之兴起成为必然。网络文化形成以来，人与人之间的社会交往变得愈发无视空间距离和价值观的束缚，从而人与人之间的社会距离与社会分层也会逐渐地模糊，类似观点的层出不穷，对当今网络时代网络社会超越现实社会作出了前瞻性的预判，同时对超越现实社会的网络社会的本质与构成作出合理解读。其人员的代际承接和思想的迭代升级，在科学技术基础的奠定中、对传统文化的扬弃下、多元亚文化的催生里，兴起与盛行了网络文化及其承载主体。

第二章分析了网络文化异化境遇下大学生网络文化的畸形生产与传播。认为网络文化作为活跃于全球空间和网络社会之中的重要亚文化，以自身独有的特质影响着社会整体的文化格局，其勃兴为大学生对道德习得、意识、认知、认同和外化等系列伦理道德发展都带来了巨大挑战。网络文化在促成新锐文化圈崛起的同时，在大学生生活特性的影像中，引领着时代新思想的萌生与发展；它同时为大学生打造了一种全新的外部发展环境，为大学生提供了"生存于网络空间中""宅于家中""建构于游戏中"的多重选择，使其自身发展在无声中分流与异化。而这种被异化的个体，于个体基因维度在网络文化的内生机制、外部氛围、发育土壤中，不断被席卷于特异性圈层，并最终于技术与环境的综合作用下，成为蔓延网络文化异化流毒的主体肇因。

第三章分析了责任生存理念下大学生网络虚拟生存与发展之价值选择。认为匿名性和流动性是现代社会的重要特征，它们一定程度上促进了道德需求的产生，并最终在其他因素的协同影响下生成了道德市场，进而延展为大学生虚拟生存与发展的基本向度。大学生的结构性虚拟生存与发展，拓展于其在网络时代所接受的全新教育；其正处于价值观、人生观和世界观的形成期的特点，很大程度上决定了他们对网络产品的选择和辨识能力较弱，使得大学生在选择道德的过程中很容易误入歧途，这种内外相合的刺激在整体上构筑了大学生虚拟生存与发展的当代境遇。当这种境遇融合于教育技术革新、大学生教育观念翻新、大学生教育方式迭代，全新教育模式导引下大学生发展，在价值选择上必然地显现出传统与现代道德观念交叠、互联网与传统发展观念的性状。

第四章分析了共生共存逻辑下大学生网络社会责任践行之可能。认为互联网技术和网络应用的普及，使得任何人都可以在网上在最短的时间内发表自己的见解和观点，同时也可以最快的时间看到网上的其他的新闻和信息。随之而来的网络市场化环境，以怀疑性和不确定性刺激了个体自主性和道德自我意识的产生，随着个体自主性和道德意识的不断发展，必然会使大学生的社会责任担当随着社会道德的发展而呈现出一种自律而自觉的趋势。在此背景下，以文化人的内涵主要是通过网络语言、图片、动画、微视频、音乐等网络文学形式，而在网络新媒体中传播主流价值，教育和改变人们的性格，实现思想政治教育目标的达成、形塑大学生虚拟生存的网络空间命运共同体意识，就成为必然趋势。遵循这一趋势，探究大学生网络责任生存的现实基础和理想境界，亦成为引导大学生社会责任践行的题中之义。

第五章分析了虚实耦合场域下大学生网络社会责任之生成机理。认为互联网技术开辟了人类生存的第二空间"网络社会"，大学生在现实社会与网络社会之间自由穿梭地生存着，构建了虚实耦合的思想政治教育新环境。互联网技术仅仅是现实的人展开虚拟生存的工具，"虚拟的人"也仅仅是受现实的人操控的"影子"，而经由"虚拟的人"之虚拟生存体验，必反作用于现实的人而产生真实的情感体验。大学生基于虚拟生存与现实生存交互融通的生命体验场，构成一个虚实互塑、对接完整的社会责任发生系统，形成了虚拟生存以"虚拟的人"为纽带作用于现实的人之社会责任发生机制。因此，在网络时代，大学生之社会责任生成，以虚实耦合为生成机理，以交互融通为必要路径，以"虚拟的人"之社会责任生成为表征，以现实的人之社会责任生成为实质。

第六章分析了价值重塑视角下大学生网络社会责任之引领路径。认为大学生要想成为在道德上有价值的"人"（虚拟的人），其网络行为就必须具有一定的价值合理性，即在网络社会实施价值合理性行为，体现一种善的行为动机。这种价值合理性行为，必须经由现实的人有意识地对自身一系列网络行为的无条件的价值信仰而产生。实际上，这就是从满足网络社会（乃至现实社会）需要出发，使现实的人在实施网络行为时，在内在精神层面上通过反观己身而陶冶、涵养人的整体精神，从而将现实的人之心灵提升到普遍性状态。为此，可从六个引领途径来实现网络行为的价值重塑：一是增强虚拟认同以凝聚大学生虚拟生存的价值共识，二是以利他关怀意识培育集体主义为内核的公共精神，三是以责任担当而激励大学生网络空间的责任行为，四是以平等守信理念培育大学生的网络社会契约精神，五是以慈善之心凝聚网络社会的慈善心愿共同体，六是以制度规引而弘扬大学生网络社会的法治精神。

　　第七章分析了行为重塑视角下大学生网络社会责任之践行路径。认为大学生虚拟生存应追求行为目的（或结果）之善，以行为结果之合目的性与合价值性而彰显虚拟生存价值。而大学生网络社会责任行为价值之大小与有无，全在于其自觉自愿地为他人、集体或者社会做出了多少自己应做的贡献。其贡献之核心在于网络行为所产生的社会性价值，它不仅体现在有价值的网络行为对现实的人经由"虚拟的人"而产生强烈的自我悦纳与激励以及他人认同与追随的传动效应（即自尊与他尊性价值），也体现在有价值的网络行为产生榜样引领作用所带来的网络社会分工效率提升、网络社会管理自觉规范化和网络社会公共意识自觉增强的蝴蝶效应（即社会性生产价值）。因此，大学生要想实现网络行为价值的最大化，就必须以目的（或结果）之善为标尺，对网络行为进行必要的选择：一是以公共参与行为助推网络时代利益衡平公平正义，二是以共享共治行为引领网络社会虚拟社区价值共创，三是以内生净化行为开启网络自媒体的自清洁新模式，四是以理性围观行为重塑大学生多元利益的话语表达，五是以网络微文明引领大学生践行微责任。

第一章

网络文化形成：网络社会之出现与
网络文化之勃兴

生产工具是人类社会生产力的集中体现，科学技术是人类提高生产力和自身认知与实践能力的重要凭借。早在 20 世纪 20 年代，弗里杰什·卡林西（Frigyes Karinthy）精准地预判了随着信息传播技术的升级，人与人之间的社会交往变得愈发无视空间距离和价值观的束缚，从而人与人之间的社会距离与社会分层也会逐渐地模糊，类似观点的层出不穷，对当今网络时代网络社会超越现实社会作了前瞻性的预判，同时对这种超越现实社会之新型社会形式的本质与构成作出了合乎逻辑的解读。随着互联网技术迅猛发展所引致的互联网空间的建成，以及随之发展的网络社会的划时代形成，作为文化新贵的网络文化之兴起成为必然，为我们探讨网络社会之出现与网络文化之勃兴提供了切入点。

第一节　技术革命：互联网技术之迅猛发展

科学技术是人类生产方式与生活模式的直观写照，其发展状况与速率直接关乎作为类的人的存续，同时还决定着人们以何种形式实现对人类社会的构建。无论是上溯到远古的结绳、取火、滚木、筑巢、驯养等原始技术，还是带来产业革命的蒸汽机、电灯、无线电等现代技术，抑或者当前引领时代发展脚步的空间、基因、微粒子技术，都对人类的生产方式、交往模式、生活图景产生了深刻而深远的影响。如今，整合于系列前沿科技并与直接影响人们日常生活、交往的互联网技术，在建构人类生存方式、创设新型人际关系、彰显时代伦理形态等方面表征着既全面指涉又突出彰显的意义。随着与互联网技术紧密关联的前置性科技的发展，互联网技术之迅猛发展获得了技术平台和技术理论上的系统支撑；这种系统性的支撑以互联网技术革命的内生逻辑作为联动机制，并在这种发展逻辑的联动中实现技术革命的延展，同时对传统的人际交往方式和人类伦理观念实现着瓦解与重构，并于具足互联网技术之工具性、空间性和社会性的人类行为塑造中，构筑着网络空间中人类交往的行为模式。

一、互联网技术革命发生的前置条件

20 世纪末至今，人类社会在发展的进程中经历着基于六项革命性技术革新而带来的第二次通信革命，其中，在微电子研究领域的一系列创新与变革，直接带来了电子计算机技术的 5 次重大迭代升级。伴随这一领域重大创新而来的，是电子计算机小型化和个人化进程的深入，基于微电子技术创新在集成半导体领域的切入，当前的科学技术已可成熟地将数以十万计连接点的芯片囊括入仅有若干平方毫米的集成面板上，从而使得微处理器的研发、量产和普及成为时代主流，为个人计算机的普及奠定了基础。与此同时，随着微处理器技术的成熟，计算机处理过程的分散化趋势亦日益显著，它为数据通信和数字交往融入人们的日常生活提供了外部环境，对人类交往所带来的直接影响是电话网络的计算机化和互联网化，使得虚拟交往从局限于有声状态发展为与传统现实交往高度趋同的图文并茂、影音同步的交际模式。

与微电子技术成熟密切关联的，是电子交互信号和传播方式的主流化，它使得以二进制计算为交流方式的计算机语言成为跨越文化边界、种族障碍、意识形态的新型人类通用语言。在这种语言普及之前，几乎所有人类交往中产生的信息都必须模拟人类能够直观理解的状态加以表述，这种信息生产与流通的模式至少面临信息原貌难以被彻底描述、传播过程中信息的扭曲和受体难以理解信息内容这三个几乎无法解决的难题。而数字化信号语言则将一切信息以碎片化的形式进行解码，并转换为以 0 和 1 实现表述的二进制信息，确保了信息生产的标准性、信息传播的迅速性和信息还原的完整性，从而彻底革新了信息在生产、传播、理解、存储等方面的存在方式，进而为人类全新的交往领域——赛博空间的打造奠定了基础、制定了规则。

全新的储存技术及由此而带来的人类记忆模式的革新，是互联网全面覆盖社会生活的又一关键支撑性技术，当人们在日常数据储存的任务中优先选择使用电子设备时，"认知—记忆—拷贝—分享"的新型信息传播形式及其所带来的全新交际模式才能获得大众的普遍接受。随着数字化的储存方式和记忆模式植入社会信息的传播系统，电子邮件、搜索引擎、各式处理软件、流媒体节目等

如今已几乎完全嵌入人们日常生活的互联网技术才成为可能。与此同时，这种由数字化存储所带动的数字化记忆模式，使得作为信息受体的人们还原信息原始面貌的可能性极大地增强，进而弥补了传统模拟信息所缺失的信息传播之精确性、交互性与可选择性，赋予了每个信息传播的参与者在信息传播的过程中平等的信息生产、加工、传递、接受之权力，为新媒体时代、全媒体时代和后真相时代的到来奠定了逻辑前提，也为互联网技术革新触发人际交往革命创设了传播语境与背景。

与此同时，互联网技术的实体平台与交互平台也发生了系列重大革命性进展，随着网络带宽的扩容和互联逻辑的迭代，计算机的实体硬件和用于提升硬件效率的应用程序被以多层级复合、互动的模式进行开发和使用，使得互联网技术对大型超级计算机的依赖程度大大降低，也使得网络时代信息制造权向民间转向成为必然趋势。这其中，作为立体交互平台的互联网，又被细分为基础硬件设施层级、信息处理与交互层级和终端呈现与操作层级，这三大层级都以各自的组织功能支撑和巩固互联网信息的流转与选择，继而统合为整体，让互联网用户能够越过硬件搭建、协议创设和应用编程等复杂而专业的问题，并相对自由而深度地依据自身需求和特征而使用和融入互联网空间。

在"软—硬"件处理层面之外，互联网技术的发展还需要全新信息交互路径的强力支撑，尤其在当今数据连接逐渐由常规的有线状态转入新型无限状态的进程中，这种支撑成为互联网空间覆盖、囊括甚至取代传统现实社会的关键前提。生活于网络时代的人们几乎时刻都在同步延展着自身的线上生命与现实生活，这种二位一体的生活随着光纤、卫星、新型无线电和路由技术、基站技术、接收端设备的进步而得以普及，使得生活于网络空间中各异端点上的用户能够几乎无差别地瞬时地获取信息、生产信息，从而将常规生活中限制人们社会交往的地理界限、空间距离和交流阻碍之影响削弱到前所未有的程度；同时，将传统的广播、电视、电话等信息传播模式与互联网中的流媒体进行匹配，进而生成兼备传统与新派的互联网生活模式，为传统媒体用户逐渐向新媒体用户过渡提供了无缝衔接的机制。

上述五类技术层面的革新所直接带来的是互联网技术在生活空间维度对电子通信、数据流通和大众传媒的统御与融合，这种融合对信息交流模式进行单一化、标准化、即时化处理，使得现实社会中的社会活动无论愿意与非、在线与否，都被客观而难以回避地置于互联网空间之内。事实上，这种互联网技术对社会活动于赛博空间和现实社会上的维度统御，一方面客观地增强了信息传播链条中各主体间的关联，并使得这种关联增强的需求不断扩大，为下一次的互联网技术之迭代升级提供了触发机制；另一方面，将信息传播中的各种角色分配扁平化地融贯为一，使得生活于赛博空间中的人们在行为模式上明显地有别于现实生活的模式，社会中的人们从被动接收信息的纯粹受体一跃而成为制造、加工、传播信息的主体，并促成人们发出声音、获得认同的需求日益膨胀。

诚然，以上基于简·梵·迪克（Dijik J. V.）对"网络社会以微电子革命、数字化信号语言、储存和前馈原理、分层组织、新链接与融合为基础"① 的概括，既不一定能从专业视角触及互联网技术发展的生成根源，同时也并未谈及相关技术发展的社会背景或生产力根基，却不失为一个协助我们探明互联网技术革命得以发展之原因与源流的可靠视域，同时也为我们进一步探明互联网技术革命深入进行和延续发展之驱动逻辑，奠定了必备基础、阐明了切入依据。

二、互联网技术革命延展的驱动机制

一般而言，技术革新往往会带来产业发展和社会发展逻辑上的变动，同时这种技术革命往往又基于不断变动的产业逻辑而被驱动发展。伴随着互联网技术革命之前置技术条件的成熟，互联网技术作为一种全新的技术而呈现于世人面前并改变着他们所处的宏观社会环境，它通过缔造并驱动着科技产业、科学发展模式、军工和生活发展以及后现代主义思潮的互联网空间，而将人类社会发展的方方面面都纳入其发展逻辑之中，并以这种外部环境的构造反过来引领自身前置技术和技术整体的革命，成为其作为产业革命而不断深入、延展的驱动逻辑。

现代社会的发展在本质上是由技术的革命所推动的，亦或者说，现代社会本身就是一个构建于技术之上的社会。在互联网技术革命不断延展的同时，经由互联网技术的发展和网络空间的扩大，人类社会的结构性转型与系统性革命也在悄然进行着。在这一进程中，信息成了将人类视野与外部世界实现标准化表达的唯一载体，进而也成为影响作为类而存在的"人"在存续维度上最关键的要素之一；由此，作为现代信息传播关键的互联网技术，在时代意义与社会功能上的地域日益凸显，它虽然依然以信息传播作为功能发散的始点，但却在

---

① ［荷］简·梵·迪克：《网络社会：新媒体的社会层面》，蔡静译，清华大学出版社2014年版，第43－46页。

人类生存空间的拓展上更为显著地体现着自身价值。

在技术特质上，互联网技术所依仗的交互协议以"TCP/IP"为代表，其在协议规制和运行逻辑上天然的去中心化、权力分散、主体多元、结构消解等信息交互特点，都共同地指向了互联网技术所营造的信息传播空间之"去中心化"特征。这使得互联网空间在信息传播和信息话语权上与现实社会空间产生了泾渭分明的差异，它作为一种影响信息交流和人际交往的技术逻辑，彻底地模糊了传统意义上信息、权力、资源、交往的"中心—边缘"界限，使得主旋律与草根、主体与客体、主流与非主流之间的思维差异与行为差异都大大弱化，成为人类社会走向"新全球化时代"和"后真相时代"的重要推手与事实逻辑。在互联网技术革命的推动下，一个与以往人类社会各发展阶段都截然不同的松散的、开放的、各参与者在地位上趋于平等的社会交往框架被搭建起来，在历史论上，而这种助推实际上完全符合自然辩证法经技术革新而影响交往模式的逻辑理路。

在技术到社会发展的逻辑进路上，以沃勒斯坦、桑托斯、阿明为代表的世界体系的马克思主义者们似乎在互联网技术革命的到来之际，就已从社会科学维度对其出现的必然性和必要性进行了符合科学社会主义的判定，他们认为"半边缘地区是一个世界经济体不可缺少的结构性要素，这些地区所起的作用同帝国中各贸易集团能起的作用相似"①，并且基于"从资本主义世界体系的外国国家的角度研究帝国主义问题，认为帝国主义现象包含了相互联系、互为条件的两个方面：向外扩张的经济中心和作为扩张对象的附属国"② 先在性，指明"去中心化"和破除资本主义所统治的"帝国"世界体系存在着必然联系。一如沃勒斯坦所明示的：一旦这种原有的居于中心的发达国家（或者说世界体系"帝国"的统治国）"凭借暴力（贡品和赋税）和贸易中的垄断优势来保证经济从边缘向中心流动"③ 被"去中心化"所瓦解，则全新的世界体系和人类存续模式、行为伦理都将被重构，并走向某种全新的共同体。而在今天看来，这种全新的共同体形成所依托的生产力革新契机，便是互联网技术的革命。

---

① ［美］伊曼纽尔·沃勒斯坦：《现代世界体系》第 1 卷，郭方、刘新成、张文刚译，高等教育出版社 1998 年版，第 463 页。

② ［巴西］特奥托尼奥·多斯桑托斯：《帝国主义与依附》，杨衍永、齐海燕、毛金里、白凤森译，社会科学文献出版社 1999 年版，中译本序第 1 页。

③ ［美］伊曼纽尔·沃勒斯坦：《现代世界体系》第 1 卷，郭方、刘新成、张文刚译，高等教育出版社 1998 年版，第 12 页。

　　辨析互联网技术的革命能够成为全新世界体系和人类伦理模式的构型之依托，还需对其技术逻辑进行必要还原。互联网技术的逻辑始点是赛博空间中的各活动主体，在开展虚拟实践的过程中先在的分散性和对传统中心的反叛性，随着互联网技术在网络论坛、点对点通讯和平台式交互的过程中赋予了这些活动主体前所未有的话语权，使得互联网虚拟实践的参与者在选择是否参与或如何表达的情境中具足了充分延展自身主观能动性的自觉，从而促成赛博空间的信息巨量性、价值多样性和文化复杂性被显著化，并逐渐成为超越现实社会的"超现实"社会、多维"影子"社会。技术是人机体与能力的延伸，是人不断地创造自身的工具和手段①，互联网技术由于确切而显著地扩容了人类生活的空间、跨越了人类交流的阻隔，进而确切而显著地促成了马克思主义所追求的人类"自由而全面的发展"之共产主义愿景之接近，同时为这种愿景的实现确切而显著地提高了可能与人们的期待。

　　诚然，互联网技术不仅为人类的社会实践创设了全新空间，还生产了全新的、超然于实存社会之上的社会形式，并使得人们可以通过全新的、多元的、去中心的、平面化的、多向度的方式去实现自身的存续、交际与发展；但也必须清晰地看到：一种新型的话语权威甚至舆论中心（或称舆论"霸权"）亦初见雏形且正在迅速崛起。在互联网技术所催生的赛博空间内部，虽然传统的社会交往模式和社会权力框架被打破，与之相伴的传统话语格局也受到了严重消解，但这却不意味着赛博空间中的活动参与者都能拥有绝对平等的权利。事实上，生活于现实社会与网络社会相交错环境中的我们，不难感知到空间权力再分配所带来的信息主导权更迭，这种权力直观地表现为信息生产、传播权向信息诠释、选择权的迁移，它的承载主体从专家、政府、旧意见领袖迭代为信息"兜售者"（以各类"粉丝量"巨大的自媒体为主）、非政府组织、新意见领袖；在这种情境中，带来挑战的不再是民众对权威和中心的追逐，而是网络空间活动主体在自身价值观控制和价值判断维度中的能力。

　　可以说，互联网技术革命的到来，不仅迎合了人类社会于生产力和社会关系上的发展需要，并由此构筑了人类进行社会活动的崭新平台与伦理范式，而且它作为一种典型的生产、生活、交际工具，为人类认识和改变世界与自身提供了全新的契机与启发。正是在推动互联网技术进步的驱动逻辑指引下，人类

---

① 参见刘丹鹤：《赛博空间与网际互动：从网络技术到人的生活世界》，湖南人民出版社2007年版，第124页。

社会中自由、开放、去中心、反主流的思潮得以进一步滥觞，并为人们在现实社会与赛博空间中的体化实践重塑了行为模式。

三、互联网技术革命引致的行为重塑

与互联网技术革命的逐次递进相伴随，生活于赛博空间之中已成为当今人们进行社会生活和社会交往的显著现象与典型形式，基于此，赛博空间中的生活行为也完成了在人们的行为体系中从边缘向中心、从非主流到主流的过程。作为人们进行生产、生活实践之新场域的互联网空间，在型构逻辑、交往方式、技术支撑上与传统的现实生活空间相迥异，这进一步引致了互联网空间中人们行为模式的独特类型与超现实特性。

基于互联网技术的革命与应用普及，互联网空间的延展以立体化和多元化的形式深入，这在显著提高人们日常生产生活空间之纵深与可能的同时，也直观地改变着人们的认知图式、交际逻辑和生产模式，它们反过来又作为互联网用户牵引自身实践开展的思维始源，进一步地将这些互联网技术的普通用户转变为黏性用户，并成为交织赛博空间中社会生活的线索和培育互联网社会中伦理模式的基质。

在对人们认知图式的影响上，互联网技术革命所带来的首先是人类认知边界的影响。在现实生活中，人们更多地将认知边界的划定与自我—他者、主观—客观等主体明晰的问题相挂接，并在现实的社会交往情境中加以实践和验证；但在互联网技术革命的影响下，人们在自我认知的维度上出现了前所未有的普遍性挑战，随着网络社会和赛博空间对现实生活空间的覆盖，同时生活于线上与线下的个体可以借助完全不同的面貌对自身加以诠释，这必然地导致这些个体于自我认知边界上模糊，并使得人们经由自我认知模糊而引致对外部世界认知的模糊，从而瓦解和重构着传统的、基于现实生活的认知图式。

现代主义学者安东尼·吉登斯（Anthony Giddens）指出：作为人类行为的关键所在，认知能力是对于所处场域及场域中的交际规则的话语意识和实践意识之总和①，因而作为认知行为践行场域的互联网空间，不仅是一种纯粹外在于互联网用户的客观环境，而且是互联网用户对互联网空间进行不断诠释、解读和界定的结果，它既被人们的认知行为所定义，又定义着人们的认知行为。

---

① 参见［英］安东尼·吉登斯：《社会的构成：结构化理论大纲》，李康、李猛译，三联书店1998年版，第408页。

具象于网络时代对人类认知图式的影响，互联网技术革命的波段推进拓展着人们的认知对象和认知活动空间，并将现实生活中的人们几乎不可避免地卷入互联网生活之中，并以这种强力的卷入使得互联网生活成为非互联网用户难以避免的生活方式；随着互联网空间对现实生活的全面覆盖，互联网用户的主观认知与互联网的发展环境形成紧密关联，使得可以被个体价值观念影响整体伦理图式的互联网空间，成为超越传统生活空间的、更富有时代特质、更具吸引力的生活空间，于强力卷入之外叠加了对非互联网用户的强大向心力。

在对人们交际逻辑的影响上，互联网技术革命最直观地满足和改善的，是人们于自身存续的同时不断延展自身交际和影响范围的本能需求；由于互联网技术革命所带来的全新信息交流方式，事实上完成了人类交际史上最具里程碑意义的突破、构筑了全新的互动模式与信息流通平台，从而使得人的社会交往本能不再局限于日常交往和现实场域，而扩展为跨越时空和语言的全新样态。与互联网技术革命与普及相契合的，是互联网交际伦理的逐渐形成和计算机语言的渐成主流，这使得社会共识及规范社会共识的伦理范式亦在全新共通语言的传播中逐渐被建构、不断被诠释。

远在人类尚未接受整体启蒙的神话时代，共同语言的重要作用就已经获得普遍共识，在巴别塔的神话传说中，《圣经》借耶和华的嘴道出了话语一致的惊人效用："看呐！他们成为一样的人民，都是一样的言语，如今既作起这事来，以后他们所要作的事，就没有不成就的了。"（《圣经·旧约·创世纪》）与传统模拟语言所不同的是，互联网技术所凭借的语言是一种人机皆可理解，不受地域、语系、文化影响的二进制语言，虽然有多种编译形式和逻辑，却同根同源且最终表达形式高度一致，这为复构、重塑曾经仅存在于神话中的统一语言的缔结奠定了基础；与此同时，语言统一情境中的人际交往和伦理范式必然地与传统语言混乱情境中的大相径庭，这使得互联网技术革命所引致的人类行为在宏观规范和具象行为上都独特而前所未见。具体而言，网络时代的人类交际逻辑不仅在全新交际空间和平台中进行，而且摆脱了以往限制交际的时空限域，人们在互联网空间中以虚拟式的身份符号化地传达自身创设或加工后的信息，并通过这种"模糊的在场"与"模糊的他者"（甚至"模糊的社会"）进行互动，所进行的社会交际既可以是完全脱域于现实社会的全新交际，亦可以是在现实的自身之上叠加自身的意涵与身份，更可以是两者兼有，是一种可以由交际参与人相对自由地选择交际形式的全新的交际逻辑。

在对人们生产模式的影响上，由于互联网技术革命叠加和重构了人类的生活、发展空间，因而也就自然且必然地重新塑造了人类的生产模式。在马克思主义的奠基之作《德意志意识形态》中，马克思、恩格斯指明"人们用以生产自己的生活资料的方式，首先取决于他们已有的和需要再生产的生活资料本身的特性"，由此出发，他们进一步指出"个人是什么样的，这取决于他们进行生产的物质条件"①。互联网技术革命所带来的全新人类认知图式和社交逻辑，成为人们开展完全不同以往生产活动的前提，在认知数字化、社交网络化和社会虚拟化的进程中，人们以更符合自身主观判断、更彰显个性、更崇尚自由的方式进行着思维到实体的产出。事实上，互联网技术革命所带来的生产模式革命不仅体现在思维与物质的实际产出上，相较传统技术支撑下的生产模式，它更能够彰显和满足人类基于自身主观创造力而改造外部世界的原发性动力，并且更能充分地凸显人类追求更周延的存续模式和生活逻辑的先在目标。

互联网技术革命对人们的认知图式、交际逻辑和生产模式业已产生不可逆转关键影响的情境，实际上正是网络时代人类行为得以展开的现实场域，它以区别于现代化所缔造的工业社会的面貌改变着人类的社会整体，使之进入循行逻辑完全不同以往的信息社会。探究某一时代中或社会中人的行为及其指导伦理，无法脱离作为探究对象的人所身居其中的现实情境（或称场域），一如安东尼·吉登斯所言，"在某种程度上，所有的社会互动都体现在身体在场的具体情境中，并且是通过这种具体情境而完成的"②。具象于由互联网空间所型构的人类行为场域，由于其将个体行为与伦理规范与互联网技术革命的技术支撑和发展逻辑相匹配，从而重新归置了人类发出行为的实践场域，并进一步凸显了网络时代的人类行为之不同以往的空间性、工具性、社会性特质。

其一，允许用户在参与互联网活动时实现实体脱域，是互联网技术所带来的空间性行为变革。安东尼·吉登斯凭借对时空分异的研判来对人类的社会行为进行分析，认为特定的社会行为必然地由特点的时空状态所决定，并对互联网技术所引致的行为空间之几何倍速膨胀作出了判定：（互联网技术及互联网空间）"使在场和缺场纠缠在一起，让远距离的社会事件和社会关系与地方性场景

---

① ［德］马克思、恩格斯：《马克思恩格斯选集》（第1卷），人民出版社2012年版，第147页。
② ［英］安东尼·吉登斯：《社会的构成：结构化理论大纲》，李康、李猛译，三联书店1998年版，第428页。

交织在一起"①，进而使互联网空间不仅成为人类进行实践活动的外部客观环境，更成为在逻辑维度内化为人类行为模式的潜意识基质。事实上，互联网空间及依托其发展的相关软硬件技术，不仅是人们用以提高信息传播和社会交往效率的媒介，更是一种基于自身发展逻辑和底层语言的、具备全新交互伦理的人类活动场域；在网络空间中，传统意义上在场方能彰显正式性和可靠性的交际，被身体脱域于场景却依然能显示出应有效能的交际模式所取代，使得人际互动真正摆脱了实体场域的束缚。

其次，允许用户在参与互联网活动时重设自己的身份符号，是互联网技术所带来的工具性行为变革。在互联网空间中，用户可以给予自身好恶或需求来相对自由地设定自己进行网络交际的出场特质与身份，这一过程中用户甚至可以通过伪装出自身不具备的特质或隐匿自身的真实特质来缔造一个完全不同于现实生活中的自己。事实上，这种一定程度上放纵用户超脱于自身身份甚至常规伦理的"假象"塑造，正是互联网交际捕捉和俘获用户、进而拓展自身覆盖版图的核心契机，它极大地借助身份定义权的释放，延展和实现了人们融入互联网世界的激情，甚至使得互联网空间成为研判个体真实状态的更可靠平台；在互联网空间之内，人们的行为相较常规社会之中，会更偏重于主观化和随性化，但事实上互联网用户又是在现实伦理中被建构的产物，这使得网联网空间中人们的社会行为既残留着传统伦理的束缚痕迹，亦表征着自由且放纵的片段化图景。

其三，允许用户在参与互联网活动时若即若离地处于特定群体或秉持特定社会关系，是互联网技术所带来的社会性行为变革。这种用户游走于各群体之间的社会关系，被马克·格兰诺维特定义为人与人之间直接交流不频繁且不密切的"弱关联"，他认为这种区别于传统社会中"强"关联的、在互联网空间中成为主流的新型关系，使得原本不太可能被传播或者分析范围被限制的信息获得了更大的传播空间，从而构筑了全新的社会交往模式及发展逻辑。事实上，互联网空间中的人际关系本身就具足"弱关联"的特质，互联网用户挣脱充满目的的理性模式而更自由、自愿地选择交流对象和交流形式，与原本在现实生活中所不可能接触的交往对象实现跨越空间、阶级甚至时间的信息交互，并且可以选择随时增强、削弱甚至切断交互的链接，使得人们对社会关系和社会交

---

① ［英］安东尼·吉登斯：《现代性与自我认同：现代晚期的自我与社会》，赵旭东等译，三联书店1998年版，第23页。

往，乃至社会本身的反思都日渐深入，随着人们在互联网空间交往中的个体属性彰显，其行为的社会性亦日趋模糊且多样。

第二节　第二空间：网络社会之划时代形成

爱因斯坦认为，"科学是一种强有力的工具"，马克思主义则认为生产工具是人类社会生产力的集中体现，且科学技术是人类提高生产力和自身认知与实践能力的重要凭借；事实上，这在发展进程与逻辑上，为我们探究互联网技术何以冲破依附、搭载于现实的人类社会生活，并转型为缔造全新虚拟生活空间的成熟技术，确立了方位。

一、从局限于现实到拓展现实的技术成熟

媒介哲学家利文森（Paul Levinson）指出："前提条件的缺乏是阻碍技术发展的原因。同时，前提条件的具备也使得技术发展成为可能。"[1] 回顾互联网技术的发展史、成熟史，不难发现，正是随着计算机硬件的大众普及、互联网应用的普遍参与和网络信息的编辑开放，奠定了信息化时代、网络时代和网络社会的立体式时空拓展。

（一）计算机硬件的大众普及

在早期计算机出现时，硕大到需要用仓库实现容纳且对运行环境要求甚高的硬件平台，一直带着某种神秘的色彩。早期计算机一如今天的超级计算机实验室，通常出现在科幻电影或科教纪录片中，观者们通常会看到它们的使用者穿着实验服对着看不懂的信号灯做着记录或运算。那时的计算机体形硕大、价格高昂、使用方法复杂，由于具备优越的运行环境、使用者专业知识水平积累充分，它们系统强壮度欠佳且可视化表达程度不高，完全不符合寻常人家使用。随着计算机硬件技术的发展，计算机的发展经历了由中心到边缘、由贵族到平民的历程[2]，传统的能耗、体型均非常巨大，且造价昂贵的计算机依然在巨量

---

① ［美］保罗・利文森：《软边缘：信息革命的历史与未来》，熊澄宇等译，清华大学出版社2002年版，第69页。

② 《二十世纪改变人类生活的重大科技发明——计算机》，载于中国科普网，网址：ht-tp：//www. kepu. gov. cn/kijsh/kifm/index. htm。

计算、云计算、量子计算等高端平台上不可或缺；但在民用方面，却实现了从无到有、从有到优的过渡，轻量化、计算能力适中、使用门槛低的微型个人电脑逐渐普及，家庭甚至个人拥有若干台电脑的情况已然十分普遍。

计算机的迭代升级过程，是基于电子管、晶体管、集成电路、半导体、储存设备和信息传播方式的发展而实现的。第一代计算机，是由艾肯与 1944 年制造的电子管计算机，属于中介于传统机械运算和电子运算之间的过渡产品，后来者 ENIAC 在其基础上进行了大幅度的优化，且开始接入常规民用，成为现代计算机出现的里程碑。区别于第一代计算机，第二代计算机以晶体管的普遍应用为基础，在提及、运算速度、功耗比和稳定性上都有着巨大的进步，但由于晶体管技术虽成熟却尚未普及于市场，在价格和产量上，1960 年以前的第二代计算机都难以承接民用功能，更多地用于处理类似微电子、原子等科学领域的数据运算。除却对计算机能力的综合提升，晶体管技术还触发了计算机外部增强型设备的发展，如提升信息存储能力的磁盘、磁带，提升运算负载能力的内存，改善信息输出能力的显示器和打印机等，为下一代计算机的飞跃式进步奠定了基础。

第三代计算机属于真正意义上面向大众的计算机，它基于集成电路的硬件支撑，不仅在体积、功耗和运算能力上有着明显提升，更是由于可视化操作系统的应用，为后期彻底跨越人机交互需要重新学习语言的屏障提供了可能。随后的第四代计算机随着半导体技术的发展，其小型化、便携化、易用化的处理，使得越来越多的人开始选择个人计算机处理文档、表格和通讯事务，及至 IBM公司推出面向非科研机构和个人的"PC"机、苹果公司推出强调人机交互优化的"麦金托什机"，计算机的样态和使用方式已与当前业已成熟的状态几无本质上的区别。

由此我们不难看出，自计算机的诞生到计算机的普及，计算机的发展生成了巨型计算机与微型计算机两条分支，其中的超级计算机支系依然面向国家事业和科学研究事业，而与人们现实生活相关联的支系则成为商品而被交付于市场和客户，成为人们生活、工作中不可或缺的工具。与此同时，这种计算机由官方或机构使用转向服务于个人的趋势，事实上体现了一种宏观上社会权力的"转移"趋势，这也是我们探讨网络时代人类伦理重构的肇因所在。

（二）互联网应用的普遍参与

在探讨了作为互联网硬件支撑的计算机的大众普及过程后，需要进一步对互联网应用的普及过程进行回溯。事实上，如今被普遍使用的因特网（或称万维网），是由20世纪50年代美国寻求新技术支持下军事优势的美国国防部高级计划研究署（ARPA）项目变体而来，它既是计算机硬件发展的必然产品，也是冷战格局下的国际政治衍生品。历经多年的实验和调整，美国国防部高级计划研究署于1969年将若干家美国大学和研究院所的计算机系统实现联网，并将其命名为"ARPANET"（也即"阿帕网"），第一次将局域网拓展至广域网的维度，并为如今的互联网架构做出了先导性实验。但"ARPANET"与如今的"Internet"显著差异也是清晰可见的，犹如初期的计算机，它的使用者也主要是以计算机专家为大头的科学家群体，一如诺顿（John Naughton）所言，ARPA网的用户群体只是当时整个计算机科学界的一小部分人，在互联网出现的早期，美国（及其他地方）有众多教师和研究人员渴望使用网络，但都被排斥在外①。

类似于计算机的个人化、商业化转向，互联网的应用拓展也经历了这样的迭代发展过程，这一过程主要经历了两个节点，其一是1989年CompuServe公司开始面向市场提供互联网服务，其二是1995年美国政府将互联网使用股份转让于两家通讯公司，前者意味着冷战结束后美国政府对互联网的控制融冰，后者则表明了美国政府对互联网市场化应用的鼓励。虽然有着政府的鼓励，但当时的互联网应用并没有被普及开来，究其原因，一方面是当时计算机硬件的价格尚高且尚未开发出普及的互联网接入硬件，另一方面则与早期计算机的应用普及困难类似，早期互联网没有经过交互优化，在使用和操作上过于复杂，使用者必须具备相应的专业知识水平和语言解码能力。随着时间的推移和计算机设备的降价与普及，第一个问题被自然地解决，而第二个问题则直到博纳斯·李（Tim Berners-Lee）发明并公布"超文本标记语言"（HTML）后才得以解决。

由于当时的互联网用户需要使用MS-DOS、Unix等呆板而专业性的编码方式来使用互联网，这从来源上限制互联网用户量的扩大，又由于使用者数量的不足，互联网中的内容更新不及时、信息获取方式狭窄而单一，使得互联网远不具备如今的吸引力，这又进一步地局限了其普及化的动力。在20世纪90年代，这样的被动循环由博纳斯·李对互联网搭建体系的彻底更新所打破，他先后以"超文本标记语言"（HTML）实现互联网页面的写作规范制定，将"超文本标记语言"编写的网页以独立的URL标记并实现互联，开发和优化专用于此

---

① ［英］约翰·诺顿：《互联网——从神话到现实》，朱萍等译，江苏人民出版社2001年版，第163页。

类页面读取的浏览器，最终实现万维网（World Wide Web）的搭建，并使得互联网发展的各大阻碍被逐个击破。一如他自己所描述的，万维网对互联网的升级主要在于使其成为开放、交互且使用门槛更低的互联网。

博纳斯·李对互联网的更新使其真正开始面向普罗大众，他创新性地发明网络浏览器使人们能够轻松地接触到互联网这个文字丰富、五彩斑斓、音画同步的美好空间，这种创新极大地扩大了互联网的用户量，同时又允许这些用户创造性地编译和发布属于自己的信息，使得互联网的爆炸性发展成为必然，也使得互联网迅猛发展所带来的社会伦理变化成为我们不得不回应的问题。

（三）立体式时空拓展的实现

通过计算机技术和互联网普及的发展进程解析互联网技术的成熟过程，是为了充分解读和解答人类社会进入信息化时代的宏观命题，人类信息化社会的到来与网络时代的到来互为表里，二者相互成就、彼此促进，在历程上和发展目标上也高度统一，是重塑人类社会伦理的关键肇因。

出乎我们意料的是，美国学者、作家约翰·奈斯比特（John Naisbitt）早在其 1984 年出版的著作中就已指出，"信息社会开始于 1956 年和 1957 年，这正是美国工业力量强大的 50 年代中的两年"，并以"1956 年，担任技术、管理和事务工作的白领工人人数在美国历史上第一次超过了蓝领工人"和"信息经济占国民生产总值的 46% 左右，而占收入所得的 53% 多"① 作为这一论断的支撑依据，也即是说，他认为网络时代和信息化社会早在 20 世纪中叶就已然到来。虽然学界对奈斯比特的看法态度不一，但相关领域的学者们基本都承认奈斯比特对网络时代和信息社会所做的概括性定义：其一，信息资源是人类社会诞生以来唯一会因共享而扩大效用的资源，它取之不尽且越取越多，作为互联网的支撑性资源，它在成就自身效能扩大的同时改善着人类的自由状况；其二，互联网技术革命是人类社会进入网络时代的内生驱动，在本质上这种技术革命的目的在于提高社会生产力水平，进而增加人们可支配闲暇时间的比重，目标在于使人更接近自由全面发展的境遇。

与网络时代和信息社会到来之内生驱动因素相对应的，是人类自我需求实现的外部表达。心理学家马斯洛在其人类需求划分理论中，将现实个体的需求

---

① Naisbitt，J. Megatrends：*Ten New Directions Transforming Our Lives*，Warner Books，1984，p. 1.

由低级至高级划分为生理需要、安全需要、社会需要、尊重需要和自我实现需要五个层次，这其中的自我实现需要指谓个体实现自我价值、充分发挥自我潜能与现实能力，进而实现自我理想，达成自我认同并最终完成与自身追求与能力相匹配的事务的能力。在此基础上，马斯洛认为为了追求这种自我实现需要的满足，人们会主动地采取各种各样的路径；而自由地表达自身观念和自由地参与社会交际是自我实现需要的重要组成部分，同时也是实现这种需要的关键手段。自网络时代和信息社会的到来至今，人们自由表达和自由参与社会交际的需要在互联网空间中被极大地满足，这种在常规空间中被各种客观条件所束缚的需要，随着通讯的发达、表达权的下放和闲暇时间的增加，为个体借助信息与传播技术通过自我表达、社会交往和参与社会活动满足自我实现的需求提供了必要的条件①。

（一）虚拟生活对现实生活的反向影响与覆盖

随着网络空间中信息的爆炸性增长，以及互联网用户在网络空间中实践自身信息取向和行为情境增多，对经由现实生活转向网络空间的巨量信息的分类、信息化和管理显得日益重要。由于互联网技术扁平而自由的特性，这种分类、信息化和管理的规模前所未见，且鉴于互联网空间内部用户个体视角的不同，这种规制性的操作只能通过互联网空间中信息的生产和消费者之主动参与，才有实现的可能。就此意义而言，网络空间中的社会内容分类，其诞生和延展必然地对传统人类信息之划分、处理、分享和应用产生难以估量且不可逆转的优化。随着这种全新分类系统的发展，网络社会中的社会分类已然在自身不断成熟的同时，反向影响和覆盖着现实生活中人们的世界观与"分类——认知"标准，而与这种反向蔓延所并行的，是网络信息分类作为具足前沿与创新意涵的命题，成为研究网络空间中社会生活与伦理模型所不可回避的探讨目标。

（二）传统的社会信息分类

对社会事物进行分类，是人类认知外部世界的基础性思维方式，也是人类思维在脑神经维度上的一种本能；基于分类而认知世界的过程是依据事物的"根本属性""关键特征"或"显著属性"，而将人们主观意识所遇到的外部事物整合为各种门类以便形成系统认知的过程。长期以来，人类在学习和生活中

---

① 参见［美］亚伯拉罕·马斯洛：《自我实现的人》，许金声、刘锋等译，三联书店1987年版，第2页。

广泛地运用分类这种方法来认识事物、区别事物和理解客观世界；作为人类认知、区分、理解外部世界的方法逻辑，分类的实践几乎与人类文明的发展相同步，无论是结绳记事还是语言符号的初步应用，都无一例外地彰显着分类的应用。早在春秋战国时期，中国古代知识分子就已确立将书籍和知识划分成经、史、子、集四类的传统①。在西方，对作为概念的"分类"研究则更为深入，英国学者穆勒、赫胥黎曾言："分类者，乃一种方法，使事物之观念，以最善之次序，排列于世人心中者也"，"我人之所以格事物分类者，所以分其异，类其同，以求区别事物，而便于辨识记忆也。"

一如上文所言，人们知识的产生，需要经过对信息的分类与加工来实现，也即是说，想要获得可靠、合理的知识，首先要对外部世界进行可靠、合理的分类。传统上来说，进行可靠、合理的分类通常需要满足以下几个条件。其一，需要既关注外部事物的普遍性，也要关注其特殊性，普遍性是确定分类内容的依据，而特殊性是确定分类边缘的依据。其二，需要将事物的本质属性与其他属性进行区分，并将其本质作为分类的标准和依据，由于认识事物的目标是要认识其本质并摆脱被现象的迷惑，因而将事物的"类本质"找出来，是认识事物的重中之重。其三，在对事物进行分类时，虽然需要将事物本质属性的探寻视为重点，但也需要从系统和宏观的维度考量其他属性对本质属性的牵引与带动。其四，由于看待外部事物的视角不同，所观察到的事物本质属性会有所差异，因而可以经由多方面的综合来实现对事物的立体分类，但这需要规避视角过多而导致的分类庞杂、冗乱问题。其五，对外部事物的综合分类通常是可以不断细分和重组的，一方面，被认定有着某种共同本质属性的事物可被归为同一类的事物，从而将在这一本质属性上不具备的事物确定为他者；另一方面，拥有着同样本质属性的同类事物群内，还可以通过更为细致、微观的本质属性而进行同类事物内部的再分，并且不断地延展和进行下去，在两方面的协同发展和不断进化中最终实现分类的趋于完满与系统化②。

在对人类认知与社会发展的意义上，对外部事物和社会现象进行分类具备难以取代的作用和根植于底层的奠基地位。首先，由于分类将外部世界划分为更容易理解、更容易找到认知抓手的客体，因而对社会事物进行系统的分类有助于人类认知客观世界、把握客观世界的发展规律；其次，由于对外部世界的

---

① 孙旭培：《华夏传播论》，人民出版社1997年版，第103页。
② 参见周继良：《图书分类学》，武汉大学出版社1990年版，第14－15页。

分类是不断进行和不断深化的，因为它的发展与人类知识的发展与进步密切联系、甚至一体两面，成为人类社会进步的关键动力；最后，对外部世界的分类使得人与人之间的交流、知识信息的传播成为可能，如果没有基于分类而对外部世界作出的外延与内涵之明晰，那么世界呈现于人类严重的状态必然是混沌而难以捉摸的。

"假如语言不具有抽象性，那么最简单的事情都得唠叨半天，而且未必说得清楚。"① 通过语言对外部事物进行初步的抽象，是分类进程的第一步，由此我们不难看到，事实上作为概念的分类与信息的传播有着密不可分的联系。对于人类的主观世界而言，客观世界之纷繁多样具有近乎无穷无尽的特质，人类为了在自身的繁衍与发展过程中获得优势，则必须要对外部世界形成特定的、符合客观规律的认知体系，而就目前的科研成果来看，将外部世界抽象、概括为语言、图像、文字或其他符号化的表达形式，并在人与人之间传播，是人类达成如此目标并形成社会的唯一出路。

与之相对应的，经系统分类后的信息才有可能被有效表达和传播，而没有经系统分类的信息即使在现有语言系统的情况下，也只能在语言所及范围内被传播和知晓。换言之，经过系统分类与编译的信息才是能够流传于世的显性信息，只有被明确知悉与确认的显性信息才能够被多种形式的表达所彰显，从而成为可被广泛传播、解码和再编译的信息。印度学者兰加纳坦（Ranganathan, S. A）认为，传播的客体必须是以表述、书面或其他形式加以有声或有形的表达，并且能够经由某种介质而发射、传递、接收的信息；进而指出，人类进步有赖于信息传播的成立，而信息传播的效果又有赖于作为传播主体的人的信息分类能力，因而人类信息分类能力的高低显然就成为人类进步程度的标尺②。

基于此，我们大致可以判定，无论个体还是集体，其传播信息的能力和知识获取水平实质上都直接地由其对所传播信息的分类与解码能力决定。与此同时，若我们将现代的科学技术看作现代化的人类社会信息分类技术，那么，随着此类信息分类技术的增强，人类的信息传播能力和知识获取能力亦随着得到增强。因而，国内学者倪延年指出，随着现代科技转入信息传播的视域，人类信息传播活动的时空、范围与效率都有了本质上的飞跃，这使得人类的信息传播实践进入全新的历史阶段；通常而言，信息是不断变化和流动的知识，而知

---

① 李彬：《传播学引论》，新华出版社 1993 年版，第 59 页。

② Ranganathan, S. A.: *Claunfication and Communication*, University of Delhi, 1951, p. 26.

识是经过处理和提炼的信息，随着网络时代的到来，人们的生活被浸泡在信息的海洋中，这使得处理、筛选、提炼和再整合客观世界内的各种信息，成为当前亟待处理和解决的问题①。

（三）传统社会信息分类的窘境

虽然我们明确地知晓人类对信息分类能力与人类自身存续与发展之间的重大关联，但在现实性上，当前人类的信息分类能力远远不足以匹配互联网技术所带来的信息爆炸式增长。

首当其冲的，是传统的信息分类模式未能充分地将分类主体与信息关联在一起。由于人类获取信息、形成认知的谱序可大概表达为"人—分类—信息"的关联，要实现人类在获取和传播信息的过程中对信息的充分理解与应用，需要将这种关联进行细节上的优化和系统上的强化；而要实现这种优化与强化，关键的不仅是要对外部信息的分类进行"精确"和"匹配"的提炼，更重要的是需要对分类方法进行更符合信息分类主体需求的升级，也即是说，需要让分类的实践更符合人本身的感知与实践本能②。然而，我们不难看到的是，传统的信息分类模式基本属于纵贯或横贯并在脉络上不断分支的线性分类模式，虽然能够在"分类—信息"的环节上形成较为系统的结果，但却忽视了作为信息使用者和分类再实践的人在这信息分类过程中的重要地位，也即是说，这种传统的信息分类方式与网络时代以个体为出发点进行去中心化传播的信息传递模式，在一定程度上是相违背的。

其次是无法完整而适当地映射无限广阔的客观世界。在各种社会信息分类中，一定阶段的分类模式，只能反映该阶段的人类认知水平与分类水平；而且更为紧要的是，特定的分类系统一旦被制定，便会在系统整体上具有一定的稳定性，这种稳定固然是信息分类能够被人们学习和掌握的前提，但也事实上决定了其无法时刻与时俱进的缺陷③。随着网络时代的到来，若干与这个日益叠加且信息爆炸相匹配的交叉学科、边缘学科被构建出来，并对传统学科所缔造的信息分类模式进行着各方各面的重构，与此同时，这些交叉学科虽然在信息分类方法上有着一定的创新，但其研究视域也随着其对互联网技术的依赖而日趋主观、更加观照个体，因而也很难对社会信息的方方面面进行客观而真实地

① 倪延年：《知识传播学》，南京师范大学出版社 1999 年版，第 79 页。
② 刘延章：《文献信息分类学》，中国科学技术出版社 1996 年版，第 23 页。
③ 宋传山：《图书分类学（上）》，重庆市图书馆学会 1982 年版，第 12 页。

还原。新的立体式的学科与信息划分方式，企图借助互见、参照、组配、交替等手法来对类目的划分进行升级，但依然无法解决立体全面地映射客观外部世界间各种内在联系的问题，同时还衍生出各种新兴学科在分类尺度与标准上自说自话的新问题，使得信息分类的改革创新之路模糊难辨。

更为重要的是，传统信息分类模式中的信息分类规则过于复杂。如果将问题还原到哲学视域内，我们会发现黑格尔在其代表作《大逻辑》和《小逻辑》中实际上是试图以一种融贯宏观、中观、微观的分类方法将世间万物进行囊括，其创举实质上是传统信息分类方式的巅峰之作，但事实上，我们也不难发现，黑格尔所做的信息分类也并没有成为人类共识。究其原因，主要是由于传统信息分类模式在本质上依然是基于传统社会伦理而制定的，也即"少数精英制定规则、作为多数的大众对此依从"的模式。这实际上表征了一种对大众信息生产、获取、改造、消费之自由的剥夺，在网络时代到来的如今，这种传统的信息分类模式虽然依然在根基上塑造着人们的基础价值观，但却也在被不断地解构与遗弃；而取而代之的，是规则简单、尊重个体、权力相对均等的网络社会与赛博空间中的全新信息分类模式之勃兴。

二、基于网络分类的更广阔网络社会形成

在对传统社会信息分类缺陷进行分析的同时，事实上我们也自然地将视域转入了网络时代信息分类模式的探讨中，更重要的是，随着网络时代对信息的群体传播理论和市场经济体系的关注增加，对信息的分类不仅指向实存或实际发生的事物，而且还指向作为信息分类与传播之主客体的人的分类。

网络时代的社会信息分类，满足了人们更自主地管理信息和更自由地进行社会交往的需求。早在 20 世纪 70 年代，美国传播学者卡特兹（James. E. Katz）就已经指出：信息受众基于自身目的地使用媒介以满足自身的需求，因而信息传播效果的实现，必须立足于信息受众或使用者的需求来进行；同时大众传媒事实上只能部分地满足信息受众的需要或者只满足部分受众的需要，因而，问题的关键在于考量人们借助信息媒介来完成什么，而非信息媒介如何影响人类。就此意义而言，作为信息传播平台与媒介的互联网，在当今能够成为主流的人际交流工具、甚至衍生出主流的交互空间，其信息分类模式对人类需求的更好满足注定是探讨互联网相关问题的重中之重。

首当其冲的，是网络时代的到来使得人们对信息的管理更为自主。历史上

和传统上，对社会信息的分类、解读、组合和管理都由专门的机构或专家来完成，作为信息受体的大众在需求上的诉求并没有得到充分的尊重，对信息分类系统进行新型的"自由化""民主化"革新，成为早已存在的诉求。由于传统的信息分类模式是由经过专业机构或人员为了管理（或统治）的便利而制定的，在对社会信息进行分类时，天生具备排序逻辑和科层逻辑，在此模式中被分类的项目被要求尽可能地完备且需尽量规避彼此重叠。由此而生成的信息分类结果中，各项目基本上被确定只能被分入某一门类之中，同时尽量回避被分入多个门类，这样事实上方便的对象是信息的管理和制造者，而非使用者或接受者。具体的，我们可以借用图书管理的逻辑来进行举例，通常而言，一部大型书籍在内容上往往是丰富而交叉的，很难以一个特定的分类将其完全囊括，例如诗歌类文集，既可以是文学类，也可以是美学类，甚至可以被纳入历史学类或者哲学类，然而它却以特定的编号被记录且被放在固定的位置，如果一个想从该文集中获得哲学灵感或者历史截面凭证的读者想找到它，就必须到文学类目去寻找它。

由此不难看出，传统的信息分类模式由于其创制者是管理机构或管理者，因而其编译的逻辑也是服务于管理的。当特定的信息被发布于互联网上时，会呈现出明显有别于传统信息分类模式的状况。互联网空间中的用户不仅可将它依据自身判断而分入与他人认知所不同的类别，而且可以对这种分类依据自身的使用需要和习惯进行随时的调整，而无须考虑传统信息分类模式和惯例的限制。更为重要的是，区别于传统的信息分类模式，网络时代的信息分类将信息的生产和消费权都赋予了互联网用户，既极大地提高了信息分类的有效性，更提高了信息分类的实时更新性，从而从根源上解决了传统信息分类模式结果中的不准确、滞后和有效使用率不高的问题。

其次是网络时代的信息分类，满足了人们进行信息分享和社会交际的需求。互联网空间中的用户被赋予了为所接触到的信息添加标签，并给予这样的标签浏览无穷无尽信息和内容的权力。这不仅体现了互联网空间中信息分类兼顾个体性和公共性的双重精神品质，而且还能基于用户对新的自由分类和自主管理而满足其分享信息、贡献社会的需求。事实上，由于网络时代信息分类与传播的公开性，使用者对信息的梳理与分类行为也是公开的，因而认同特定分类模式的其他用户可以直接地基于某一使用者已完成的信息分类而延展自己的信息分类，由于这能够充分地满足使用者获得社会认同的需求，因而也在反向地激发着各种信息分类者分享和宣传自己信息分类模式的动力。由此，互联网空间中的信息分类进入到另一个层面，当使用者开始普遍地渴望以自己所作出的信息分类获得他者认同时，他们所追求的实际上是一种互联网空间中的新型话语权，这也昭示着网络时代信息权威的权力生成。

这样的状况在网络时代进入自媒体和平台互动阶段时，变得愈发显著。一如加拿大互联网实践者、传播学者巴特菲尔德（Herbert Butterfield）所指出的："社会网络革命——从 Flickr、互联网空间、博客、维客到 P2P 等——鼓励我们分享一切。要分享的不仅仅包括内容而且包括思想，如我们对内容的看法（评价性标签）以及 API 接口等。这种开放性催生了以 Flickr 和 Del. cio. us 为中心的多如群星的辅助应用。"①在自媒体和平台式互动滥觞之前的网络时代，用户所业已完成分类的网页或链接等形式的信息，通常仅仅存储在他们自己的硬盘中，既缺乏分享机制、也缺乏分享动力，因而其他人难以获取。虽然这样的私人收藏能够充分体现特定互联网用户的品位、格调、知识水平、价值取舍和精神追求，但其对外将这些符号刻入使用者的能力尚未被发掘出来。直指全新的以比特币的广泛而迅速流通为特征的网络时代，兼具私人收藏和公共传播特征的社会信息分类才更多地具备了对外彰显使用者个性与见解的能力，从而促成了很多曾经秘而不宣或者被束之高阁的人类精神成果被大众接触或认领，并在宏观上提升了人类的整体知识水平和精神交往深度。

第三节　现实超越：网络社会之本质与构成

早在 1929 年，匈牙利籍未来主义作家弗里杰什·卡林西在其作品中就已对网络时代到来后的社会状况进行了预测，他认为随着互联网技术的快速发展，人际关系的网络和"锁链"都会在更广阔的空间中延展，从而反向地导致人类生活的世界由于沟通间隙的缩短而逐渐变小；同时，他更为精准地预判了随着信息传播技术的升级，人与人之间的社会交往变得愈发无视空间距离和价值观的束缚，从而人与人之间的社会距离与社会分层也会逐渐地模糊。我们甚至可以认为，这是 20 世纪 60 年代麦克卢汉提出"地球村"概念的灵感源头，卡林

---

① 张咏华：《媒介分析：传播技术神话的解读》，复旦大学出版社 2002 年版，第 132 页。

西假象的任何互联网用户通过五个熟络交往对象就能链接全世界的"游戏"，似乎亦与扎克伯格创设 Facebook 时所采纳的"鸽群理论"异曲同工。虽然这些观点曾经只存在于近乎科幻想象的作品中，但它们对当今网络时代、网络社会超越现实社会作了前瞻性的预判，同时对这种超越现实社会之新型社会形式的本质与构成做出了合乎逻辑的解读。

一、对世界格局的现实性超越

自米尔格伦于 20 世纪 60 年代基于人际交往中社会资本的生产与分配，提出"六度分隔"之后，世界格局便不再仅仅属于宏观的政治论域或人类发展的视野之中，而是不断地被浓缩和具象于直面个人世界的"小世界"。不难看出，这其实是对卡林西"正在缩小的世界"的延展与回应，但米尔格伦将卡林西的假设拓展至实验或实践的维度，使之具备了更强的说服力和现实性。

米尔格伦于 1967 年借助颇似当今以互联网思维增强物联网建设的思路，设计了一场包裹传递实验，他从美国不同区域随机选择数百参与者，然后分发给这些参与者包裹，并下达让其通过自身人际交往圈传递包裹的指令，并追踪这些包裹是否能抵达米尔格伦所指定的波士顿收件人手中；在被发放包裹的传递过程中，每一名包裹接收人都会被明示包裹目标接收人的详细信息，并如同第一名包裹传递者一样，被要求于自己的人际交往圈中选择最可能与包裹接收人有潜在关联的中介者来进行传递。这一实验的最终结果显示，整个包裹的投递过程从第一接收人到目标接收人平均只经手六次，换言之，米尔格伦的实验结果事实上指向了：任何两个（无论距离多远、阶级差异多大、文化背景多么悬殊）人类社会中的个体，只需平均六个中介点的联络，便能完成彼此之间的初步认知与了解。

虽然米尔格伦自己并未对这一实验结果进行命名性总结，但这一理论随后依然被广泛称为"六度分隔理论"，而在更为终端的应用维度，我们不难发现，社交巨头 Facebook 的创始人扎克伯格在奠定其社交网络帝国之底层代码所信奉的"鸽群理论"（看似混乱的鸽群中的每一只鸽子只需要保持与身边三只鸽子的联系稳定度，就能保证整个鸽群运转得有条不紊）事实上与米尔格伦的发现亦异曲同工。而在当今网络时代，验证这种类似理论其实更加简单和便捷，21 世纪初，曾有相关研究以六千名互联网用户作为样本进行了类似于包裹传递实验的信息传递实验，并发现其实要将互联网空间中两个几乎不相关的网络页面实现连接，平均只需要四次超级链接，更进一步地延展了世界正在不断缩小的论域。

不难看出，"六度分隔"理论在被米尔格伦提出，经历了多次升级与发展，它事实上将原本宏观的世界格局纳入微观领域，使得互联网应用的编译人员和相关领域的科研人员更为密切地注意于互联网对人类社会交际的巨大影响，这些推动互联网发展的人们以其自身努力将互联网应用变得愈发边界和社会化，并在功能上更加突出地反映和促进着现实社会关系、交往实践和价值生成的完成，并在更深层次上使得人与互联网空间逐渐融为一体。

二、对社会关系的现实性超越

在网络时代的到来对人们眼中的世界格局完成重构后，其所要完成的另一种现实性超越便是传统的社会关系。美国学者格兰挪威特于20世纪70年代所提出的，区别于传统社会（或者更典型的，中国传统原生乡土社会）中人与人之间的坚固而紧密的"强连接"，网络时代的主流人际联系将呈现出完全不同的"弱连接"的样态。

类似于米尔格伦（或者说受到米尔格伦的影响），格兰挪威特所提出的观点亦以自身所设计的实验及其实验结果作为支撑，相对于米尔格伦的"包裹投递实验"，格兰挪威特的实验更多地面向中观现实社会中的大众社会关联，他在20世纪70年代初基于社会调查的方法逻辑对社会中求职者的行为进行了追踪考察。类似于米尔格伦，格兰挪威特所选择的实验据点也位于美国波士顿，但有别于米尔格伦彻底将问题分析留存于数字和客观的层面，诺兰挪威特采用访谈和问卷相结合的方法，在结果上更显得人性化和社会化。

格兰挪威特的实验结果与我们常识中所理解或认为的现代工作获取方式大相径庭，他的实验结果显示：有超过半数的受访对象是凭借私人关系获取他们现在的工作的；而他们基本都在交际圈中存在知悉空缺岗位所在的人。更为具象的，在他所选择的调查对象中，近乎56%是通过私人交际圈找到工作的；只有各近19%的受访者是通过凸显现代性的招聘广告（或招聘代理）和直接到公司"试运气"获取工作的；另有接近6%的受访者自称通过其他方法获取工作或直接回避问题，这部分调查对象基本可作为调查噪音加以回避①。

基于这样的调查结果，格兰挪威特大致总结出空缺岗位与工作搜寻者之间

---

① Granovetter, M：The Strength Of Weak Ties, *American Journal of Sociology* (78)，pp. 1360 – 1380.

的达成连接的曲折性：首先，是中间人与工作搜寻者之间的关系并不特别熟络（否则空缺一出现就会主动被中间人的联系所填补）；其次，中间人的出现和联络实际上是很偶然的现象，需要工作搜寻者频繁地试错或者具备足够好的运气。最终，格兰挪威特在调查结果的基础上对人际关系中的这种联络方式进行了评估，并发表其代表作《弱连接的强度》（*The Strength of Weak Ties*），并凭借交往过程中人们的交互频率、感情卷入程度、关系密切程度和工具性的互惠交换四大指标，给出了传统社会关联之"强连接"与网络时代之"弱连接"在概念上和比较中的本质差异。

格兰挪威特（Granovetter, M）的实验结果和理论发现，凸显了以血缘关系、挚友亲朋关系等"强连接"以外偶然结实、相知不深的"弱连接"之间的差异，并基本地证明了"弱连接"在全新的交往模式中一样能创造社会资源或资本，甚至在更为广阔的宏观传播学定义上，能更顺滑、直观、回避社会关系束缚，创造更为丰富的社会资源，并事实上地为网络时代的到来对人们社会关系的现实性超越，奠定了思想基础。

三、对交往结构的现实性超越

格兰挪威特的实验和理论创新，事实上论证了人与人之间临时、偶然构建的"弱连接"在社会资源创造和交往重要性上并不弱于群体内部的"强连接"，从个体交往的维度给予了新交往模式研究以启发，并促成这种研究逐渐从个体间交往走向交往的立体结构，而巴特（R. S. Burt）就是进一步拓展这种研究的代表性人物，他在格兰挪威特观点的基础上创设出"结构洞理论"，从而促成了网络时代新交往对传统交往结构的现实性超越。

区别于格兰挪威特将研究对象直面于社会个体，巴特以典型的结构化社会组织——企业作为研究对象，他指出在企业的生存和竞争活动中，大致存在三种资源，即财政资源、人力资源和社会资源。通常的企业发展研究更多地注重于财务资源和人力资源，但在企业普遍注重这两种资源发掘的时候，研究如何创造和挖掘社会资源显得异常重要。为了直观而明确地解决这一问题，巴特指出格兰挪威特所提出的"弱连接"理论中两个连接点之间的连接桥梁，实际上也必然地会结构性地生成桥梁及两个连接点之间的"空洞"（类似于蜂巢，每个结构性连接的框架周边其实是空洞的空间），而这些空洞其实就是商业机会的所在，只要在这种空洞上进行本来不存在的连接，那么就会产生出由交际而生产的社会资源，进而提升企业价值契机。

具体的，巴特所提出的"结构洞"理论大致包含以下几个内容：首先，这种交往中的空洞对"谁会知道、何时能知道以及谁将参与"等机会的形成与影响具备决定性作用；其次，社会个体如果能够占据关系网络中的核心区位，那么他就能从这一区位优势中获得有利的信息和地位，而如果这一个体将自身打造为两个社交连接点间的中介，那么他就有机会以巧妙的形式在这种关系中牟取利益；第三，社会个体所累积的这种社会资本，通常是无法回避地会被纳入某一特点的组织中，因为他自身虽游离与各组织之间牟取利益，但在特定的行为中，他不可避免地需要秉持一种相对稳固的态度①。

事实上，巴特对于互联网时间人际交往发展的贡献主要表现在，他不仅认为人际关系的内容和区位能够成为个体的社会资本，还进一步认为人际关系的结构与动态变化也会引起关系中社会资本的变化，进而指出这种特定的关系结构或区位从本质上有助于交际网中的社会个体累积和发展他们自身的社会资本，并借此成为自身存续和进一步发展的原始积累。巴特将网络交际中的这种"结构洞"列为互联网用户获得非重复性利益的资源，并且以此作为网络时代交际网络进一步发展和信息资源流动的关键动力，使得网络时代的社会交际与传统社会中的社会交际在特征和本质上愈发相互背离。

第四节　文化新贵：网络文化之兴起与盛行

随着互联网技术和互联网空间结构的搭建，以及随之发展的互联网交际模式之成熟，在此社会存在之上的上层建筑亦随之发端和成熟；这其中，首当其冲的便是作为文化新样态的网络文化之兴起与勃发。

网络文化作为一种前所未见的文化形态，在定义上被各种行业的人们所解读和诠释，大致上有如下几种样态：其一，网络文化是跨越了地域隔阂与时空限制的、实现全球共生的文化；其二，网络文化是表征和凸显个性的全民共享文化；其三，网络文化是在权力分配上不设限制和门槛的自由文化，在特质上"没有政党、财团、社会集团和社会团体的力量规制，既无'把关人'之碍，又

---

① Burt, Ronald S: The Contingent Value of Social Capital, *Administrative Science quarterly*, 1997，（42），pp. 339 – 365.

无专业身份之……充分展示着平等性和互动性"①；其四，网络文化是将一切传统媒体加以融合的集大成文化；其五，网络文化是兼具正负效应的双刃剑，它颠覆传统媒介、增加社会风险、致使低俗文化滥觞等等，不一而足。

在此基础上，我们认为，综合以上各种观点并立意更为抽象、宏观的定义：网络文化"是以人类最新科技成果的互联网络为'信道'，以计算机、手机、车船以及各种飞行器为终端载体，依托发达而迅捷的信息传输系统，运用一定的语言文字符号、音视频符号和动漫游戏等符号，传播文明，传承思想，诠释文化，张扬风俗民情，表达民情民意，宣泄情绪意识，垒筑起的崭新文化风景"②，更符合我们对网络文化进行论述的需求。

一、网络文化兴起的科学技术基础

作为科技发展与文明进步相互融合的结晶，网络文化是经典文化与传统文化在网络时代被扬弃和创新的结果，它在互联网空间中以自身的自由特质促成多元的文化信息、多样的艺术形式之创造、传递、交互与融汇，是网络时代文化选择与价值追求的再度创设，不断地现实着社会行为模式与人类思维逻辑的深掘与提挈。在文化根基与实存依托上，网络文化是以计算机技术、通信技术的发展和成熟作为基础，在形式上通过信息的多样化传递，影响和改变着人们的交往方式和思维模式；因而，在文化特质和联系上，网络文化无处不彰显着现代高级科学技术前沿的发展动态。

与其他新文化形式的崛起相类似，网络文化也被打上了网络时代的独特烙印，同时也是社会进步和新技术应用的产品。互联网技术从国土安全领域转向民用进而成为全球大众所共享的科技成果，不仅提升了社会文明程度，而且极大地发展和繁荣了人类文化状况。与网络时代的到来相伴随，各式各样新型的文化形态被相继开发出来，从早期的文本（TXT）文化、BBS 论坛文化、二次元文化与传统博客文化开始，及至以流媒体为根基的视频上线文化、网络二次元文化、微博微信文化与虚拟性亚文化和 VR 文化等，无一例外地都与计算机互联网技术的发展和进步紧密相连。

在社会影响和思维迭代维度方面，网络文化作为基于现代科技延展而来的

---

① 尹韵公：《论网络文化》，载于《光明日报》2007 年 3 月 25 日。
② 曾静平、李晓晚：《论中国网络文化分级分类研究》，载于《现代传播》2010 年第 3 期，第 109 页。

文化，在政治维度上先在地否定着传统文化的政治态度，同时对传统文化中崇尚自由和权力共享的要素进行了全新的包装和深度的强化。事实上，以计算机技术为代表的硬件技术和以互联网技术为代表的传播技术的迅速发展，在催生网络文化的同时，受到网络文化对大众强大吸引力的反向补益而不断被阐释和丰富，这种内部循环本身就是对传统文化所强调的社会伦理、政治理念、强调人文社会而忽略直观科技进行着颠覆。作为社会发展和文明迭代的时代动力，网络文化的诞生开创了人类社交的新纪元，它通过特立独行的表达与传播形式，赋予了传统文化以全新的冲击，并支撑起人类文化在范式和样态上的各种变革。

二、网络文化勃发对传统文化的扬弃

计算机技术与互联网技术的推动，不仅为网络文化的萌发提供了土壤，而且为其跨越式发展奠定了基础。首先，高精尖的技术推动跨时代的文化，跨时代的文化又促进着新科技的飞跃，这一过程往往是在技术应用和创新的基础上，将高端人才纳入科技发展领域，并在新人才流动形成的趋势下对其进行人力资源的整合与提升，进而在人才驱动基础上大批量产出现代化的科技文化产品，为整个网络文化的发展开辟道路。其次，高精尖的科学技术在拓展高度文明的文化模式的同时，基于互联网空间内的内容创新与开发，聚合用户群体的能量，进而借助其能量开发更多的文化产品，从而获得突破网络文化的发展瓶颈的动力，以此改善网络文化的拓展难题和技术贫困状态，最终实现高科技与新文化的粘连。

当代中国网络文化在根植和发展于传统文化基础之上的同时，无疑时刻显露着其对传统中华文化实现超越的特质，这不仅表征于网络文化很大程度上对现代要素的依托，而且更为直观地体现于其在强调个性张扬与自我认同的同时，对传统文化中遵从集体和长幼有序的伦理机制进行着深度解构与冲击。

在思维模式上，中华传统文化追求圣人之制及"人人皆可为尧舜"，认为相对固定的宗法与纲常伦理有益于社会和谐，这样的特点在形成规范严明的社会伦理与秩序的同时，也很大程度上抑制着作为文化主体的人在个体风格上的彰显，并一定程度上促成了中华民族成员相对更保守的行为模式。与之大相径庭的是，网络文化追求个性的张扬与个体追求的平等，在网络文化风行的时代，它赋予了个体破除传统生活中伦理规范与行为束缚之枷锁的权力，并使得人类社会发展出前所未有的活跃、生动景观。

在互联网空间中，参与个体作为更加平等的用户出场，享有更加平等的信息选择权与话语权；一些曾经在传统社会中被认为不可接受、不被认可的思想与行为，在这一空间中几乎无一例外地都能获得志趣相投用户们的认可，甚至越离经叛道的思想与行为越能在这一空间中获得传播。在这种局面下，传统文化被网络文化裹挟于其中，曾经相对森严的人际身份差别、经济阶层差别、文化水平差别被强大的用户交际对象选择权所瓦解，生活于其中的人们不再受制于传统的身份设定和能力限制，并与曾经高不可攀的人群站在了同一起跑线上，在生产力解放的层面，这使得作为主体的人得到了更强大的创造活力、行为空间和价值选择自由度。

网络文化先在地对创新意识与个体精神进行着崇尚，一定程度上与传统文化在特质上保守与封闭先在地存在着矛盾甚至对立。就中国实际而言，数千年不断发展而趋于成熟的政治制度、几乎自给自足的小农经济与幅员辽阔所带来的差异显著的地理环境，在共同形塑中华传统文化的同时，也赋予其相对于其他文化圈更为保守的禀赋。无论在传播的形式、场域、秩序，还是传播的时间、目标上，网络文化都允许互联网用户依据自身需要和意愿进行相关的调适与安排，同时它也允许用户对所传播的信息基于链接的控制而实现能量调节和精确程度的修改，以便于其在满足用户需求时可控地拓展至新的向度、领域和途径中去；在这样的效应中，网络文化凭借自身强大的信息吞吐的能力，有力地消解和磨平着文化圈层中现实存在的壁垒，从而实现了文化传播、交汇、交流、交融的闸门控制，并基于创新的驱动力，实现着其自身系统的全方位增强，并以此拓展自身的开放程度与活性，从而进一步地提升自身文化价值①。

三、网络文化勃兴对多元亚文化的催生

在扬弃传统文化之后，网络文化顺其自然地延展出众多前所未见的多元亚文化，在互联网空间之中，具备类型和性质差异的各种亚文化不仅表现着差异特征，而且在分类和延展向度上有着非常细致而明确的差异。作为一种经由人类长期创造而形成的社会现象，文化在类别划分上有着无比广阔的空间；同时，作为人类社会历史发展的产物，文化又基于特定的自然环境、风土习俗、思维模式、价值体系，而延展出不断发展的现象百态。随着网络文化在硬件支撑和

---

① 参见孟成：《网络文化与传统文化的互动共生》，载于《中国社会科学院院报》2007 年11 月 29 日。

伦理重构上的基础奠定，其所延展的亚文化分支亦被不断地催生而出。

　　网络文化的内容是互联网的主流和主线，它门类多样、绚烂多姿。对网络文化按具体内容进行划分，在宏观层面上有全球网络文化、洲际网络文化、中国网络文化和外国网络文化等；在中观层面上有区域网络文化、种族网络文化、民族网络文化、少数民族网络文化、语系网络文化和河流流域文化等；在微观层面上则有色情文化、恶搞文化、人肉搜索文化、饮食文化、服装服饰文化等①。具象于具体的亚文化类型，以差异国家、文化、民族的互联网用户于互联网空间中的活动方式与目标所指为例，事实上传统文化对相应的根植于其上的亚文化生成有着深刻而直观的影响，一如曾静平所言：当某个中国互联网用户打开电脑开始聊天的时候，在世界另一端的美国互联网用户可能正在查找前往商业伙伴办公地的行车路线，而法国互联网用户则很可能正在自己的博客上"奋笔疾书"②。

　　类似的，网络文化在其文化亚种方面，可依据其表现方式而被细分为文字（TXT）文化、图形（IMG）文化、博客（Blog）文化、播客文化、QQ（腾讯公司旗下的核心交际平台）文化、二次元文化、恶搞文化、搜索文化、流媒体文化等。其中以博客、播客、QQ文化为代表的亚文化种类，是网络文化的独特表现形式，它们表征着网络文化强调平民、草根崛起的目标诉求，进而成为新锐文化圈诞生和发展的平台，更是主流、精英文化与平民、草根文化实现相互融合的空间。以博客（Blog）文化及其衍生品微博文化为例，它们作为社会个体传播自身想法，并以知识集合链为信息发行方式的传播逻辑，早在1997年12月，美国程序员巴格尔在运行"Robot Wisdom Weblog"程序时首次使用weblog的概念，由此打开了博客纪元；随着2001年9月11日世贸大楼遭遇恐怖袭击，博客成为信息发布和体验的关键渠道，而从此正式步入大众传媒的视野；及至今日的特朗普"推特治国"，事实上明示了我们被博客亚文化所裹挟的事实。

---

① 曾静平、项仲平、詹成大等：《网络文化概论》，陕西师范大学出版总社有限公司2013年版，第8页。
② 曾静平、项仲平、詹成大等：《网络文化概论》，陕西师范大学出版总社有限公司2013年版，第8页。

第二章

网络文化异化：大学生网络文化的畸形生产与传播

网络文化作为活跃于全球空间和网络社会之中的重要亚文化，以自身独有的特质影响着社会整体的文化格局，其主要受众以大学生为主，并且网络文化的发展又通常最能代表大学生的价值理念与观感。网络文化之勃兴为大学生在道德习得、意识、认知、认同和外化等系列伦理道德的发展都带来了巨大挑战，它为大学生打造了一种全新的外部发展环境，使得大学生在自身发展进程中的分流与异化于潜在无声的状态下时刻进行着。时至今日，网络文化对人们生活各方面都产生了深远影响，在市场经济和现代化深度延展的时代背景中，逐步成为一种颠覆传统文化内核的亚文化类型，并且衍生出了虚无化、低俗化、盲目化、后真相化的特点，进而逐渐弱化了其作为文化对社会中人们的教化功能。

第一节　新锐文化圈：大学生网络文化之萌生与勃发

经由前文对网络文化飞速发展的简析，我们不难一窥其对中国当前社会文化之影响的折射和对中国社会进步的推动意义；基于此，我们不难看到，网络文化作为活跃于全球空间和网络社会之中的重要亚文化，它以自身独有的特质影响着社会整体的文化格局，并于从主流到草根、从大众到精英的各个维度都深刻地影响着人们的价值理念。更为突出而明显的是，网络文化的主要受众以参与新潮事物、网络活动的核心成员——大学生为主，当网络文化聚焦于大学生网络文化时，问题往往会变得更具有前瞻性，而网络文化的发展又通常最能代表大学生的价值理念与观感，因而要研究网络时代青年学子的伦理建构和价值异化问题，必然地需要聚焦于大学生网络文化之上。

一、作为新锐大学生情感依托空间的网络文字

文字是表达价值观念的重要渠道，特殊或独创的文字往往能够成为特定群体归依自身情况的价值空间，而网络文学的勃兴则深刻地验证了这一点，并成为作为新时代网民核心成员的新锐大学生群体在网络中寻求自我价值表达的重要方式。

这其中，追求标新立异并在潜意识上想与上一代人拉开距离的"火星文"就是突出代表。在定义上，由于隶属于非主流亚文化，"火星文"并没有被较为规范地界定和公开地承认，字面上看，"火星文"貌似指代的是火星人或者火星文化所使用的文字，但其实它是一种看不懂"火星文"的人（通常是代表主流文化的中年人）对这种"不属于地球人文字"的文字所进行的调侃。对于非熟练使用者而言，"火星文"不仅会让他们看不明白，而且即使看明白了也会导致语意难辨，这其实是年轻人对这种语言文字进行有意"加密"所导致的。由于以新锐大学生为突出代表的年轻人，在思维上与中老年人相比有着更为敏捷、跳脱的特性，因而他们以日文（例如用"の"取代"的"）、符号（例如用"→"取代"接下来"）、罕见的中文繁体字（例如用"龘"取代"龙"）、英文字母（例如用"AI"取代"爱"）、地方方言（例如用"那旮""阔落"取代"那个地方""可乐"）、数学字符（例如用"1314"取代"一生一世"）甚至数据乱码、错别字为蓝本构筑复杂的（其中一些他们自己也很难看懂的）"火星文"。一开始，这种文字只是在固定的小众群体中被使用，但随后不久，这种带"火"的文字就如"野火燎原"一般风靡网络空间，由于使用"火星文"让年轻人觉得自己很"酷炫"和"有创意"（对于缺乏创意来创作"火星文"的人，还有专门提供"火星文"生成服务的软件或机构），因而"火星文"成为他们在自我认同道路上标新立异以突显自我的重要方式。

如果我们将以下文字展示出来，估计只有极少数人能够看得出来，这其实是徐志摩的著名诗歌《再别康桥》：

　　—輕輕の俄圭暸，

　　囸伽俄輕輕の菜；

　　俄輕輕の招手，

　　莋另リ西天の囿彩っ

　　那滿畔の薮柳，

昰ダβθ蚺の新ゼ艮；

波伖哩の艷影，

洅俄の心頭蕩漾っ

軟泥夫の圉 xǐng，

油油の洅氷柢招搖；

洅榡潯の溪波哩，

俄甘心ィ故ㄟ條氷惮！

那榆廕↓のㄟ潭，

8.昰清泉，

昰天夫虹；

揉 suí 洅浮藻閒，

茺 díaň 着彩虹侣の儚っ

嘪儚？

撑ㄟ支淚篙，

鍂圉惮鯉圉處漫遡；

㤭載ㄟ舩★ㄣʋí，

洅★ㄣʋí 斑斕哩傲 gē っ

但俄 8.蟹傲 gē，

悄悄昰另り離の笙簫；

廈蟲 yē 爲俄茺 Mō，

茺 Mō 昰妳晚の榡ポ乔！

悄悄の俄赱瞭，

㊣伽俄悄悄の菜；

俄揮ㄟ揮鋱袖，

8.蹛赱ㄟ覘圉彩っ—①

而当我们在有线索加持的情况下对其细细品读，似乎又能够看出来一些端倪，这便是"火星文"的魅力所在。同时我们又能看出来，在将其称为"火星文"之前，以"繁体字""怪体字""反体字""异文""QQ 签名体""脑残体"等称谓来描述之，是多么的不合适。相反，对于中老年人来说，要读懂"火星

---

① 转引自：火星文转换器 简洁版 by 非主流繁体网 ，http：//www.fzlft.com/huo/?

文"事实上需要同时具备非常充足的知识储备和非常强大的与时俱进能力。而当我们进入新锐大学生们集中活动的网游论坛、社交平台和贴吧，就不难发现，其实"火星文"无处不在，而且已经从这些平台交际中的非主流文字演变为次主流文字，并成为人群分隔和交汇的重要工具。

事实上，早在2011年就曾有一份系统研究青少年网络流行语言的调查报告指出：有超过90%的年轻人都赞同并使用着"火星文"，而他们喜爱使用"火星文"的原因则是"使用火星文，能够避免让老师和父母了解自己在聊些什么！"由此可见，"火星文"的使用似乎成为年轻人群体进行隐私加密的方法，他们以跳跃性的思维向传统和管束宣战，面对他们的长辈和教育者以其不懂的语言来彰显自我、释放个性，并在群体内部用彼此能够明白的独特交流方式进行沟通，从而实现了对成人社会的屏蔽和对自我世界保护的寻求。

二、作为新锐大学生情感依托空间的表情符号

除了在传统交流中也存在但被青年人升级和优化的互联网语言交流系统外，一种全新的以社交平台中的符号和表情来表达自身观点的交流亚文化，也被作为网络文学的新形式被新锐大学生所热衷。网络使用的便捷性和低门槛为符号、表情广泛使用、普及并成为亚文化提供了重要契机，尤其是在追求新意和个性的新锐大学生群体中，为了使交流更加丰富和立体（一定程度上想让虚拟交流具备面对面交流的一些特质），具有多重含义的表情符号被不断挖掘出新的意涵和巨大潜能，符号、表情的广泛使用事实上间接地展示着大学生的情绪动态和身体语言，例如被普遍使用的表情符号"😂"，原作者的意图是以此来表达对象信息"非常可笑、逗乐，以至于能让人笑到哭"，而随着用户们的多方解读和相互认可，这一表情所表达的意涵逐渐变成了"笑着笑着就哭了""生活艰难，只能强笑着哭泣面对"等，因而附带了当前日益勃兴的"佛系""丧"亚文化属性。

事实上，网络符号和表情的应用是虚拟交流发展到一定阶段的必然产物，它一方面基于虚拟交流仅以文字难以全方位表达自身意图的特质，而被赋予了常规社交中肢体语言的任务，另一方面由于表情符号作为一种不直观表达自身意图的表达形式，在意涵上存在很大的可商榷性和不确定性，这为热衷于使用其的新锐大学生群体提供了一种凸显个性而又不彻底脱离主流的边缘形式，迎合了新锐大学生追求个性、标新立异的表达需求。与此同时，表情、符号也是一种于网络社会中直观显示信息传递的视觉效果的新产品，每当这些表情、符号迎来更新，往往一开始就会被广泛使用，更为重要的是，如果特定的用户对这种更新的效果不满意，那么他还可以对表情符号包进行回滚操作，也即是说，几乎不管是什么样的用户群体，都能够找到适合自己、符合自身需求的以视觉表达实现自身信息传播的表情、符号。

从发展历程上看，虚拟交往中的表情、符号经历过由简单至复杂多样，再由复杂多样回归简单的辩证发展过程，与此相一致的是表情、符号的表现形式亦随着网络文化的勃兴而生成了无限多样的延展。总体上而言，它从起步阶段简单的标点、字母、符号等表形象征及一些特殊符码组成，到更为直接明了的平面图像，最终发展到如今流行的动态（gif 格式）表情和随时可以制作的自拍表情，可谓个性定制日益深度、用户专享程度空前发达。而随着虚拟交流中表情、符号的多样性凸显，其使用人群亦随之分化，伴生着智能移动终端的普及和微信等不用文字输入而是转为鼓励语言输入的应用软件的发展，越来越多的中老年人也加入到表情、符号的使用大军中来，他们以有别于年轻人的审美和价值观念引领着一种完全不同于新锐大学生的表情、符号的"另类"表情、符号系统的诞生。早在 2013 年 7 月，国内知名社交平台"豆瓣"便发动了"中老年 QQ 表情大赏"活动，活动中，年轻互联网用户们分享出他们的父母辈甚至祖父母辈所日常使用的表情、符号，成为引起强烈共鸣、热烈讨论的热门话题，可见多元的表情、符号使用已然成为当前互联网生存的重要风景。

三、作为新锐大学生情感依托空间的网络流行语

对比以"火星文"为代表的网络文字和网络表情符号，网络流行语有着突出的差异，由于其在建构上并不存在形式上的创新，而更多地集中于内容上的创新，因而它不仅传播和流行于互联网空间之中，而且传统媒体由于也能从容地对其加以应用，故而也会报道和使用之，比如每一年几乎都会见于主流传统媒体的"年度流行语""十大网络流行语"评选等等。传统媒体的参与实际上只是对网络流行语的再次传播，它们并不能对网络流行语进行创造，但传统媒体对网络流行语的应用却从侧面反映了网络流行语的诞生和传播实际上都是新兴社会现象所引起的，它的存在亦在一定程度上反映了社会伦理的变迁，这也为网络流行语的存在增添了更多内涵与意义。

纵观网络流行语的发展历程，其前后发展出过种类繁多的各种形式，在具

体的产品上有昙花一现的，也有被奉为经典的，有附带正能量的、也有表达"丧"和"颓废"的，每一阶段的流行语生成都有着非常复杂的内外因，这些因素或者与社会事件相联结，或是与群体运作、灵感爆发有关系，但无论其成因怎样，通常都能够带来互联网用户的共鸣，一如曾风靡一时的陈欧体（前"聚美优品"网站总裁）"我为自己带盐（代言）"，它们事实上凸显了作为新锐文化代言人的年轻人彰显和表达自我之需要。

作为时代特质彰显的网络流行语，通常也可以作为互联网舆情呈现和互联网语言转换的重要标尺，网络流行语有时甚至可以成为年度历史发展的总结陈词，能够间接地刻画出时代表情以及社会发展中的主要生活面向。比如"土豪，我们做朋友吧"这一流行语，即延展出众多颇为有趣的现象："土豪"及"壕"这一词汇的流行，其实上与在其之前"走红"的"屌丝"一次形成呼应，都是借助一种嘲讽的态度对生活中的无奈加以调侃，随着"土豪体"的发展，衍生出大量与土豪相关的段子，虽然指向"土豪"却主要是为了突出其"土"，也即要不然光有钱而没文化且喜欢炫耀自己有钱的人，要不然通过"土味"装穷还反向炫耀自己有钱的人。当然，这其中并不只包含消极意义，对"土豪"的嘲讽也反映出大众从"仇富"到包容和调侃之的心态转变。尤其是"土豪体"的终极版"土豪，我们做朋友吧"，其实是一种带有黑色幽默的嘲讽，一方面显示着非"土豪"的大众对贫富差距的看淡和无力改变，一方面又希望借助于加深了解进而找寻自身存在价值的潜在解决方案。

对于网络流行语的主要创造者，新锐大学生实际上在通过这种流行语的创设表达一种另类的主观要求，既群嘲社会又自嘲自身，借助诙谐而带有趣味性的语言传播，为自身即将面临的巨大社会生活压力和很可能已经在面对的心理压力找到合理的释放点。当然，这一切得以成立，还多亏了互联网平台中相对发达的信息传播系统和相对扁平的信息传播权力结构，正是这些有别于传统媒体的传播特质，拓展了以网络流行语为代表的一系列根植于网络文学的新锐大学生情感依托空间。

第二节 引领新思想：网络文化影响下的大学生特征

承接对作为新锐文化代表人的大学生及其所寄身的大学生网络文化之解读，

我们不难看到网络文化的勃兴对大学生群体所产生的多维、立体影响，在承认网络文化与大学生特质有着密切贴合的基础上和前提下，我们亦不难看到网络文化对大学生的影响不仅表现在以实践为表达、可以直观感受到的行为层面，而且更为深刻而长远地影响着大学生在以道德感知和伦理认同为突出表现的思辨层面。换言之，网络文化之勃兴为大学生在道德习得、意识、认知、认同和外化等系列伦理道德的发展都带来了巨大挑战，它为大学生打造了一种全新的外部发展环境，使得大学生在自身发展进程中的分流与异化于潜在无声的状态下事实上不可逆地进行着，其中被网络文化异化现象所吞噬的部分往往堕入难以勒马的悬崖，而在异化中幸存或实现对异化超越的部分则成为群体中的佼佼者。

一、网络文化影响下的大学生道德认知独特性

网络文化之勃兴使得大学生在成长过程中不可避免地面对着原有道德认知逻辑的瓦解问题，这种问题表现在多种方面，其一是互联网空间中的用户在道德评价权力与机会上是近乎平等的，不会基于社会经验、年龄、身份地位等传统道德评价加权项目的影响，这使得传统上引领大学生道德发育的道德权威被逐渐瓦解；其二是互联网空间对多元文化的存在与发展具有极强的包容性甚至鼓励性，这种特性经历了长期的发展，使得互联网空间中的文化呈现出无限多样的特质，这决定了在无限多样的文化选择和价值判断中总有迎合大学生中特定个体需要的部分，这种对个体的迎合往往会导致被迎合者在价值选择与判断上的迷失与自大；其三是网络文化与互联网社交对大众的评价赋权和多重价值观选择，使得混杂于网络空间之中的巨量信息难以凭借线性、直观的标准加以判断，尤其在当今"黑天鹅"事件频发的网络发达时代，一个大型新闻事件往往会随着时间的推移而出现多次反转，这事实上瓦解着大学生对现实社会的认知程度和对自身既有世界观与认识论的坚定程度；其四是互联网空间中的信息制造源基于自身存续的考量而对流量和"眼球"采取无节制甚至不择手段的吸引方式，它们以动态、感性、刺激、直观、形象、反常的传播形式创设和散布信息，并且通常将媒体的道德引领职责抛在脑后，形成了一些"粉丝"众多却借"粉丝"挣钱的媒体机构，随着大学生被其捕获、认知、了解，他们的道德逻辑亦在被瓦解与重构，如果没有批判并超越之的幸运，这部分大学生将很难逃避被深度异化的命运。

长期置身于这类异化风险中的大学生，在抽象思维和道德认知上的进步都会受到一定程度的限制。从年龄结构上来看，中国的大学生基本处于 18 至 23 岁的年龄区间中，而该年龄区间内的年轻人基本都处在成人阶段的早期，但由于大学生群体在之前的人生经历中基本都没有脱离过学校这一与社会存在相对隔离的亚社会，因而其智力水平和认知能力已基本成熟，但其社会认知和伦理观念尚未经受社会考验。具象于当前我们讨论这一问题的年代，在生存环境上，当代的大学生由于中国社会发展上历史社会的原因，基本成长于独生子女家庭和经济深度发展的机遇期，使得他们在表现自身年轻层特质的时候，对比于其他年代的年轻人会更加地明显而突出，首当其冲的就是他们通常在互联网技术的应用上远远超前于自己的长辈们。

二、网络文化影响下的大学生道德感知变迁

当代的大学生，在进入大学进行学习之前其实面临过非常紧张而激烈的人生竞争，但这种竞争通常是一元、量化且直观的，同时这种竞争过程中，道德素质和伦理意识通常只是作为一种补充式的知识存在（而且无论中外，通常都与社会主流意识形态相挂钩），这使得前大学时代的中学生，虽然有着较强的能动性和创新性，却由于信息输入端的控制而鲜受网络文化在价值观念和道德意识上的冲击和影响，事实上，这一阶段中互联网和互联网技术对中学生思维和行为的影响，主要以教学辅助工具的形式而实现，中学生在使用互联网的自由程度上是受到严格而可控的限制的。在此背景下，大学生在进入大学学习之前所接受的道德教育，实际上是由长辈价值观念和主流意识形态所主导的，这为大学生在自由接触网络文化之前的思想蓝图缔造了一种先天存在的底色，也即是说，在他们自由使用互联网的初始阶段其实是具备对网络文化中非主流亚文化的抗性的。

但事实上，大学生在价值观维度受到网络文化的冲击和影响却并没有被这种先在的抗性所免疫，虽然这种抗性告诉了他们与传统社会相匹配的伦理规范和行为标准是怎样的，并且一定程度上已然内化为了其价值观念的内核部分，并使得他们对网络文化中瓦解传统价值观念的部分存有先天的质疑与排斥。相反，随着大学生在大学生活中与互联网技术的密切结合，他们日益隐约地明白网络时代伦理与传统伦理之间的差别、愈发享受互联网技术应用所带来的传统权威瓦解、逐渐接受互联网价值观念中的价值判断平等赋权，由此而日益地反思和重构自身的伦理观念与价值评判标准。这种结果与大学生追求自由、渴望探求未知世界的特性密切相关，进入大学学习阶段后，大部分大学生都在思维和行为上获得了前所未有的自由程度，相比于前大学时期思想被管束、行为被控制、需求被抑制的状态，进入大学后的他们在自由发展、生活交往、情感释放等维度的需求都获得了极大解放，而解放这些需求的最好环境便是业已空前发达的互联网空间，这使得互联网自由、分享、平等的特质与大学生渴望获得自由、平等和满足的需求实现了完美匹配。在此情境下，互联网空间满足大学生需求、大学生成为丰富互联网信息的主体，二者形成了相互成就、彼此促进的良性循环。

　　具体而言，网络文化所自带的崇尚自由、推崇平等、包容多元、资源共享以及通讯即时等特性，不仅凸显了网络时代社会交往的发展方向，而且反映和满足了大学生在自身发展进程中的价值追求与内在需要，这也即是网络文化能够对大学生在道德理念和行为模式上产生如此重大影响的关键所在。反过来看，大学生之所以热衷于接触网络文化并借助于网络文化来发展和完善自己，实际上与网络文化获得大学生认同后，对其道德评判标准和伦理外化行为实现影响并伴随大学生发展而发展的趋同性密不可分，这使得网络文化成为引导大学生树立符合网络时代特质的价值观念与行为模式的核心基础。随着网络文化与大学生群体的相互融合，大学生中的大部分普遍地接纳了网络文化对自身生活方式的改造，同时也就接受了互联网空间中虚拟交往所带来的伦理标准降低和道德评判多元态势，从而形成了与其进入大学学习之前有着显著差异的全新的道德伦理系统。

三、网络文化影响下的大学生道德建构逻辑

　　承接上文所言，虽然互联网对大学生而言绝非新奇事物，但在使用自由度、参与时长和参与深度上，他们是在进入大学学习阶段后才被释放出来的，因而互联网及网络文化对年轻一代的影响，其实主要集中于他们成为大学生之后。聚焦于大学生在网络文化影响下道德认同模式的辨析，我们必须将问题回溯至大学生群体在禀赋上与其他人群的差异，纵向对比于年长一辈和更年轻的一辈，他们一方面拥有更为活跃和敏感的思维，一方面具备参与网络文化建设的自由度；横向对比于同龄人中未能进入大学学习的部分，他们在思维能力和知识素养上有着更为深度的发展，这种纵横对比之下的大学生，非常明确而具体地具

备了其他人群所不具备的发达心智体系，他们好奇心强、思维发散、擅于捕捉信息之外的要素，能够对传统理念进行批判，这一系列特点都使得大学生在网络文化发达的时代更容易受到网络文化的影响。

网络文化的勃兴和网络参与的释放，将大学生带入一个完全不同于现实社会的具备海量信息、能够即时交互的全新生活空间，在这一空间中，原本对道德现象或事件的一元的、权威的评价被允许存在多种发散形式，甚至有人刻意制造非主流的评价信息，这种信息无限广阔、价值评判可无限多元的状况激发着大学生进一步探寻社会、世界与他者的欲望，同时也不断地促成大学生形成对自身道德评判标准的创新性重构；换言之，浸润于网络文化中的大学生，在网络社会与现实生活的交互中获得了全新的道德认知、伦理态度和思维模式。与此同时，互联网空间中权力扁平化和信息共享性所带来的自由、民主、平等、多元属性，极大地迎合着大学生追求创意、标新立异的道德认知需求：一方面，网络文化极大地鼓励和激发着大学生在道德认知上的需求生产；另一方面，网络文化在创造这种需求的同时又不断满足这种需求，并在以上两方面的协同作用下，生成网络文化影响大学生道德认知与认领模式的系统心理机制。可以说，在迎合大学生这种道德认知需求的维度上，人类历史上的任何一种交互方式都不及互联网交流及其所衍生的网络文化。

网络文化对大学生道德意识的重构，突出地表现在它对大学生在道德非认知亚系统的双向作用机制上：一方面，网络文化能够为大学生树立和展示更多优秀的、符合时代需求的、迎合其认知语境的道德模范、社会风气和美好前景，并凭借这些附带积极意义的道德现象和伦理情境而对大学生形成正面的牵引作用。另一方面，互联网空间中信息的极度膨胀与监管难题也使得社会中各种违背人伦道德的丑恶现象展示于大学生眼前，并纵容了这种附带消极内容的道德现象与伦理情境对大学生产生负面的拖拽影响。事实上，无论是网络文化对大学生的道德非认知亚系统生成何种影响，对于将自身生活转移至互联网空间中不久的大学生而言，这些影响都是前所未见的，并且其影响后果往往也是多样而难以控制的，通常而言，它会对大学生的道德非认知系统产生彻底推翻并走向反面和历经批判并复归认同传统规范两种大相径庭的结果，换言之，这种影响对于大学生的价值观念建构而言既是挑战、更是机遇。

互联网空间先在地具备虚拟性、共享性、开放性等特点，对比于现实生活空间，这些独特之处能够让原本的压抑和控制的非理性情绪被解放和扩大，虽然这在一定程度上必然地导致了伦理标准的迷失，但却更容易捕获大学生新建构起来的道德模式之共鸣与认同，当然，这也在一定程度上助长了大学生在表达自身情感时非理性程度的加深。这实际上与互联网空间交往的匿名性有着密切联系，虽然随着互联网技术的发展和互联网犯罪的频发，世界各国都在推广网络使用实名制，但几乎无论何时，高端用户们都热衷于以隐匿的身份进行网络交际，在这种悖论的影响下甚至出现了充斥各种非人道信息的"暗网"。更为重要的是，互联网交际中的言论发表是具备非常强的间接属性并追责困难的，尤其在语言暴力与犯罪游走于网络监管边缘的情境下，这事实上促成着大学生渴望获得大众认同、与传统权威平等对话的权力和情感释放端口之需求的扩大，并且又在互联网空间之内对这种扩大的需求进行很大程度上的满足，从而进一步地调动大学生与互联网生活相融合的积极性，当大学生经由实践而验证互联网空间能够容纳自身所主张的言论和情感宣泄后，他们对自身基于网络文化而构建的道德评价标准也会日益认同，进而又循环验证和促成网络文化对大学生群体在伦理观念上的影响。

第三节　生存方式变革：大学生网络虚拟生存与发展

大学生的特性在被网络文化深度影响和改造后所呈现出的结果，集中地体现于大学生生存方式的变革与变化，这其中最为凸显的是他们在网络空间中生活和交往所必然带来的虚拟化特质，这种生活特质时而突出虚拟性，时而彰显虚拟性，时而又以二者兼备的形式加以表现，成为青年大学生于互联网空间中生存与发展的面貌展演。

一、虚拟的现实生活——存在于网络空间中

在如今的大学校园中，大学生使用移动终端上网的情形随处可见，在学校内的实验室、图书馆、自修室甚至学生宿舍等公共空间，大学生们凭借网络实现资料的查阅、新闻的浏览的现象亦成为主流，以至于脱离网络的大学生几乎不可避免地成为群体中的异类，甚至在大学生中流传着一种诙谐的打赌形式：给你一百万，让你三年不用手机、电脑，更不能上网，我不信你能做到！网络时代的到来，使得互联网空间已然成为人们日常生活空间的重要维度，在作为

大学生主要聚居地的大学校园内更是如此，大学生无论是在生活、交往、学习还是闲暇时间的度过上，都离不开互联网空间，随着校园无线网络的普遍应用，大学生手持无线终端几乎无时无刻不进行着线上线下的同步生活。

互联网的空间生活对于大学生的影响其实远不局限于生活层面，还在更深层次的、更为深远的维度上深度地影响着他们价值观念的发展，其中最为突出的，是互联网技术的发达为大学生的生活、学习乃至思维创设了一种"傻瓜模式"。随着大学生对"Ctrl＋C"和"Ctrl＋V"的熟练应用，这种拷贝到粘贴的行为也从行为模式演进为思维习惯，原本需要实际操作、开动脑筋的日常活动或学习方式，被数字化的信息共享所改变，使得一切不涉及创新创造的活动都变得极简化，而对于大学生而言，这是一种潜在的偷懒纵容。这其实也与当今大学生所生活的社会发展阶段及家庭环境有着密切关系，如今的大学生几乎都属于"90后"，甚至部分"00后"也逐渐进入大学校园，他们普遍成长于国民经济飞速发展的时代，是集万千宠爱于一身的独生子女，这使得他们在性格上更为鲜明，对问题的细节处理更不重视，这种前提伴生着互联网技术对他们的偷懒纵容，直观地导致了他们对于互联网技术和互联网生存方式的依赖。

然而除却互联网技术普及所形成的大学生对其生存、生活方式的依附，影响更为深远的还是网络文化所自带的"后现代"属性对大学生价值理念的重构。"后现代"从概念和字面上解读，是对"现代"的批判、扬弃与发展，作为一种发端于西方社会的文化现象，它以挑战权威、排斥主流、宣扬个体、凸显差异为主要特质，并以一种事实上"反叛一切带有约束性的现有制度和标准即解构主义和重构新的符合自己意愿的逻辑框架"重塑着社会结构与个体思维。这种思潮在获得互联网所自带的权力扁平、资源共享、追求个性的特质之硬核支撑后，开始由悬设的观念体系转变为深刻再造人们生活的践行实体。"后现代"思潮在滥觞于西方世界的同时，却被中华传统文化的周延逻辑强势地排斥着，在价值体系业已成型的中国人看来，这种思潮显然是有很多不可取之处的，但当这种思潮与大学生相遇后，情况就变得完全不一样了。"后现代主义"所强调的真理虚无和评价标准多元正在被大学生普遍地接受，并且这种被接受事实上也与当代中国大学生的特点紧密相关，大学生能够充分接受和尝试新鲜事物，并能够在掌握新技术、新科技方面有着中老年人难以比拟的优势，这使得他们在接受和投入互联网生活的同时，事实上也在加深对互联网技术所秉持的"后现代"价值观的认同，他们热衷于挑战权威和约束（如果实在无力挑战或者不敢挑战，就会采取"吐槽"的发泄方式，甚至发展成无事不可吐槽的网络"杠精"）、不认同传统评价体系内的优秀与完美、偏爱欧美前卫艺术作品（并忽视其意识形态性），事实上凸显了当代中国大学生被网络文化异化的问题。

需要指出的是，这种网络文化对大学生的"后现代"异化并非仅仅局限于文化意义，它更为深刻地揭示出当前中国的政府机构对这种潜隐但长远生效的文化异化的感知麻木或监管真空。在大学生全方位接触互联网业已成为不可回避问题的同时，放任他们在互联网空间中"自由"地生活其实是极其危险也非常不负责任的。随着大学生对互联网空间中海量信息时刻接触，在缺乏引导和监管的情况下，大学生往往会由于他们缺乏相应的甄别而无所适从，进而堕入价值虚无和真相虚无的情境中，并使得他们在互联网生活中形成行为失范的惯性，而随着存在这种失范生活的个体日益增多，又会形成大学生对无视规则、挑战权威、"放飞自我"等行为的默许和认同。如今存在于互联网空间中的信息还存在另一种对"后现代"的隐喻性传播，那就是互联网信息中的多元性和不确定性，当大学生经历多次的信息冲击和冲击后的再次冲击（类似于新闻—假新闻—对假新闻的辟谣—对辟谣的解释）后，他们对一元评价标准和主流观念的信任就会丧失殆尽，取而代之的是"随它怎样吧""听起来好厉害但是并没有什么用"的近似于"丧""颓"的认知态度，而这正是"后现代"思潮泛起的前奏，也是大学生由生活于虚拟的现实生活中的状态转型为沉溺于网络社会生活的前奏。

二、现实的虚拟生活——"宅"文化的泛滥

虽然上文中所分析的大学生们生活在虚拟的现实生活中，但如果对其生活状态进行深度剖析，也不难发现，他们的现实生活部分也在被不断地虚拟化，也即是说，他们的现实生活是一种现实的虚拟生活，曾经他们的生活是基于现实而扩展于虚拟的网络空间的，而现在他们生活中的现实部分则是被虚拟的网络生活所异化的虚拟部分于现实社会中的投射。传统认知系统中，大学生是一群热爱生活、热衷于探寻未知世界、渴望冒险的年轻人，很难在这种系统中将大学生与不怎么出门的人联系起来，但网络时代中的年轻人已然完全颠覆了这种印象，他们通常以"宅"的形式完成自身闲暇时间的度过，并且乐于为这种"宅"的生活形式与生活环境投资（互联网中甚至用"死宅一面墙北京一套房"的说法来说明"宅男"们对玩偶手办的花销）。这种状况不仅仅是由于网络文化异化所导致的，还可以很大程度上归因于现实生活对青年人的历练以及当今青年人抗压能力的降低，它与晚婚、不婚、晚育、不育等问题联系在一起，成为一个被社会所普遍关注、很有可能会影响民族国家发展走势的问题。

笔者基于"宅"这一问题对身边一些朋友进行采访，发现 90 后人群中的多数人（其中部分是大学生、部分是已毕业的大学生）都表示自己"宅"在家的时候很舒服，没有人打扰，轻松自在、随心所欲，想睡到几点就几点，想玩什么就玩什么，而且一切之前需要出门才能搞定的事现在都可以凭借网络的协助加以完成，比如吃饭可以叫外卖、水电费可以线上交、买东西可以网购，反而出门完成这些事情才更辛苦；而且之所以愿意"宅"着的一个很重要的原因是这样可以回避现实社交，被访人中的很大一部分都觉得跟同事、领导相处很累，需要耗费很多脑力去注重礼仪和形式，这导致他们觉得工作很累，而工作累了就得用"宅"的方式休息和调节回来，而这种累与"宅"的循环似乎又是恶性的、不断加深的。这种网络社会中活跃而现实生活中"宅"的生存方式，已然有了明显的"后现代"色彩，这些"宅"在特定现实社会中的大学生，实际上正在日益将自己禁锢于只符合自身价值体系的"回声室"之中，在这种认知体系和价值观念被"娇惯"式异化的情况下，他们对于互联网空间的依赖程度会越来越高，直至彻底将自身融入互联网空间并分不清虚拟与现实间的区别。

随着互联网终端的发展，大学生的"宅"状又有了新的发展趋势，他们从"宅"在特定的空间之中，转而成为离不开手机、"住"在手机里的新"宅"民。这与手机、平板电脑、穿戴式移动设备的快速发展有着密切的关系，大学生用这些设备可以无处不上网、无时不上网，这就使得"宅"于特定空间之内没有必然需要，但值得指出的是，这种全新的"宅"法比传统的"宅"更为严重，它将大学生的生活进一步隔成一个个的小区间，使得他们即使见面似乎也隔着崇山峻岭，难以实现彼此的交流，并导致他们现实生活的虚拟性被进一步固化和加深，对互联网的依赖也愈发地难以自拔

三、半虚半实的生活——网络游戏中的自我建构

在网络空间中虚拟的现实生活—互联网生存和现实的虚拟生活—"宅"生活之间，还存在一种将虚拟与现实更模糊且更深刻地联系在一起的生活模式，这种模式将社交放置于互联网空间中，将个体身份重构的权力交还给个体，从而极大地释放了大学生渴望摆脱束缚、重构自身的需求，并且它以绚烂多姿、

靶向明确、引人入胜的形式将现实生活与自身进行明确地区分，从而具备了对大学生强大的吸引力，甚至使得一部分大学生沉溺于其中难以自拔，它就是不断翻新、花样百出的网络游戏。

事实上，当前大学生在网络生活中的主要活动形式集中于社交、获取信息和玩网络游戏三个方面，如果我们将算法推送和靶向传播之外的互联网社交与信息获取作为非异化的网络行为的话，那么网络游戏则是一种对大学生进行价值观深层重构、对传统行为模式进行深度瓦解的网络文化异化之主力。在与大学生的日常交往中，我们不难发现，他们认为自己通常都是在闲暇时间玩游戏消遣，但课堂上偷偷玩游戏的行为却屡见不鲜，甚至在新闻报道中我们也不乏听闻大学生沉迷于网络游戏并由于过度沉迷而猝死的报道。这些都从侧面反映了大学生在面对网络游戏诱惑与影响时所表现出来的无力感，网络游戏通常以现实生活中无法完成、难以见闻的事件来实现对大学生的吸引，比如暴力与色情上的放纵，我们随意打开一个网络游戏的宣传页或主页，几乎无一例外地能看到穿着暴露、姿态夸张的游戏角色形象，在宣传视频中虽然不乏唯美、国风的部分，但暴力打怪升级、PK 却是网络游戏社交的核心构建，而且这种升级与"PK"事实上又暗含了阶级分化、社会冲突和帮会斗争的隐喻，这一切都指向了网络游戏对大学生价值观念、社会行为的深刻影响，而这些影响往往又是隐晦而难以被直观地察觉的。

毫无疑问的是，沉迷于网络游戏不仅会影响大学生学习、生活和健康水平，而且还会引致其价值观念和生活态度的改变，使得原本应该作为国家希望和民族栋梁的大学生失去应有的活力，在创造力的开发方面更是会受到直接阻碍。由于沉迷于彻底虚构的网络游戏空间，他们的自主思考能力、认知能力和创造能力都会被严重削弱，甚至产生对外部世界的认知困难。这些后果可怕且应该被强力地加以回避，但现实情况确是这种大学生网络游戏沉迷现象在一定程度上是难以避免的，这种必然性一方面体现在网络游戏所创设的网络社会具备远超于现实社会的刺激性和挑战性，给玩家所带来的第一印象是有趣和新奇，这使得网络游戏自被创设出来的那天起就迎合了大学生的一些固有需要；这种必然性的另一方面则体现在网络游戏对现实社会中难以被掌控、对年轻人实际上并不那么友好的规则进行了虚拟的重构，在网络游戏所构建的世界中，规则是简单的、直观的，一个玩家只要比其他人级别高、装备好甚至就是单纯的技术好，就能够战胜对方，这事实上给予了大学生一种在现实生活中难以获得的掌控规律的成就感，并且成为大学生因现实上的受挫而借以网络游戏回避，进而彻底沉迷于其中无法自拔的关键机制。

网络游戏作为一种源自于西方发达国家的互联网技术衍生品，在建构逻辑上与西方意识形态有着紧密的联系，无论是强调使用者虚拟与现实的二元身份分异，还是强调网络社会中社会存在的完满性，其实都与唯心主义的世界观与认识论密切相关，甚至我们可以将这其中的一些重要特质列为新康德主义的一种现实展演。虽然它给予了作为其核心用户的大学生一定的选择自我和认同自我的权力，但这种权力是虚幻而仅仅被他们自身所认可的，一旦他们游戏谢幕后返回现实的生活中来，就会发现这种短暂的快乐是不真实且不可能实现的，而这种结果往往会引申出沉迷于网络的大学生的两种人生结果，其一是失望地回归于现实，并由于沉迷于网络游戏而远远落后于其他竞争者，进而陷入失望生活的泥潭；其二是网络游戏世界的"美好"与现实世界的反差，在大学生的虚拟生活与真实存在之间产生严重反差和激烈冲突，进而诱使其逐渐地脱离于社会，并陷入不断的内心挣扎甚至作出过激的人生选择。更为严重的是，当这种网络游戏所建构的虚拟世界与西方价值观借以虐染异己意识形态的狭义自由相结合，这种虚拟挑战现实的行为获得了一定意义上的"合理性论证"，从而使得特定民族的青少年成员与该民族的传统文化、伦理体系渐行渐远。

第四节 虚拟生存畸变：网络空间大学生之异化生存

作为马克思主义剩余价值理论的重要内容，作为概念的"异化"指谓主体所创造的特殊的物质、精神产品（包括商品、宗教和科技等），由于缺失主体对其施加合理而有效的控制，反而成为与主体存续与发展相悖离的异己性存在。与此相对应，网络时代爆炸式发展的网络空间与技术，一如私有制和剥削所必然导致的劳动者成果异化一样，正在失去作为其创造者和使用者的人的主体性控制，甚至随着算法推送和人工智能的发展，被互联网技术所异化的人们，逐渐显现出了被计算机网络所奴役的迹象，而这种迹象在前文所述的大学生网络文化现象中尤为明显。

一、大学生网络文化异化之延展类型

事实上，网络时代的大学生群体中，不适用网络的个体近乎远古生物一样

不可能存在，这一现状引致了一系列大学生网络文化异化的现象以及与之相应的延展类型。首当其冲的是作为互联网使用主力的大学生之主体异化。伴生于移动互联网终端和传播技术的进步，互联网空间中无处不在的巨量信息前赴后继、浪潮汹涌地捕获着大学生的关注，进而不断地深化其对大学生学习与生活的影响。其中最为突出的是近十年来迅速发展的网络游戏产业，将大学生的使用网络的重心从单纯地获取信息转向多元的网络沉迷，更为严重的是，伴随着网络游戏与微信、QQ、微博等社交通讯平台的绑定，以及以斗鱼、抖音为代表的直播平台和短视频发布平台的迅速崛起，网络游戏的沉迷用户已逐渐不再以男性大学生为主，尤其在一系列"女性向"网络游戏的开发与流行后，无数的App 软件推送新鲜资讯，女生沉迷网络的数量也在飞快地增加①。种种迹象表明，大学生在互联网生活中逐渐由纯粹的主体沦为被异化的主体，进而只能被动地、被约束地进行互联网生活；换言之，互联网及其所衍生的空间与实践已然成为大学生的"异己性"。

其次是作为大学生生存于互联网空间中所表现出的交往异化。上文所提及的微信、QQ、微博等即时通讯平台极大地改变了大学生的生存与交往方式，它们使得远距离、跨空间的交流变得日常而精彩，与此同时又使得传统的面对面交流被作为即时通讯核心使用者的大学生所疏离。在网络时代，人际交流和人际关系在虚拟与网络空间之间发生了急遽的反转，一如网络上广为流传的"段子"所言："你就坐在我的对面，我却需要看朋友圈才知道你在干什么。"对于一些大学生来说，属于身体力行和户外活动的集体聚餐与游玩，都离不开美景、美食的晒圈和分享，甚至网络社会内的相互点赞在意义上要高于现实生活中的相互赞美，而了解一个人的首要选择是去其 QQ 空间或微信朋友圈看看对方的动态及所关注的事物是什么。这种大学生对互联网社交的高度依赖状况，事实上不仅造成了其内心深处的封闭与孤独，还会造成其对现实社会和社会中他者的冷漠，他们人手多部互联网交互终端、设备，热衷于凭借网络社交进行虚拟交往，并相对地忽视与现实社会的沟通，表面上看，互联网交际似乎拉近了大学生与交际对象的距离，但却事实上以一种更为森严的壁垒对他们的交往实现了深度异化。

与交往异化相伴随的是大学生在互联网生存中的价值观念异化。大学生虽

---

① 侯悦：《网络异化的负面影响及应对策略》，载于《赤子》2015 年第 19 期，第 77 页。

然基本已经属于成年人，但其价值观念还存在不稳定性和不成熟性，这使得他们的价值观念非常容易受到网络多元文化的重塑；与此同时，网络空间中充斥着各种野蛮生长又不负责的信息，它们往往附带一些为自身牟利、与主流价值观念相左的意识形态。面对这样的巨量信息内容，大学生不可能具备足够的精力对其进行研判，这决定了他们通常采取"适度求证"的逻辑去渐进性地接受那些新奇而颇具冲击性的信息，从而在自身价值观念的生成上受到深刻的诱导。这种网络文化对大学生价值观念的影响紧密联系于后现代主义思潮所标榜的去中心化理念、蔑视权贵意识、文字游戏推崇，使得大学生在互联网生活中，不再依照常规围绕的主题、秩序和规则来思考和行事，而是采取一种游戏人生的态度，并事实上逐渐地使自身价值观念被异化。

价值观念被异化直接带来的是大学生消费观念及消费体系的异化。随着互联网＋与物联网技术的飞速发展和迅速普及，互联网消费已然成为大学生进行消费获得的主要渠道，它在大大提高大学生消费便携性的同时，也会凭借自身的消费隐匿性和账单后置，而带来大学生的过度消费、贷款消费和情怀性消费等消费异化现象；大学生从"信用卡"提前消费到"网络贷款"超额消费，实际上是大学生消费行为异化的表现①，这一问题突出而直观地反映于近几年日益严重的大学校园网络贷款现象中，成为沉迷于其中的大学生未来发展的严重阻碍。事实上，消费作为人类存续和发展于社会中的前提，本应成为大学生发展的支撑，但异化的消费将手段变成了目的，用于满足虚假的、被"创造"的需求，事实上使得青年大学的消费行为被控制和异化。

统御并概括以上异化类型的是大学生所面临的文化异化问题。这也是本章乃至本书内容所集中指向的研究对象，随着中国改革开放进入深度发展阶段、网络文化逐渐融入大学生的日常生活，各种具备互联网特质的网络亚文化在大学生群体中延展开来。网络文化之符号怪异化追求导致了大学生语言与文字的异化，网络文化和自媒体发达所推崇的商业追求使得大学生生活庸俗化，并以于现实生活之外构筑虚拟避难所来实现对大学生的吸引②。常规而言，大学生理应是网络文化中正向部分的缔造者、使用者和创造者，但如今却成为被网络

---

① 黄祖辉：《大学生网络消费异化的哲学反思》，载于《高教探索》2013 年第 2 期，第 145 - 149 页。

② 方东华：《网络文化异化现象研究》，载于《浙江社会科学》2012 年第 6 期，第 144 - 148 页。

文化所控制和异化的对象性主体，这也将大学生的网络文化异化问题延展为马克思主义异化理论时代展演的重要部分。

二、大学生网络文化异化之思想延展

大学生于网络文化上的异化现象，首先表现于他们自身的思维维度，具体而言，这种异化集中地外显为他们自我感知与意识的弱化、价值观念认同的模糊化、知识获取模式的快餐化和社会荣辱感的淡化，是一个相互嵌套、彼此建构且逻辑上自洽的文化异化体系。

（一）大学生自我感知与意识的弱化

概念上，自我意识指认知主体对自己存在与获得的感知，也即自我对自我本身的认识，在内容上它具体包括认知主体对自身生理状况、心理特质以及在外部环境中所处的位置和所发挥的作用等。

由于进入大学校园前基本处于被严格管束的状态中，大学生的自我意识往往都处于可塑且不成熟的阶段，这些网络时代的大学生在自我意识上远比他们的长辈甚至同辈中的长者更为强烈；同时，由于网络时代的大学生有着更高的追求目标，同时自身能力又难以在现实生活中支撑起他们的目标追求，使得他们在自我意识深度觉醒的同时，又极易陷入理想与现实碰撞后的认知误区。

更为重要的是，大学生作为一个乐于接受新鲜事物、拥有强烈求知欲的群体，在面对互联网空间中的海量信息、多元的生存模式、抓人眼球的传播方式时，极有可能在多重诱惑的影响下被互联网空间中的新奇内容所捕获。随着算法推送等新型互联网传播模式的迅速发展，部分对网络文化之异化能力缺乏防备的大学生不知不觉地被信息和信息的生产者"拐走"，进而在互联网空间的沉迷中逐渐模糊了自我意识以及与之相关的自我控制能力和自身主体性；一旦这种自我意识的模糊形成路径依赖，就会自然地导致大学生对外部实存的感知能力下降，进而在自我意识与思维的混乱中误以为虚拟的互联网空间更为真实，并严重影响他们现实的生活、学习与成长。

（二）大学生价值观念认同的模糊化

生活于网络时代的大学生，在网络文化相互交融、碰撞的刺激下，一方面比他们的长辈和同辈长者更能独立地思考自身人生价值，从而更加活在当下、求真务实，并且普遍地能够基于现实生活而明晰自身价值，进而更为普遍地认同当前社会中的主流价值观念；另一方面，大学生又对主流价值观念的认知和

觉悟较为模糊，这直观地导致了他们在人生价值的抉择上缺失鲜明的定位，进而促成了生活于网络时代的大学生群体在价值取向上看似统一、实则分异的状况。

与此同时，还有一个关键要素需要专门探讨，那就是网络空间中的意识形态安全问题，由于互联网技术的发展迅速地压缩了国境的坚固程度，使得全球化进程又有了更深层次的发展，使得世界范围内的各民族、地区间存在差异的文化形式、民俗风情、意识形态在互联网空间中激烈碰撞，这种情况在美国所宣扬的"文明冲突"理论的指引下，成为培植"文化霸权"的土壤。毋庸置疑的是，在国际互联网的信息流量中，有超过 2/3 来自美国，而网民人数达 3 亿多的中国，在整个互联网的信息输入流量中仅占 0.1%，输出流量更只占 0.05%。负责控制互联网流量的世界 13 台根域名服务器中有 10 台都在美国①。基于此我们不难看出，以美国为核心的西方资本主义国家，对互联网技术的底层数据具有绝对的解释权和控制权，这事实上构成了一种网络空间中以技术为基础的新型霸权。在互联网空间对现实生活空间的延展与覆盖过程中，其所传递的内蕴着西方意识形态的传播逻辑和信息内容，在流向意识形态和文化底蕴皆与之大相径庭的中国域内时，便会对中华优秀传统文化的传播和民众对其认同程度造成不利影响。具象于对其缺乏理性思考的部分大学生，就会导致其深层次地认同西方意识形态与价值体系，进而淡化自身对中华优秀传统文化的认同度与自豪感，同时也会造成他们缺失新时代中国特色社会主义的坚定信念；或者更为浅层的，造成大学生主流价值观念认同上的迷失。

互联网空间毫无疑问是信息资源极度丰富的宝藏，但它也是充杂着各种冗乱信息的垃圾处理场。受到网络文化中多元价值观念的潜隐性影响，以及美国在互联网技术上的垄断地位，以别墅、美女、豪车、炫富为实现表征的"美国梦"被大肆宣扬，以美国网红"卡戴珊家族"为典型的"毁三观"网络形象被广泛传播，使得大学生原本就多元的价值取向被诱导发展为拜金主义、唯利是图等堕落价值观。如果这种相对直白的影响和教唆在影响范围上还相对有限，那么将这种价值取向与大学生的微观生活和未来发展相结合，促成他们的择业标准将高收入、广人脉、大平台列为主要目标，并以其中被异化的次群体影响群体中的其他部分，将更深层次地形成大学生在价值观念上的迷茫与异化。

---

① 李慎明：《国际金融危机现状、趋势及对策的相关思考》，载于《马克思主义研究》2010 年第 6 期，第 11 页。

（三）大学生知识获取模式的快餐化

在互联网空间与现实社会相互渗透的网络时代，似乎一切现实生活中的信息都可以被转换为二进制表达形式，基于此，互联网技术逐渐成为大学生接收信息和获取知识的关键手段。与此同时，被高度图像化展演所表达的互联网信息自然地形成了大学生对纸质书籍、深度问题和本质探寻的逐渐疏远；这种声画俱佳的形象化表达形式所引致的思维模式变革，直观地导致了大学生更多地借助眼睛的"看"（即追求"有图—有真相"）而不是借助逻辑周延的"想"来获得对外部世界的认知，长此以往，便会造成他们的思辨能力和思考深度的削弱，进而造成他们对互联网空间中信息传播方式的深度依赖，并逐渐彻底丧失对传统媒体以及传统媒体所传播的传统信息与价值观念的兴趣。

具体而言，在闲暇时间和课外补益时间中，大学生更倾向于借助互联网技术来查阅资料，以完成丰富知识的任务，而不是传统地去图书馆翻阅纸质资料，并静下心来深层地领会和体悟书本中的精华内容，随着数字图书馆的发展，这种问题愈发地凸显出来。

互联网空间中信息传播的生动、直接和立体特点，一方面导致大学生创造能力和思辨能力退化，一方面促成大学生对图像化表达、碎片化理解、网络化传播的依赖，进而导致他们整体思维水平和价值判断水平的下滑，让他们觉得世界的构成和发展并非多元多样的，而是扁平、线性且直观的，并逐渐地改变了他们对世界的认知图谱。现实生活中，乐于接受充斥娱乐信息、碎片化信息、轻松信息、推送性信息的快餐文化的大学生越来越多，而他们对需要深刻理解和费心解读的经典读物则日益冷漠，即使想要去了解和理解，往往也会先从二手的他人的评论或解读入手，这些问题明显加深了大学生在学习中的浮躁程度，并对他们的理论判断和逻辑思维能力形成了抑制和削弱。

（四）大学生社会荣辱感的淡化

大学阶段的学习和生活期是大学生社会责任感发育成型的关键期，而生活于互联网空间之中的大学生，实际上生活在一个虚拟与现实相交互的"陌生人社会"中，这个社会中的大学生逐渐摆脱现实生活中社会关系的束缚，并完成了对传统"差序格局"的超越，他们可以隔离各种来自家庭、社会的监管，并一定程度上可以在互联网空间中触碰法学的边界，这导致他们中的一部分形成一种错误的感知：由于互联网空间中的行为难以被限制，因而这一生存空间是近乎绝对自由的，在这一空间中可以不那么在意自身行为对社会的影响，进而引致了他们对社会荣辱感的淡漠。

在互联网空间中多数大学生都会选择使用虚拟身份进行交际，并且一定程度上忽略他们自己在现实生活中的真实身份，这一现象我们从普遍存在的互联网"小号"就能大致见其端倪，"小号"给予了大学生在互联网交际过程中以多重身份来建构自身的自由，因而普遍存在于多元交往的互联网空间之中（类似现象还有大学生在多个社交平台上的自身建构）。

从正面来看，互联网社交为那些在现实生活中不擅长社交的大学生拓宽了交际的通道，并对他们的生活、学习、成长产生着积极的作用。但从负面来看，这种互联网空间中的虚拟交际由于其匿名特性，一定程度上转变甚至颠覆了现实的社会生活规则与秩序，使得一些原本在现实生活中正常而直观的问题被强加多元解读，使得传统的伦理道德观念受到深度重构。部分大学生在互联网生存中不断受到网络环境与网络文化的晕染，自然地会在网络交往中淡化自身的社会责任感和社会荣辱感，而当他们的责任感和荣辱感削减后，便容易产生对现实生活中社会现象的漠不关心，进而又更进一步地沉沦于网络交际，在对现实生活漠不关心、更深入沉沦于网络的回旋中不断堕落、难以自拔。

三、大学生网络文化异化之行为延展

思想的异化势必造成行为的外显，也即行为的异化。大学生在思想受到网络文化异化影响的同时，其行为模式也会在思维外化的过程中显现出被网络文化异化的现象，集中体现在大学生对网络空间的沉迷与沉浸、对网络行为认同的偏颇、伦理行为的失范和人际关系的失调上。

（一）大学生对网络空间的沉迷与沉浸

大学生对互联网的沉迷甚至成瘾，严重地影响了部分大学生对现实知识的学习态度和探求真理的热情。互联网空间中不断被生产出来的新鲜事物，对于思维活跃、追求个性、热衷于追寻新事物的大学生有着一种先在的强大吸引力。据中国互联网络信息中心于2019年2月发布的《中国互联网络发展状况统计报告》显示："截至2018年12月，网络游戏用户规模达4.84亿，年增长率为9.6%，网民使用比例为58.4%"[①]；与此同时，中国青少年网络协会发布的《第三次青少年网瘾调查报告》显示："我国城市青少年网民中网瘾青少年约占

① 第43次《中国互联网络发展状况统计报告》，中国互联网络信息中心2019年版。

14.1％，约有2404余万人；在城市非网瘾青少年中，约有12.7％的青少年有网瘾倾向，人数约为1800余万。"这其中"网瘾青少年主要是'网络游戏成瘾'，其次是'网络关系成瘾'。近一半网瘾青少年把'玩网络游戏'作为其上网的主要目的，并且花费的时间最长"①。时至今日，大学校园中因沉迷于网络游戏而荒废学业的大学生绝非个别，他们深陷于互联网所描绘的"美好图景"难以自拔，经常通宵达旦、荒废学业地待在网吧，不仅将自身的健康作息打破，而且脱离甚至逃避现实的生活空间和人际交往，这些情况经过长期的积累和量变逐渐改变了这部分大学生的心智水平和健康状况，进而使他们的人格产生畸形和变异。

（二）大学生对网络行为认同的偏颇

探讨大学生对网络行为的认同问题，需要以典型对象作为研究抓手，而"黑客"行为是涉及互联网伦理和法律制度且与青年人特质密切关联的典型偏颇，因而我们以大学生对"黑客"以及"黑客"行为的认知与认同偏颇来切入他们的网络行为认同偏颇问题。

互联网"黑客"从诞生到发展，在概念上有一个明显变化的过程，它最初是一个富于褒义色彩的名词（一定程度上，今天也还是）一开始的互联网"黑客"是一群追求自由、反对垄断的具备独立思考能力，同时又奉公守法的计算机天才，他们通常在计算机软硬件搭构和互联网空间创设上有着超越常人的天赋，他们从事"黑客"活动的目的在于破除垄断互联网搭建权力的个别公司或政府机构对计算机能力的"锁定"，并将互联网技术发展的最新成果发布给全体人类共享；符合这些特性的传统"黑客"事实上为计算机技术的发展做出了不可忽视的贡献，并成为一股潜藏于互联网丛林中被互联网霸权所忌惮和仇视的势力，他们中的典型是破解并公布美国"棱镜"计划的"维基解密"运营者阿桑奇，他一度作为追求自由、反对强权的化身，犹如网络时代的罗宾汉、格瓦拉。符合这些特质的"黑客"成为大学生崇拜的偶像，其实一点都不让人意外。如今的一些互联网巨头其实曾经都做过"黑客"，像微软创始人比尔·盖茨、苹果公司创始人史蒂夫·乔布斯、Facebook创始人扎克伯格，他们在中国就犹如熟练运用互联网技术的大学生的指南者，为后者追求深度了解互联网社交网络注射了一针强心剂。

---

① 《第三次青少年网瘾调查报告》，中国青少年网络协会2010年版。

　　而如今"黑客"一词却逐渐转变了词性，这一词汇通常指那些掌握着较高层次的计算机技术和互联网搭建技术，并凭借这些技术找到主流互联网平台中的漏洞而进行网络入侵、盗取网络数据、破坏大型数据库，并以此牟取利益的人。这些"黑客"所进行的活动，严重地破坏着经济与社会发展秩序，有时"黑客"甚至不惜出卖国家安全来达到自身目的。事实上，一部分成为这类互联网"黑客"的大学生，在互联网空间中从事违法犯罪行为也不再是个别案例，典型的是 2006 年某高校学生通过编写"熊猫烧香"病毒并进行贩卖，以至于 2007 年初该病毒肆虐于国内网络空间，对大量的计算机软件、硬件系统产生了严重的破坏。与此同时，大学生生活于互联网空间内，并崇拜互联网技术的深度了解者，又非常容易导致他们被技术的炫目迷了道德认知的双眼，曾有专门针对大学生开展的"我眼中的黑客"调查，其结果显示：有接近 23% 的大学生认为"黑客是技术英雄"，接近 44% 的大学生认为"黑客至少是一种人才"，另有接近 30% 的大学生指出"如果有能力，也愿意成为一名黑客"，由此不难看出，当前大学生对于互联网技术的畸形崇拜一定程度上影响到了他们的道德评价标准甚至行为模式。

　　（三）大学生伦理行为的失范

　　人的生存与发展和社会的正常运行，都需要秩序和规范的支撑，而道德是社会秩序和规范的核心部分，同时又是社会进步、人类发展的重要标志。人类社会发展至今，产生了多种多样的道德模式，而传统的道德评判与遵循又需要人们所组建的集体加以维持，需要社会舆论的导引价值实行；单在互联网交往过程中，人与人之间的直接交往退居于平台、终端交往之后，这自然地引发了大量在传统道德规范看来属于典型失范和挑战的现象。

　　互联网技术的迅速发展和互联网空间的迅速扩大，一方面使得大学生学习生活逐渐转移至网络社会之上，另一方面也使得大学生逐渐接受和认同互联网的交际伦理，而互联网空间中的伦理建构和道德规范一直处于权威解读的欠缺状态中。通常而言，网络伦理指在互联网空间中以信息活动为指向的，被广大互联网用户所普遍认可的道德观念与标准，但要在数量巨大且存在多元价值分异的互联网空间中构建认同，本来就是一件非常困难的事。

　　具体到大学生对网络伦理的认同状态上，他们一般都不否认自己曾在网络交往中表现出一些自己在现实交往中基本不会使用的不文明语言，而且通常会基于现实生活中的不满而去谈论或攻击在现实交往中不会去攻击的人。这直观地反映了大学生对网络伦理的认识模糊，这种认知模糊又引致他们在互联网空间中由于监管的缺乏而放松对自身的要求，进而做出与传统伦理相悖离的行为。互联网社交和行为天生具备隐蔽性，这既为网络社交摆脱传统社交的屏障提供了便利，也为互联网空间中的不道德行为披上了"吉利服"，在这种情境下，互联网交际中的参与者均以符号和代码形式出现，人际交往所凭借的也是信息符号和数字符号，这使得互联网社交基本不存在他人在场、佐证的需要（当然，如果参与人主动选择，也是可以实现的）；与此同时，追求自身欲望满足的需要在这种交往空间中被全面地释放，参与人平时被压抑的人性中恶的部分往往在这种情境下更容易释放和暴露出来，这客观上形成了大学生在放纵的指引下弱化伦理观念的机制，这种机制在大学生网络生活的外化中被不断验证，进而成为愈显正确而周延的系统。

（四）大学生人际关系的失调

上文我们提及在互联网空间中生活的参与者，逐渐地以"符号"化的自身模糊掉现实生活中的自身，并以全新的、信息化的传播方式和语言表达自身的观念和意志。这使得身居于互联网世界中的大学生更容易忽略掉自己的真实身份和现实的社会交往，而过多地关注甚至沉迷于关注人机对话，并最终不断疏远现实社会和周围环境，进而变得越发自我、孤僻而不接受他者。一项在美国进行的有关互联网使用和人类孤独感的调查表明，互联网用户如果每周上网一小时，这其中接近40%的个体在孤独程度方面会增加近20%；而我国类似的调查也表明，在长期上网的青少年学生中，有接近20%的个体带有孤独感或低落感，其中有接近12%的个体与家人和朋友更加疏远了。

在马克思主义看来，人在本质上是各种社会关系的总和，而各种社会关系的形成有赖于人的社会实践。大学的学习、生活阶段，大学生要完成的关键任务是其自身的社会化，这其中对现实社会适应能力的提高是大学生社会化转换的重要方面，如果在这一过程中大学生形成了对网络的过度依赖，进而淡化了自身对社会实践的参与意识，从而导致他们自身与社会结构的分离，那么他们对现实交往与实践就会形成厌倦和抵触的心理，并最终构建一个他者难以进入的世界，而这一问题一旦在大学生群体中普遍化，便会产生现实社会结构中人际关系的失调。与此同时，无论是现实交往还是虚拟交往，人际交往中信任危机的频发也是网络时代的重要社交问题；一般而言，相互信任是人际交往的社会心理学根基，而虚拟时空中的互联网社交给予了人们更多的、可以被自己建构的面孔，这就使得他们很大程度上可以摆脱传统交往中的约束，以完全不同于现实生活的面貌去从事正常情况下不会去施行的实践，这直观地导致了社会交往中不信任的产生，甚至瓦解了原有的社会交往基础。

第五节　文化基因变异：大学生网络文化之异化生产

互联网技术的快速崛起对人的自身和人的社会交往等各方面都产生了显著影响，无论以何种文化哲学的视角来看待网络文化，它都早已成为整体文化的重要现代分支。互联网技术的革新给人们带来的远不止于全新的传播媒介和传播技术，在文化层面上，它更是一种根植于高科技，兼备多元性、开放性、分享性等特性的全新文化。时至今日，网络文化不仅对人们的行为方式、思维逻辑、交流方式甚至自我认知等各方面都产生了深远影响，而且在精神文化构建的维度方面已经成为人类现代生活所不可或缺的精神食粮。由于其独特的传播媒介、存续逻辑和传播受众，网络文化在市场经济和现代化深度延展的时代背景中，逐步成为一种颠覆传统文化内核的亚文化类型，并且衍生出了虚无化、低俗化、盲目化、后真相化的特点，进而逐渐弱化了其作为文化对社会中人们的教化功能。

一、大学生网络文化异化生产的内生机制

首先，被异化的网络文化片面追求感官刺激、生理冲击和扩张表达，极易引致作为网络参与主体的人在伦理价值上的退化。随着人类社会发展的进程逐渐步入消费社会阶段，不仅物质可以作为产品被消费，精神亦可作为产品被消费；而随着信息传播权力的扁平化，传播信息的主体进入互联网环境后享受着环境所带来的去等级性，他们可以更自由地随时捕获各类信息，而且这一过程非常方便快捷且成本极低，虽然这带来了人在全面解放上的新契机，但它也带来了一些显而易见的负面效应。

事实上，互联网技术迅速发展所带来的相对宽松自由的环境，也会自然地引致人们在社会交往中自律性降低的问题，也即在以"享受感性快感的程度"[1]

---

[1]　罗贵榕，《网络语言异化现象与高校网络教育》，载于《思想政治教育》2004 年第 4 期，第 40－41 页。

作为对片面自由的辩护手段的同时，人性中普遍存在的缺陷也会自然地暴露和膨胀，典型的是，一些大学生会沉迷于互联网空间中更能刺激感官的青色、暴力、夸张的各种信息中难以自拔（事实上，这正是一些互联网从业机构盈利的主要手段），网络文化早已与主流价值观念传递者的角色相悖离，并在一定程度上异化为单纯释放网络用户感官刺激和生理欲望满足以牟利的刻意异化者，它不断地期望并促成人们对"表层娱乐"的沉浸，同时不再关注自身所创造文化的社会意义，他们逐渐弱化着正义感和道德感的功能和作用，进而使得原本追求社会和谐与真善美的主流价值观失却认同的受众。

其次，网络文化基于表达个性化和群体差异化的追求，形成了以语言和文字为代表的符号异化问题。随着互联网技术的发展和互联网应用的普及，大学生可以不受时间、地点的限制，方便快捷地获取各种互联网中的资源，借助各种互联网空间中的平台和路径实现信息交互，而这也为互联网语言的多样化发展提供了可能和动力，这其中也包含互联网交际符号的异化现象，从现象的角度看主要存在七种典型，也即洋化、粗化、土化、古化、奇化、娇化、浮化①。

为了更为生动地表达意图、传达信息，同时又有所创新地符合时代发展，互联网用户们以自身尝试创设了各种各样的表达方式，一如上一章内容所提及的火星文，以及近些年来先后流行于互联网空间的梨花体、拆字体、甄媒体、"独秀"体、脑残体等。这些新型文体或文字，往往盲目地求新异，同时忽略语言规范和习惯，因而会出现颇多只有创造者及相关群体能够明了的文字、词汇或语句，虽然这事实上也是一种创新，但在更深层意义上其实它的存在会瓦解基于语言传播的传统文化在意涵上的变化与异化。与此同时，为了直观地宣泄个人私欲或不满，大量粗鄙、粗暴、肮脏的语言信息在互联网空间中被创造出来，庸俗化、纵欲化、暴力化的信息和语言在互联网交际中无处不在，成为互联网语言、信息异化的显著表征，同时也显示了网络文化异化日趋严重且难以挽回的现状。

最后，网络文化凭借虚拟的信息娱乐与社会交际来取代现实的文化娱乐与社会交往，直接地削弱、甚至消除着社会交往主体进行现实交际的需求与能力。网络文化通过一种异化的形式发展着人们的娱乐生活。它以开放、匿名、丰富的文化特性，促成互联网用户在虚拟的世界中相对自由、不受控制地漫游，那

---

① 刘小机：《现代性社会理论绪论》，三联书店 1998 年版，第 307 页。

些平时在现实社交中沉默寡言、孤单冷漠的互联网用户在互联网空间中尽情地享受这一便利，这使得他们日益沉迷于网络社会，并进一步地与现实社会脱节。与此同时，在互联网的网络社会中，互联网用户可以通过便捷地改变自身的角色来实现自我的重构，这为他们认识真实的自我形成了一道屏障。随着时间的推移，他们对互联网的依赖问题逐渐难以解决，又使得他们更喜欢在网络社会中与他人交流，并且回避真实的人际交往，前文所提及的大量宅男宅女甚至由此延展出的"宅、基、腐"亚文化就是典型范例。

二、大学生网络文化异化生产的外部氛围

首先，市场经济和商业资本的逐利本性使得网络文化在发展上更热衷于流量的捕获，并且在互联网技术不断发展的过程中事实上表现出了创造性逐渐缺失的现象，同时又出现低俗、庸俗化的发展趋势。

由于商业干预，互联网才获得了广泛的推广和普及。因此，网络文化天然地具备着商业化和逐利性的本质。商业的营利性使得网络文化更多地追求快速的成功和对流量、眼球的吸引；然而，在现阶段中国网民素质普遍不高的情境下，这种迎合受众以谋取利益的结果，往往就是在创造文化的过程中强调对草根阶层的吸引而消解了精华传播的高尚气质，并使得网络文化由于缺乏创新而稍纵即逝，一些"网红"迅速爆款又快速衰落，他们通常在风格上粗犷而单调，甚至媚俗而"无节操"。与此同时，网络文化又迎合了互联网用户跟风传播、探测隐私的心理欲望，他们往往依据互联网用户的喜好而在传播信息的过程中夸大信息的效果和内容，甚至捏造一些根本不存在的信息，如明星丑闻、血腥事故、恐怖事件等等，借此迷惑观众捕获流量，这一切都成为互联网空间中乌烟瘴气的重要推手。在大学生网络文化发展方面，这一切成为严重影响大学生身心健康发展的异化环境，并一定程度上使得这些大学生丢失了对信息的深度解读能力和对经典的认知程度，事实上地背离了网络文化追求平等、促进人类发展的初衷和原有发展向度。

其次，互联网传播的图像化和流媒体化，使得网络文化在价值表达和意向诠释上流于直观和浅表，难以形成具备深度和内涵的文化内核。随着互联网技术的发展，特别是随着互联网视觉图像传输技术的进步，人类社会的发展进入了图像时代。

网络上随处可见具备视觉冲击力的图片和精美的图文并茂信息，这些图像

和视频信息往往比文本信息更为直观、更为感性，在感官刺激性上要远远强于文本信息或代码信息；在此情境下，人们也往往更倾向于寻求当下快感的满足并追求瞬间的释放，这也必然地导致了人们思维惰性的增强，使得人们不再去追求信息背后的深层含义与艺术魅力，并在很大程度上导致了作为互联网主体的大学生在想象力、创造力、逻辑思维能力和文艺鉴赏能力上的丧失，同时也使得大学生网络文化异化出各类肤浅、粗俗的要素；与此同时，图像信息和流媒体往往都是零碎的、跳跃的、缺乏系统逻辑的，一如最近火爆的短视频社交平台"抖音""火山"等，都是以几十秒的视频时长来捕获流量、抓人眼球，这自然地使得它们的使用者虽然得到了令人眼花缭乱的图像信息，但这些信息其实有时是空洞无意义的，严重地不利于大学生的学习和成长。

三、大学生网络文化异化生产的发育土壤

网络文化异化的深层要素主要包括主体、技术和社会环境①，这其中作为类的人本身是引致网络文化异化的核心要素，人们创造网络文化并为自身及人类群体所使用，通常而言，在两者的关系中，作为类的人是主体、网络文化是客体，但在被异化的网络文化系统中，人与网络文化之间的主客体关系不再明朗，甚至出现了显著的主体间性问题，但要具体地探寻大学生网络文化异化的问题，依然必须还原至主体、技术和社会环境三大要素中来。

首先，网络文化异化最深刻的诱发因素在于资本的逐利本性。随着网络文化带来的经济效益的不断提高，部分互联网运营者和运营机构努力将网络文化转化为财富生产的工具，这种追求利润和过度开发的态度严重悖离了网络文化生产的价值规律，容易将原本具足文化属性的网络文化异化为人类发展的对立面。商业和资本的营利属性使一些商业网站为了迎合低级利益而制作一些劣质的网络文化产品，严重瓦解了网络文化良性、可靠和可持续发展的大环境，并导致网络文化的发展陷入纯粹逐利主义和商业实用主义的泥潭。

其次，作为网络文化主体的人的享乐本能放纵和人生价值丧失是网络文化异化的源头。网络文化不能脱离直接娱乐，但仅仅凭借娱乐来构建的文化体系显然是不正常的，只有当娱乐与更基础、更深层的文化相互融合后，娱乐及其产业才是有价值的。在当代消费社会和时尚潮流的诱导下，公众对欲望的放纵

---

① 方东华：《网络文化异化现象研究》，载于《浙江社会科学》2012 年第 6 期，第 144 - 148，161 页。

和享乐主义的高涨，使得许多人，尤其是青少年，甚至是大学生，沉溺于网络娱乐和虚拟的空间社交，他们通过这种消费满足自身短暂而即时的快乐，并在这一过程中不需要支付过多情感成本；一旦这种现象变得长期而普遍，大学生会越来越沉迷于肤浅的感官需求满足，而不再去探究文化背后的深层含义，由此便逐渐颠覆了自身原有的价值观念，泯灭了自身存在的意义。

再次，作为类的人自身主体性的缺失，直观地促成了网络文化的异化。网络文化是人类创造的产物，作为人的创造物，它原本应该是实现特定目标的手段或辅助物。但时至今日，网络文化在很大程度上却实现了客体的主体化，并且成为异化作为创造主体的人的力量，也即反而成为奴役人、控制人、支配人的存在。人是社会关系的总和，社会关系以文化作为集中表征，因而，作为类的人一定程度上就是文化的起始点和终结点，文化的异化也是人的异化①；具象于大学生的异化，他们的异化突出地表现为大学生网络文化的异化，而如果大学生深陷于这种被异化的网络文化中难以自拔，并在这种文化的"回声室"中不断"忘却"和损耗着自身主体性，那么他们就很有可能在互联网无比宽广的网络社会中失去自身存在的意义。

最后，维持并凸显人类主体性的公共理性的缺失和互联网监管失位，是引致网络文化异化的机制原因。目前，中国社会正处于转型时期，在能力、知识和地位等方面相对弱势的社会成员，往往难以通过有效的现实渠道来表达自身的意见和诉求。因此，他们往往通过更为迂回的互联网平台来发出自己的声音、表达自身的意见和态度。互联网社交中的匿名特性和强调平等的权力扁平化发展趋势，恰好迎合了他们的需求，使得一部分理性不足的互联网参与者在参与讨论时显得肆无忌惮，而当他们发现部分人的这种肆无忌惮没有受到惩罚后，他们以非理性的态度进行情绪宣泄的行为和意愿也会变得越来越强烈（这其中，大学生恰好既符合前述弱势成员身份，而且也有这种表达态度的强烈意愿）。在由感性甚至偏激的情绪所主导的虚拟社交空间中，表达理性诉求的人们反而沦落为"沉默的少数群体"，即使他们能作出对问题的理性分析和幽默批评，也会迅速地在愤怒的责骂和粗俗的恶搞中迷失。更重要的是，互联网舆论空间中过度的情绪宣泄和对问题针对性的缺乏，实际上完全无助于问题的解决，而且还会因情绪激化升级而造成公共领域的混乱无序，进而导致问题无法真正解决。

---

① 何苏六：《大众媒介：上帝还是魔鬼？——对文化异化的批判》，载于《现代传播》1995 年第 1 期，第 3 页。

第六节　文化流毒蔓延：大学生网络文化之异化传播

一如上文所言，网络文化异化的深层要素主要包括主体、技术和社会环境①，细分至各深层要素的地位与相互关联而言，作为主体的人在网络文化发生异化的过程中体现为一种基于主观的主导性因素，而互联网技术则为网络文化发生异化提供了技术根基上的支撑，但主观的需求和技术的支撑并不能单纯地以一种合乎规律的形式促成网络文化的快速异化，因而我们还需要考虑作为网络文化发生异化的外部客观环境的社会要素。

一、大学生网络文化异化传播的主体肇因

网络文化是由人创造的产物，按照常规逻辑，它理应被人们利用于自身的存续与发展，在这种关系中，作为创造者的人自然地成为主体，而作为被造物的网络文化自然地成为客体。因而，在论及网络文化异化问题的根本原因时，首先需要探讨的对象其实是人，网络文化被人类创造出来，在本源目的上是要利用网络文化为人类服务的，在使用和发展网络文化的过程中，作为主体的人应当从人类存续与发展的角度把握和坚守自身的主体地位。但在网络文化的异化过程中，人们逐渐缺失了处理和对待网络文化的原有立场，甚至被网络文化牵着鼻子走，从而失去了自身主体地位，使得自身走向了被对象化和工具化的迷途；而当人们将网络文化与自身的实体与观念进行深度融合时，事实上，他们成为依赖网络文化而生存的病患，而网络文化作为客体反过来获得了越来越强的主体间性，甚至逐渐开始实现对少数人类个体的奴役和控制。

一如上文所言，在网络文化出现异化问题的同时，实际上出现了网络空间中人与人之间的同化和人与互联网空间之间的同化，而这种同化正是促成异化的关键所在。常规而言，人与网络文化的关系原本在本质上是作为类的人与外在物之间的关系，也即人为认识和实践的主体、外部世界为认识和实践的客体，网络文化空间的对象性和虚拟性使得感官世界空前地异彩纷呈，这使得人们逐渐沉迷于数字化和虚拟化的网络文化带来的感官刺激，并在这种刺激的寻求中

---

① 方东华：《网络文化异化现象研究》，载于《浙江社会科学》2012 年第 6 期，第 144 - 148，161 页。

逐渐忽视人文情怀和道德观念；而当面对实际问题时，这些人往往选择回避于网络社会中，并且不敢直接面对问题，这使他们对互联网空间中的虚拟通信愈发依赖，并不断地疏离现实中的正常人际关系，如家庭关系、友谊关系和情侣关系。这些人通常在互联网空间中精力充沛、挥斥方遒，但又在互联网空间外表现得沮丧和冷漠，并在内心里排斥传统道德观念与人文情怀，甚至出现反社会言行，这便是网络文化异化的一种典型表现。

　　缺乏人的主体性也会引致人类在网络文化异化的过程中自身被异化。所谓主体性，"是人作为活动主体的质的规定性，是与客体相互作用中得到发展的人的自觉、自主、能动和创造的特性"①。在网络文化的异化过程中，网络文化作为主体的创造，最初是由主体为自己的目的实现而创造的；原本互联网本身和网络文化都是被创造出来适应人类社会发展进程并为人类服务的工具性产品。然而，在文化的异化过程中，网络文化已经逐渐成为奴役和控制人们的一种人类异己力量，使得原本作为主体的人被动地受制于网络文化。因而，从本质上讲，这种现象其实并不表现网络文化对人类文化与发展的控制，而是人类在网络文化面前逐渐丧失了自身维系主体性的主观理性和主导地位。因而，我们可以说，其实是人与网络文化之间关系的逆转形塑了网络文化的异化。

二、大学生网络文化异化传播的技术凭借

　　互联网技术所带来的网络文化信息量的暴涨和网络文化传播所具有的复制的便捷性、传播的全球性和速度上的即时性特点，为网络文化的异化提供了技术上的可能性。首先，网络文化所承载的暴涨性信息量对人的相对有限的接受能力而言，是一种超极限的负荷，它使许多人的精神不堪重负。

　　约翰·奈斯比特指出："如此大量的信息，采用目前的手段显然无法处理。失去控制和无组织的信息在信息社会不再构成资源，相反，它成为信息工作者的敌人，受到大量技术资料干扰的科学家抱怨这种信息污染，他们说：自己动手做试验也比查找资料快。"② 信息激增导致网络文化泛滥和超载，加剧了大脑的负担，损害了大脑对噪音与意义进行选择性识别的能力，使主体呈现焦虑和恐惧等症状。其次，现代技术的发展也使得网络文化的生产呈现出粗俗化和垄

---

① 郭湛：《主体性哲学：人的存在及其意义》，云南人民出版社 2002 年版，第 30－31 页。
② ［美］约翰·奈斯比特：《大趋势——改变我们生活的十个新方向》，梅艳译，中国社会科学出版社 1984 年版，第 23 页。

断性特点。互联网技术为网络文化的标准化生产提供了极大的便利，也使网络文化产品丧失了个性和品位，原创力被拙劣的模仿所取代，网络文化的庸俗化不可避免。

一些网络文化生产商为了维护自己的垄断地位，无视网络文化作为文化产品在创作和传播上的内在规律，通过不择手段来垄断网络文化生产和营销优势，这无疑压制和破坏了网络文化自主创新能力的培育。再次，网络文化传播所具有的全球化、超地域性的特点，可以为人们在阅读、社交和娱乐等文化活动提供无与伦比的快捷性。凭借随时更换的网络身份"符号"和面貌图像（尽管这种选择与主体实际的形貌特征可能大相径庭），人们可以自由进入到网络社会进行文化交往活动。这种网络文化交往，将传统的人与人之间直接的交流，经由虚拟技术，转变成纯粹的、以抽象符号为介质的交流。人际交往的亲近感减退甚至消失，取而代之的是无生命的键盘。虽然互联网技术具有即时性特点，但与现实文化交往活动中面对面的交流比较，人们之间的感情距离无疑拉大了，家庭成员、邻里、朋友等社交圈的情感纽带日趋淡化，最终不可避免地导致异化的发生。

三、大学生网络文化异化传播的社会环境

异化之所以能够不断创设、推进和被传播，最关键的原因还是社会为异化提供了滋生地，换言之，它释放了社会中一些深层次的欲望和问题。现代社会中，网络文化的发展进度是不可抗拒的，但是，面对激进、膨胀、洪流滚滚的网络文化，对其进行系统文化管理的制度设计并没有匹配其发展趋势。这其中最为主要的体现，是网络法律法规有待进一步完善、网络文化监督和监管的缺位，它们共同形成了网络文化异化发生的社会环境。

随着《互联网信息服务管理办法》的出台，中国互联网法律实现了零的突破，虽然它的出台为司法部门对互联网空间中的犯罪行为提供了进行惩处的法律依据，但事实上成体系、有效率的互联网监管在中国还方兴未艾。目前最突出的问题是，网络文化服务和监管业务缺乏宏观调配、行业间的资源互补明显不足，这使得整个网络文化服务与监管体系呈现出复杂而低效的态势。与此同时，网络文化的收集、创造和传播还没有形成完备的约束体系和监管体系，这些都成为网络文化异化发生的背景注脚。

探寻网络文化发生异化的深层次肇因还是需要回归到经济利益对其发展的

驱动上来。随着网络文化带来的经济效益的不断提高，一些互联网经营机构或个体努力地将网络文化转化为现代财富的生成土壤，他们通常用不正当手段过度利用它；事实上，在此影响下的网络文化生产正处于明显违背价值规律的超载状态，这使得它很容易被异化为与其设立初衷相悖离的人的对立面。在逐利的驱使下，部分商业网站通过迎合低级趣味，甚至故意制造引导网络文化走向"反理性、反传统、反道德、反主流"的文化产品来获取利益，这种明显的文化异化倾向，使一些思想观念、价值观念尚处于磨合期和成长期的大学生受到不同程度上的思想侵蚀。与此同时，社会上一些非法的网络组织故意制造网络垃圾，通过以虚拟带现实的方式引诱大学生走上错误的道路（典型的如"网贷"），以达到自身牟利的目的，这严重消解了正常的社会秩序，并深刻地影响了网络文化的良性发展趋势。

第三章

责任生存：大学生网络虚拟生存与发展之价值选择

匿名性和流动性是网络社会的重要特征，它在一定程度上促进了道德需求的产生，并最终在其他因素的协同影响下生成了道德市场，进而延展为大学生虚拟生存与发展的基本向度；进入互联网时代，人们第一次在匿名情境中真正确立了个人的道德—责任主体地位。大学生的结构性虚拟生存与发展，拓展于其在网络时代所接受的全新教育；由于其正处于价值观、人生观和世界观的形成期的特点，很大程度上决定了他们对网络产品的选择和辨识能力较弱，使得大学生在选择道德的过程中很容易误入歧途，这种内外相合的刺激在整体上构筑了大学生虚拟生存与发展的当代境遇，在中国传统伦理的现代转型中给大学生的发展带来了前所未有的价值选择问题。

第一节　庸俗虐染：网络文化异化之负面价值

值得肯定的是，网络文化在培养大学生新思想观念的过程中具有不可替代的作用，对提高其自身素质具有重要意义。然而，大学生正处于价值观、人生观和世界观的形成时期，他们对网络产品的选择和辨识能力较弱，使得大学生在选择道德的过程中很容易误入歧途。网络带来的多元价值观念也大大增加了大学生需要面对的风险。与此同时，网络过滤性差，不同的观念和观点往往会在网络中发生冲突，甚至一些粗俗的信息也会在网络中传播，从而造成信息污染，误导和毒害大学生的思维；网络欺诈、电脑病毒和虚假信息等网络不道德和犯罪行为也会降低大学生的安全感，同时这种与安全感降低所伴生的恐惧和怀疑会使大学生怀疑人际关系的可信度和真实性。在这一系列影响下，大学生的价值取向、道德人格、人文素养都会生产不同程度的偏误。

一、网络文化对大学生价值取向的偏误影响

虽然网络文化蓬勃发展，但也产生鱼龙混杂的现象。在网络文化中，有许多有用的、健康的和渐进的信息，也有许多虚假信息、暴力信息和色情信息以及传达资产阶级价值观和意识形态的信息。思维简单、辨别能力弱、缺乏社会经验的大学生往往因好奇心而接触这些信息，从而受到这些信息的负面影响，导致自身价值取向的混乱。

随着全球化的加速和社会经济的快速发展，大学生对社会政治生活的关注和参与程度不断提高，常规而言，其对我国和我党的政治认同也应不断加强，其主流政治价值观念亦应愈发积极。但互联网技术与文化起源于美国，网络中使用的软件、硬件、系统、规则和标准大多由美国垄断，因而美国作为一个在网络时代拥有信息垄断权的国家实体，其利用网络传播自己的社会文化、价值文化和意识形态也就自然而自在。这种伪装的信息殖民对其他国家的社会文化、价值文化和意识形态形成无孔不入的影响。与此同时，一些国家通过互联网歪曲和诋毁社会主义制度，旨在质疑我们的制度于人权和民主方面的合理性，并在此过程中渗透自身的意识形态，进而于网络文化的多元特质彰显中，显著地影响着包括大学生在内的国内民众的政治价值取向。

大学生的价值观和世界观还不完全成熟，在西方文化思潮的冲击下，其政治价值观也更容易被混淆，从而导致其价值观和政治信仰的动摇。此外，中国正处于社会经济体制的转型期，在这一时期，一些社会矛盾将不可避免地发生，不同的利益集团表达着自身的价值需求；而在这些价值需求间一定会发生或多或少的冲突，从而影响政策和观念的稳定性。在这样的过程中，由于受网络多元文化的影响，大学生价值观和道德观的形成很大程度上影响和挑战着主流文化对大学生的作用，导致大学生在政治选择上的盲目性、错位性和摇摆性。

网络文化所独有的平等、开放和自由等特性，与大学生崇尚平等、自由和社会主义价值观相匹配。但是，任何文化都可能对一个地区的社会制度、价值观念和文化传统做出相应的反应，互联网的开放性决定了其内部多元文化的共存和交融，进而自然地产生文化冲突。西方国家在网络空间中的信息输出比中国强势，这离不开西方国家业已形成的对网络的大部分信息资源的占有，关于网络的信息主要是为少数西方发达国家的经济利益和政治利益服务的，这在思

想观念上给我国广泛接触网络文化的大学生群体带来了相对较大的冲击，同时随着网络空间的扩张和影响水平的深化，差异类型的文化与意识形态之间的冲突和摩擦更加突出，在自身多元性的带动下使得大学生群体的道德价值观受到全面影响。

大学生的价值观和世界观处于确立和巩固的阶段，消极的网络文化将导致大学生早期形成的思想价值观体系的破坏与瓦解，进而使得大学生群体初步形成的中国传统文化观念认同状况发生倾斜。此外，随着中国社会经济的转型升级，社会群体的多元价值取向也将在网络社会中得到体现，在这些文化和价值取向的影响下，大学生的价值取向也更容易出现混乱，进而在内外因的协同影响下，产生功利主义、利己主义、极端个人主义等价值取向，甚至导致大学生道德价值观的整体性丧失。

二、网络文化对大学生道德人格生成的偏误影响

在现实的社会生活中，大学生受到父母、教师、同学和朋友的监督，因此他们在现实社会生活中普遍具备强烈的道德意识。然而，网络的虚拟特性很容易导致大学生道德方向的崩溃。在网络生活中，大学生可以自由宣泄和释放自己被压抑的个性，这将很容易导致大学生的道德意识走向薄弱，甚至行为走向违法。与此同时，网络信息的自由化、高效率和强大的覆盖性导致网络空间中暴力、色情、崇拜、享乐等颓废消极思想的充斥，如果大学生的自我调节能力、信息判断能力和选择信息能力不足以对其做出准确的判断、选择和抵制，就很可能导致大学生道德价值观和价值取向的偏差，降低大学生的道德水平和引致大学生的道德人格缺损。

网络文化的虚拟性和自由性有利于学生个性的张扬，同时也暴露了大学生群体的不成熟特性。传统伦理规范对网络行为的指导作用非常有限，因此人格异化也是网络环境下大学生容易遇到的问题之一。网络环境下大学生的人格异化主要体现在大学生道德认知与大学生道德行为的不一致上，换言之，大学生清楚地知道他们在网络中的行为违背了道德规范，但他们仍然会选择这样的行为或继续这样的行为。总体而言，我国大学生对互联网中的不道德现象和事件的道德理解是比较正面的；但在网络环境下，大学生往往会降低自己的评判标准、放松对自己的道德要求，并使得网络文化环境下的大学生行为与思想出现分离，进而导致多重人格的产生。

　　网络为大学生创造了一个可以做出自己的选择的虚拟生活空间，然而，由于网络文化环境中道德约束机制的不完善，一些大学生倾向于减少自身所受到的网络文化环境的约束。外向和内向的学生都生活在网络社会中，在现实生活中，诚实正直的绅士也可能在网络环境中暴露自己的人性缺陷和低级趣味，甚至突破现实生活中的道德底线。与此同时，网络文化的虚拟性很可能导致大学生诚信的缺失，诚信是人类社会交往的根基，作为现实交往的延伸，网络交往也是人类社会交往活动的重要组成部分，所以网络社会的交往也需要诚信；然而，网络的虚拟性导致了许多对网络行为诚信程度的损害，这对于频繁接触互联网的大学生群体的诚信状况影响尤为明显。

　　在当前的互联网交际中，大学生诚信缺失的表现体现在以下几个方面：首先是隐瞒身份。一些大学生在网络上虚构他们的身份信息，以获取他们需要的资源，并于从事不正当的活动的同时欺骗他人、减少自身损失或逃避惩罚。其次是学术诚信的缺失，在大学生群体中，学术诚信的缺失是复杂多样的，不同学术领域、不同学科的学术诚信缺失存在差异，其中的主要形式是考试作弊、文章代写、学术报告舞弊等。再次是制造和传播网络谣言，网络的开放性使网络社会中的每一个成员都成为信息的生产者和传播者，但是一些网民篡改和捏造一些毫无根据的社会事件来引起人们的注意，而其他网民在不判断事件真实性的基础上，以转载的形式对这些信息进行传播，进而导致了网络谣言的出现。这些不负责任的话语和言论在网络互动中造成了日益严重的互联网信任危机。随着互联网技术与运用的普及，网络社会交往中的诚信缺失越来越普遍，对网络社会秩序产生了负面影响，也对现实社会生活中人们的发展和社会化产生了不良影响。在这种背景下，大学生参与社交网络受到这些负面因素的影响，便很难形成正确的价值取向与道德人格。

三、网络文化对大学生人文素养形成的偏误影响

　　网络社会中的一切都以代码的形式呈现，如果大学生过度沉迷于网络环境，那么他们就很容易迷失和背离自身的本性，进而被网络所异化。在挑战和征服自然世界的过程中，人们可能会对自己的力量感到失望和动摇，这决定了人类心理危机的天然存在。学习计算机技术和互联网技术可以增强大学生对科学理性的理解，但同时也会削弱大学生的人文素养与人文精神。目前，许多大学生迷恋网络快餐文化，他们对图形意象的追求容易导致自身人文情怀与精神的缺

失；许多用于娱乐和消遣的网络文化缺乏美感和深度，如果大学生沉迷于这些内容，那么他们的思考能力就会显著降低。

大学生在成长过程中理应注重自身科学精神、人文素养、全面心智的协调发展，网络文化的出现使网络社会一定程度上脱离了对纯粹自然和自然规律的承载，从而最大限度地补充、突破甚至取代了现实社会。网络中的信息源可以大大减少人们获取知识和掌握技能的时间和精力，在此情景中，一些人逐渐接受了技术意识的过度膨胀和技术作为社会进步唯一衡量标准的态度。由于大学生天生具备好奇心强、乐于进取等倾向，对信息技术和互联网技术的理解和掌握能够满足大学生的心理需求，但在网络快餐文化的长期影响下，人类的价值不仅会表现出扁平化的特征，而且随着社会竞争逐渐被佛系态度所淡化，作为德性根基的信仰也逐渐被人们所淡忘。这些影响在人类社会中是显而易见的，但对大学生来说，这些影响更为突出，这与大学生的年龄特征和网络信息接收的特征有着密切的关系。首先，大学生有强烈的好奇心，他们热爱并善于接触新事物、新观念，并对这些内容有着强烈的兴趣，且更倾向于接受非常规的观念。其次，大学生有敏锐的判断力，他们非常关心社会发展和技术发展，他们对思潮、社会政治动态和经济形势的变化非常敏感。再次，大学生的社会经验和鉴别能力相对缺乏，他们虽然接受了系统的思想政治教育，但很难用马克思主义的理论精髓对问题做出准确客观的判断和分析。最后，大学生具有很强的可塑性，他们正处于思想和价值观逐渐形成的时期，所以思想的各个方面都容易影响大学生思想和价值观的发展。

与此相关联的，虽然目前许多大学生都有熟练的计算机和网络操作技能，但汉字却写得不好。许多大学生崇拜黑客文化，但他们对自己行为的责任感却非常缺乏，在这种标准化、扁平化的信息快餐化环境中，传统文化的厚度和深度亦在逐渐消失。大学生的审美情趣更习惯于接受画面的刺激，这使得他们的思维模式呈现出庸俗化和感性化的趋势，这对大学生审美观念的培养和审美能力的提高有一定的制约作用。与此同时，大学生在接受直观形象方面不需要思考和创新，因而网络文化事实上对大学生创新思维能力和理性思维能力的培养产生着制约效果。在思维能力发展的关键时期，大学生如果花太多时间在网络上，便容易产生对网络的依赖和依恋，从而导致自身活动空间狭小、信息接收习惯被动，进而逐渐丧失抽象思考和主动思考的能力，使得他们在走上社会后很难对事物的本质进行积极的反思和探索，导致他们逻辑思维能力的发展受到制约、理性分析能力被削弱。因此，在网络文化的影响下，大学生往往具有较好的形象思维能力，但对事物的逻辑思维能力、想象能力和认知能力相对缺乏，这决定了他们面对事物时倾向于采取敏感反应和肤浅认知的方法。

第二节 病根切诊：大学生网络文化异化之基本症结

马克思哲学作为"改造现存社会秩序的科学革命的方法论"[1]，其理论本质和生命力就在于批判力。只有通过批判，才能更好展现马克思哲学作为"时代精神的精华"的哲学特色。然而，哲学学界基于马克思哲学的基本立场、基本方法和基本理论展开对于网络生活的批判和分析的论述比较有限。互联网生活拓展了马克思主义和中国现实间的联系空间，也开启了马克思主义哲学对大学生网络文化异化的反思与批判空间。

一、大学生网络文化虚拟特质潜藏的异化风险

（一）网络社会虚拟属性所带来的异化风险

处理和传输数据的过程中，大量的、拥有巨大信息体量的实体被制造出来，成为网络社会在现实社会中的依托。它是一个基于电子技术的虚拟环境，不直接依赖物理个体，通过视听终端设备或直接刺激个体大脑，以形成丰富的用户感受和多重体验的立体系统。这种虚拟环境被认为是网络社会的魅力所在，因为它可以产生各种个人在物理世界中无法实现的感觉和体验。参照波普尔对多重世界的定义，这个网络社会被认为是继物理世界、意识世界、知识世界之后的"第四世界"。国内亦有学者将这种观点阐释为"作为虚拟实在背景的赛博空间，与自然物理空间有对等的本体论地位"[2]。随着感觉和沉浸体验在网络空间中的复制和合成，从感觉传递的交流过程到远程操作的物理过程，虚拟现实正日益向更深刻、更广阔的领域扩展。从理论上讲，没有什么物体不可能被虚拟化，不管物理因素如何，人们总是可以生活在虚拟现实的世界里。

---

[1] 孙伯鍨、刘怀玉：《"存在论转向"与方法论革命——关于马克思主义哲学本体论研究中的几个问题》，载于《中国社会科学》2002 第 5 期，第 16 页。

[2] 翟振明：《虚拟实在与自然实在的本体论对等性》，载于《哲学研究》2001 年第 6 期，第 62 页。

（二）生活于网络社会中所带来的异化风险

这样一个世界的出现无疑令人兴奋，因为它将人们从有限的物质世界的局限中解放出来，并为人类思想和经验的自由开辟了一条无限美丽的道路。然而，我们认为网络社会就像马克思批评的宗教世界一样，会自然地使人陷入个体生活的壁垒之中。网络社会是一个感官颠覆的世界，在这个世界里，所看到的真实的对象其实恰恰是最不真实的，它使得人们的认识从物理对象的接触转向对数据的关注，进而导致了个人生活真实性的丧失。可以说，人们在网络社会中的沉浸体验是"还没有获得自身或已经再度丧失自身的人的自我意识和自我感觉"①。与此同时，网络社会的美丽比宗教世界的承诺更虚，它可以通过游戏、聊天和其他形式的生活，使得一个人在网络社会中获得精神慰藉，而这种慰藉是"被压迫生灵的叹息，是无情世界的情感"②。这种麻醉直接导致虚拟个体受困于感知存在和体验的状态，直接地导致了他们思维和行动能力的日益减弱。

网络社会从表面上看是由信息符号、数据传输、硬件网络等设施和在这一系统中穿梭的电子信息、光信号和能量所构成的，但作为一个被创造的世界，网络社会不是真实的"虚无"和"空虚"。它的设施、规则和内容都掌控于制造它的人群手中，而作为个体的参与者，则很容易陷入这些制造者创设的各种虚拟陷阱中，进而迷失自己而成为异化他们的人借以牟利的工具。在这个世界中，"虚幻的太阳，当人没有围绕自身转动的时候，它总是围绕着人转动"③。

从这些角度来看，网络社会为生命的意义提出了前所未有的挑战，是人类生活发展进程中的一种前所未见的体验场景。"网络社会是物理世界和人类的精神世界通过客观知识世界'反映出'的一个映射，表达了一个命题的真相。"④在这种情况下，只有当互联网的使用者能够看穿虚拟现实的各种变化和缺点，他们才能够保有自身意识的独立性，从而规避异化的风险。

（三）"不安"生活情绪蔓延所引致的异化风险

海德格尔创设"不安"这一概念以描述现代生活情境中有限个体在群体生活中的情绪，他将这种情绪描述为"无由庇护的东西的情绪，是对世界感到无

---

① 马克思、恩格斯：《马克思恩格斯选集》（第1卷），人民出版社2012年版，第1页。
② 马克思、恩格斯：《马克思恩格斯选集》（第1卷），人民出版社2012年版，第2页。
③ 马克思、恩格斯：《马克思恩格斯选集》（第1卷），人民出版社2012年版，第2页。
④ 梁启华、刘克苏：《关于世界4的悖论——一个本体论的视角》，载于《自然辩证法通讯》2006年第6期，第93页。

名恐惧的陌生和迷惘的情绪，同时，又是感到自己的存在的绝对有限和受限制的情绪，是被抛入一种不可理解的荒谬的现实之中，听凭死亡、罪过以及作为一切表面的感情和情绪的基础的根本情绪①。"事实上，海德格尔所说的"不安"源于《共产党宣言》中所提到的由资本逐利本性所必然导致的现代生活样态，即"生产的不断变革，一切社会状况不停地动荡，永远的不安定和变动"②。由于新技术、发明和产品的加速应用，庞大而复杂的虚拟网络社会不仅给现实生活中的个人带来了新的体验，也为他们带来了生活中无穷无尽的困惑、虚无和焦虑。

（四）对现实生活意义瓦解所引致的异化风险

事实上，互联网空间中依然不均等的权力结构，使得虚拟生活亦发生着殖民化趋势，而生活世界的殖民化问题源于工具理性原则的广泛应用，如科学技术在社会各个领域的量化和可计算性。哈贝马斯（Jürgen Habermas）指出，除了由工具理性控制的经济和政治领域体系之外，社会的另一个更重要的组成部分是生活世界，这种生活世界特指"人们在其中诞生、生活和最终死亡的世界"③。而由于对科学技术的重度依赖，工具理性已经成为生活的首要原则，人们已经从现实的、生活中的人变成了"经济人"。在理论所解构的晚期资本主义制度中，基于协商和交往理性的家庭生活和公共生活被经济和政治制度中的媒体和货币所侵袭，并使得生活变得不再富于道德情怀、团结意识和生命意义。

马克思主义是否应该认同将所谓的生活世界与生产世界和政治世界分开，并为纯粹的生活和纯粹的精神活动提供独立保护区，依然是存疑的；然而，法兰克福学派基于文化产业和生活世界殖民化的诠释无疑为我们理解资本导致的文化异化提供了重要的切入点。事实上，网络时代的生活世界殖民化程度正在加剧：一系列互联网亚文化的出现无不反映了生活价值取向的缺失和生活世界意义的崩溃。网络社会最大限度地展现了技术理性的本质，同时也带来了计算机技术和互联网技术控制下的生活世界异化为由货币化、极权化和孤立化所主导的世界。

---

① ［德］施太格缪勒：《当代哲学主流》（上），王炳文、燕宏远、张金言等译，商务印书馆 1986 年版第 169 页。
② 马克思、恩格斯：《马克思恩格斯选集》（第 1 卷），人民出版社 2012 年版，第 403 页。
③ 参见［德］尤尔根·哈贝马斯：《后形而上学思想》，曹卫东、付德根译，译林出版社 2001 年版，第 79 - 85 页。

二、大学生网络文化资本植入引致的异化必然

一般来说，个人生活和生产劳动是不可分割且互为前提的。生产，特别是劳动生产，是生活的物质前提、历史根基与关键构件，而生活是生产的外部环境、主观确证与动力源泉。生活的超越只能通过生产劳动的创造性和主动性实现充分的展示。在马克思主义体系中，通常借助"生活的生产方式"①，"劳动的生活资料"②，"他们是什么样的，这同他们的生产是一致的"③ 等经典论断来诠释生产作为生活基础要件的根生性。资本主义所带来的四种典型异化劳动一定程度上表征了它对人们生活进行异化的必然性，具象于现代的网络生产与生活命题，网络时代的到来并没有更迭这种异化进程，反而是急剧地加剧了这种人类生活的异化。

（一）网络产品资本植入所引致的必然异化

网络产品主要以电子产品与网络服务为代表，其中各种智能电子设备的出现，直观而明确地改变着人们的生活和思维方式，并直观地影响着人们的生活状态、品位和质量；这种影响反映在方方面面，最为典型的表现一般有工作和休息生活的逆转和紊乱、科学技术的辐射、科学技术和其他相关的心理依赖、生理疾病的传播、被淘汰电子产品对自然环境的污染等。现代人正处于信息社会迅速膨胀的时代，人类受到他们自身在物质、精神和制度方面创造的产品的限制和奴役，这种与时代特质密切相关的异化，不仅扩大了人与自然的联系间距，而且引致着人们思维能力急剧下降。

（二）互联网产品衍生过程所引致的必然异化

智能引擎、网络游戏、虚拟社交、自媒体和流媒体，以及提供软件和服务的网络开发和应用公司，都在高度数字化设备提供的环境中从事生产和研究。虽然这种劳动模式是以高度创新的脑力劳动为基础的，但它的劳动过程和服务过程在整个过程中都处于一种强调人主观能动性的环境中，这也是一种有别于自然的、时刻能以实践验证自身存在的异己状态。这种互联网的生产越是发达而立体，人类感性区间内"物质带着诗意的感性光辉对人的全身心发出微笑"④

---

① 马克思、恩格斯：《马克思恩格斯选集》（第 1 卷），人民出版社 2012 年版，第 163 页。
② 马克思、恩格斯：《马克思恩格斯选集》（第 1 卷），人民出版社 2012 年版，第 52 页。
③ 马克思、恩格斯：《马克思恩格斯选集》（第 1 卷），人民出版社 2012 年版，第 147 页。
④ 马克思、恩格斯：《马克思恩格斯选集》（第 1 卷），人民出版社 2012 年版，第 331 页。

的实践体验就越苍白。

（三）互联网交换与消费所引致的必然异化

一般说来，现实生活中的交易至少在形式上体现了自愿、等价、公平等原则，进而体现了交换主体的自由。然而，随着复杂互联网技术的发展和应用，特别是随着各种流氓软件的传播，互联网空间中所进行的商品和服务交易开始发生异化：从自愿到强制，从公平到欺诈，从开放到隐藏行为。以互联网广告算法为例，为了宣传特定的产品并顺利地实现交易获利，各种以公益为名的商业行为和强制性广告行为已经成为网络传播过程中的恶性肿瘤，基于多元媒体形式的各种强制性捆绑、支付和诱导性广告点击几乎已势不可挡。有相关的实证调查表明，人际关系冷漠的消费者更容易产生网络强迫性购买①。"可以预想，网络广告的强制传播，将会变得越来越温柔，以人性化的面孔出现，其强制性的特点不会减弱，但会退居幕后，强制性变得更加隐蔽，网络广告必将完成一次从硬性强制传播到软性强制传播的过渡。"② 打开手机，各种垃圾信息和近乎轰炸的推送，以及极具诱导性的网页宣传，使得消费者倾向于非理性消费、迷失于被支配的消费，并在这种异化的消费过程中产生心理扭曲和价值观的畸形。

简而言之，互联网生活的各个领域都充斥着各式各样的网络产品销售，对多样化生活方式的追求基本上已经成为单一目的的消费社会，而这种消费社会的构成离不开互联网消费对人们生活模式的异化。在提供网络产品和服务的过程中，网络工作者和消费者把他们自己的本质变成了一种维持自己生存的形式。毫无疑问的，资本是网络生产及其异化背后的驱动力；如果没有盈利空间，互联网就失去了被资本利用的价值，而没有除却资本的异化特性后，互联网才可能真正成为人类自由发展的空间。但事实是，互联网生产越发达，资本的获利可能就越大，生产者和消费者被工具化、异化的状态就越坚不可摧。

三、网络文化遮蔽现实图景带来的异化结果

网络文化是以互联网技术为基础的，在互联网空间内部所形成的文化活动、

---

① 赵占波、杜晓梦、陈凯：《网络强迫性购买倾向的影响机制及应对措施研究》，载于《管理评论》2014 年第 4 期，第 130 页。
② 杜志红、张帆：《论商业行为中的强制传播现象》，载于《现代传播》2008 年第 5 期，第 46 页。

文化模式、文化产品和文化理念之总和。从网络文化的载体上看，网络流行语、互联网论坛、互动游戏、二次元动漫、流媒体等，已经构筑了相对系统的、反映网络文化的主要领域。从批判的角度来看，由于网络文化中粗俗、色情和暴力等诸多因素的野蛮生长，使得它成为当今人类生活陷于庸俗、缺失超越性、忽略价值性的重要推手。

（一）被资本逐利本性所异化的现实图景

文化产业之所以被称为产业，是由于它向市场供给和传播了特定的文化产品，并以获取利润为追求。因此，市场需求事实上地决定了文化产业发展形势和结构内容。通常而言，网络文化产业不仅包括线下文化产品和服务，如数字期刊、数字图书、数字电视和在线点播视听产品，而且包含着纯网络文化产品的创作和销售，如网络文学、网络游戏和网络动画；由于市场和资本的介入和支配，这种网络文化产品从其创作之初就以"点击、转载、点赞、下载"以及"粉丝量"为出发点来迎合市场偏好，这就决定了网络文化产业的发展路线必须是市场化的，也同时导致了文化产品"短、平、快"的创作风格，它集中凸显于网络文化对自身向肤浅、好奇、功利化方向发展趋势的放任，这种放任所带来的网络文化发展的非理性，也直接地导致了网络文化于现实生活批判性、建构性与超越性上的不断沦陷。

（二）被虚拟生活所遮蔽的文化本性

网络文化的自我意识和自我肯定反映了人类对自身生活价值的自觉，一如费孝通先生所认为的，文化的自觉实指"要求知道：我们为什么这样生活？这样生活有什么意义？这样生活会为我们带来什么结果？"[1] 网络文化的自觉是对网络传播中的文化自觉和传统文化的互联网化和具象创造，它也是一种网络活动参与群体对核心价值观的信念、坚持和奉献。具体来说，中国的网络社会的应然状态，是以建立社会主义文化和优秀中国传统文化的网络自觉为目标的。

借助自媒体和全媒体的特点，网络文化可以迅速传播一种文化类型。因此，网络文化极大地促进了文化多元化发展的进度，更好地体现了新时代社会主义文化的发展政策。然而，网络文化是一种从属于意识形态的社会意识表达，它必须建立在特定网络社会基础上。一如前文所论，网络社会在环境上倾向于技术崇拜和资本控制的必然追求，导致强大的技术和资本力量对网络文化发展的

---

[1]　费孝通：《论文化与文化自觉》，群言出版社 2007 年版，第 186 页。

引领，而借助先进的技术和资本的优势，资本主义文化通过网络的承载可以更直观地传播自由主义、极端个人主义、拜金主义、享乐主义等西方社会所倡导的价值观念，从而形成一种基于西方网络文化绝对优势的"文化霸权"，并导致主流社会主义文化和优秀的中国传统文化被日益忽略。在网络文化的创造过程中，"唯洋化"和"全盘西化"已然成为一种主流而普遍的选择，流行的网络戏剧、网络游戏和动画中普遍由日本二次元文化和美国高科技文化所主导，这深刻地体现着互联网空间对我国主流意识形态和中华传统文化的自信削弱和自觉剥夺。

（三）网络文化所推进的虚无主义膨胀

通常，作为学术概念而被讨论的虚无主义认为，没有任何证明或批评道德判断的可能性，道德命题只是寻求私利的借口。互联网生活中的文化虚无主义是现实生活中真实事件被历史虚无化的文化写照。网络上广泛流传的对雷锋、黄继光、董存瑞、罗盛教的贬损，及至对共产党抗战成就的质疑和批判，甚至对古代历史人物进行漠视阶级分类的重新评价，都表现出历史虚无主义的共同特征和明显意图，那就是动摇中国主流意识形态的文化基础、瓦解中国传统的道德价值判断。

世俗价值对崇高价值的消解，功利运作对文学艺术的吞噬，都是资本相对于文化逐步胜出的表现。这种庸俗价值观念对高尚价值的消解、功利主义运作对先进文化的侵袭，其实都是资本主义在网络文化层面逐渐占据上风的表现。"很多德国思想家相继主张，以英国、美国为代表的现代文化充其量只是在物的生产层面上达到很高的高度，取得成功，却不会在更高的道德、价值层面上有所提升、进展，反而会使许多崇高的价值被抹平、消解①。"一如具有传统纪念意义的节日一旦被网络利用，就将立即演变成网上购物节日和嘉年华会，这种类似现象的层出不穷和不断更新事实上都表明着文化虚无主义在互联网空间中不断增长、传播的现实。

网络文化的虚无主义发展倾向，根源于资本主义和资本本身"物化"自身也"物化"人类的本质属性，这种"物化"指任何价值的存在和大小都必须包含在交换中，并可以用货币的形式来证明的价值态度。一如马克思所言，"物的

---

① 刘森林：《文化、虚无主义话语与社会发展：德国和俄国对中国的启示》，载于《西南大学学报（社会科学版）》2014年第1期，第5页。

价值只存在于该物的为他的存在中，只存在于该物的相对性、可交换性中，除此之外，物的独立价值，任何物和更新的绝对价值都被消灭了。……因此，任何东西都可以为一切人所占有，而个人能否占有某种东西则取决于偶然情况，因为这取决于他所占有的货币"①。网络文化的商业化和工业化趋势清楚地反映了"以物的依赖性为基础的人的独立性"②的现代互联网生活样态，而这其中的"物"则集中由网络文化产品来加以体现。

第三节　拓展深化：大学生虚拟生存发展之当代境遇

　　大学生的虚拟生存与发展，在结构性上拓展和深化于其在网络时代所接受的全新教育。作为其内生动力外化表达的网络教育接受，在形式之上透露着大学生虚拟生存与发展的本质特征；而作为由外而内建构其价值理念的网络教育呈现，则在本质上诠释着大学生生存与发展的外部刺激，新型网络教育在接受与呈现上的相互结合，事实上构筑了大学生虚拟生存与发展的当代境遇。

一、表征大学生虚拟生存与发展境遇的教育技术革新

　　进入网络时代，互联网技术与应用的发展导致了教育领域的重大变革和新的教育文化的出现。互联网技术的发展、互联网生活与交互平台的林立、多媒体的全面应用以及人类终身学习理念的确立，都为网络教育和网络文化的崛起与实施创造了有利条件。

　　教育技术的进步支撑于媒体技术的发展，具体而言，教育技术的革命是互联网技术进步的直接后果。文字的产生、语言的发展、印刷的发明和改进，假如在没有这些技术的情况下，我们是很难探讨教育技术的发展问题的。随着媒体技术的发展，教育技术已通过视觉教育革命发展成为以视听媒体为基础的教育技术；与此同时，计算机技术在教育中的应用已成为计算机辅助教育，这一始于二十世纪末的教育技术革命，使得信息、知识、技术的传播完成了对时与空的超越。

---

① 马克思、恩格斯：《马克思恩格斯选集》（第31卷），人民出版社1998年版，第251 - 252。

② 马克思、恩格斯：《马克思恩格斯选集》（第30卷），人民出版社1995年版，第107页。

　　自印刷术发明和应用以来，人类教育得以持续、快速地发展，具象来看学校教育、课程、测验主题和传播人类文化的展开，都与书籍的编写和传播密不可分。20世纪至今，英语的口语教学方式发生了变化，一系列标准和制度，如课堂、学校和教材，随着多媒体技术的出现，而逐步发展出电子计算机教育的形式，它经历了从文字表达能力、中文字母、简单的图画到动画、图像显示和语音合成的迭代；到目前为止，这种新兴技术凭借表现彩色视频的突出能力，使得几乎所有的特别科目都可以在计算机上学习。

　　在电化教育技术阶段（包括中国电子教育的前期），人们把基于纸质传统书籍的教育作为扩大教育交流、提高教育效率的有力手段；在计算机辅助教育的早期发展中，人们将计算机辅助教育作为实现个性化教育和提高教学效果的手段。时至今日，包括多媒体教育技术在内的教育技术已经成为主流和发展趋势。基于计算机的多媒体技术不是简单的计算机加上视听技术，在教育的实施过程中，多媒体也不仅提供基于多种媒体的全面刺激和个性化的学习环境，在更多情况下，它也是教育本身可利用的资源，也是促进学生实现知识认领、帮助学生表达自己、协助教师与学生完成交流的工具。

　　计算机多媒体和互联网技术的使用进一步改变了学校的教学活动，自20世纪90年代以来，多媒体+互联网的技术叠加使得基于互联网的教育应用快速发展，且两者表现出日益融合的趋势。所谓网上教育就是网上学习或网络学习，即在教育领域建立数字化平台，学生通过互联网进行交流与学习的一种新的学习方法。必须指出的是，互联网技术的应用将教育技术带到了一个新的阶段。

　　目前，互联网技术在教育中的应用主要体现在两种类型的网络上：

　　其一为局域网。教育单位可以利用互联网技术在校园内建立校园网络，实现校园内网络资源的共享。局域网信道通带宽，通常采用宽频基带传输，传输效率高；局域网中的网络拓扑一般采用总线和环形结构，简单灵活、易于实现，且互连扩展的可能性很大。局域网一般投资较少、建立速度较快，覆盖范围一般在10公里以内；因而，校园网络在学校计算中心的主机支持下，教师和学生可以通过每个终端同时访问局域网，从而扩大教学覆盖面。随着现代互联网技术的普及和集成，校园网络终端不仅可以覆盖校园内的教室、实验室和办公室，还可以扩展到校园外的住宅楼，并通过广域网连接到更广阔的区域。

　　其二为广域网。需要指出的是，广域网绝非专门服务于教育的网络，而是一个综合的信息渠道和信息网络。广域网覆盖面非常广，可以是一个地区、一个国家，也可以扩展到全世界。一般来说，它由城域网、国家网和国际网互连组成。校园网可以连接到城域网在城市内进行网络教育，可以在城域网的基础上接入全国网络，并开通全国教育网络，实现全国范围内的教学信息资源共享，甚至还可以连接到国际网络并开展国际教学活动。在广域网条件下，不同国家和地区的学生只要可以上网，那么不管他们在哪里，都可以随心所欲地上课、进行模拟训练或进行讨论和师生互动，且几乎完全不受时间和空间的限制。

二、教育技术革新引致的大学生教育机遇与挑战

教科文组织在 1998 年的一份调查报告中提道：发达国家和发展中国家的教育水平都落后于实际需要，这一问题在第三世界国家尤其严重。远程教育，尤其是网络教育的普及，不仅是解决这一问题的有效途径，也是改革传统教育模式的重要推动力。

自从出现以来，网络教育就在世界上许多国家得到了迅速的实践和发展。在实践中，人们已经发现了它的许多优点。一般说来，网络教育的优势主要体现在以下方面：

其一，可以节省传统教育中的经费支出。网络教学贯穿学校和学生之间的关系只需一台电脑和一个网络账户，作为数字化教学的形式，其教学活动是在网络社会中进行的。学校不需要为学生建造教室、实验室和其他教学场所，虽然学生的学费依然需要支付，但大多数大学对网上和校内学生收取相同的标准学费，越来越多的大学争相招收网上学生。当然，创建学校计算机网络系统的成本也是不菲的，但从长期回报来看，网上办学仍然利润丰厚。

其二，能够满足不同学生的差异需求。网上学习使学生从非常固定的学习系统、学习时间和地点限制中解放出来，特别是对于那些已经成家或虽年老但仍有求学意愿的人。

其三，教学方法丰富而先进，且教学机制灵活。网络教育是互动的，它能把图像、声音和文字有机地结合起来，这比一般的课堂学习方式更有优势。老师和学生可以一对一交流，通过学校提供的互联网课程，学生可以依据自身安排灵活上课；在线直播课程改变了教师面对学生的形式，教师甚至可以在办公室使用电脑教学，而学生们则遍布全国，使用自己的电脑来"听"课。

其四，有利于迅速拉平区域间教育发展的不平衡。对于贫穷的国家和地区而言，他们可以通过互联网获得世界上最好的理念和最有价值的信息和数据，

而不用花很多钱来建设一所好大学。尤其值得指出的是，在线教育为贫穷国家渴望发展的年轻人提供了极其宝贵的机会，他们可以在不离家的情况下接受高品质教育，这事实上可以解决贫穷国家的人才流失问题和由此产生的严重贫富差距问题。

其五，有利于实施个性化教学。随着网络、计算机技术的进步，利用计算机海量的存储能力、媒体表达功能和即时通讯功能，个性化教育和个性化学习将不再构成教育者和学生、家长的困惑，进而使整个地球村成为高度多维化、个性化的大校园。在接下来的几年里，教育将从学校转移到家庭、转移到社区、转移到农村，甚至转移到任何互联网技术普及的地方。互联网将成为一所真正的无墙学校，个性化学习将成为人们生活不可分割的一部分，也将成为人们获取日常生活乐趣的有机组成部分。

三、网络时代大学生教育的观念更新

随着网络教育的发展，一些传统的教育理念受到了冲击，一些符合网络时代发展要求的、全新的教育理念逐渐发展和确立，主要有以下几个类别：

更注重主客体平等的教育理念。传统教育理念的核心思想是教师在学校教学中始终处于主导地位，是知识的提供者，而学生是知识的接受者，知识通过教师的教学传递给学生。网络时代是一个即时交往和平等交流的时代，网络时代给过去的交流模式带来了深刻而根本性的变化，交流方式也从单向转向多维。网络时代的到来使得师生关系日趋平等而普遍，在师生的教学和交流中，教师应该从传统教学的说教和教学模式中脱身，教师主体和学生主体都应充分表达自己丰富的意见与观点，并凭借自己的知识、经验、情感和个性，实现主客体间的相互影响、相互融合和相互促进。随着互联网技术和信息传播技术的不断发展，学生获取知识的渠道越来越多样化，学生的知识来源不仅仅是书本知识和教师知识。沟通、对话和传播已经成为网络时代教育活动发展的基本模式；而教师不再是最高权威，他们需要用自己的知识、能力、人格魅力等感染学生，进而重树自身威信，才能与学生建立平等、和谐的交际关系。

基于创新的教育理念。创新是教育的基础，在网络时代更是如此。网络时代的社会具有求新、求变、价值多元和信息传播迅捷的总体特征。知识更新速度加快、网络将时空间距缩短到零、信息容易获取和使用，社会发展也由此进入了前所未有的加速状态。网络社会的快速发展不仅不允许我们停留在"过

去"，也不允许我们停留在"现在"；由于"现在"的东西很快就会变成"过去"，而"现在"在一定程度上，是即时成为"过去"的。只有选择和面向"未来"，我们才能培养未来社会所需的人才，进而创造更美好的未来。

重塑个体文化素养的教育理念。在以纸质印刷为传播基础的社会中，文化水平通常指的是人们的读写能力，而读写能力通常由识字量来定义，这事实上只能是判断对象是否为文盲的标准。在网络社会中，个人的文化素养的评价机制应该是更多维的、更先进的。就学生能力的培养而言，有多少单词被识别，有多少知识被吸收并不是主要的目标，更重要的是培养建构和重建自我认知结构的能力和意图，这包括主动学习的态度和理性批判的能力、学习动机、高级信息选择和处理能力以及自我监控与调节的能力。此外，网络时代的学生也需要一定的技术能力来使用相互连接的计算机和其他远程通信设备，即具备在网络互联环境和条件中进行学习和创造的能力和技巧。

倡导终身教育和综合教育的教育理念。在传统教育条件下，由于缺乏教育资源和高等教育成本，许多人所接受的教育是渐进性甚至一次性的。互联网技术的产生和计算机多媒体教育的发展，为知识的大容量存储与大规模流通创造了前所未有的条件。此外，网络时代的知识膨胀是"爆炸性"的，知识衰退周期变得越来越短，知识更新速率越来越快……这使得人们将接受教育的时间延长到学校大门之外，延长到成年阶段甚至老年阶段；并且，在终身教育理念的影响下，人们不分年龄、职业、性别、社会地位而接受教育逐渐成为普遍现象。所谓融合型教育，是指有许多差异的教育者可以同时接受相似的再教育。目前在教学形式方面，远程教育和在线教育得到了面向全体社会成员的校外教育补充。学校教育的数字化和网络化进程，可以说为终身教育和终身学习提供了前所未有的机遇和基础，它还逐渐将这一领域的概念和意识纳入当代教育传统主体的心中，使之也成为教育循环的有机组成部分。

四、网络时代大学生教育方式的迭代

传播学大师尼葛洛庞帝（Nicholas Negroponte）在总结 19 世纪教学方法的固定性和不变性时指出："一位 19 世纪中叶的外科医生神奇地穿越过时光隧道来到一间现代的手术室。所有的一切对他而言都全然陌生。他不认识任何手术器械，不知该怎样做手术，也不知道怎样才能帮得上忙。现代科技已经完全改变了外科医学的面貌。但是，假如有一位 19 世纪的教师也搭乘同一部时光机器来到了现代的教室，那么，除了课程内容有一些细枝末节的变动外，他（她）可以立刻从他（她）的 20 世纪同行那里接手教起。我们今天的教学方式和 150 年前相比，几乎没有什么根本的改变，在技术手段的运用上，也差不多还停留在同样的水平。事实上，根据美国教育部最近所作的调查，84% 的美国教师认为只有一种信息科技是绝对必要的：复印机再加上充足的复印纸。"①

　　传统的教学方法仍以灌输为特征，老师几乎全程在教室里讲授知识，而学生只是被动地听讲和接受知识。教学内容则早已被组织成一个标准化的教科书体系，这是不容易改变的，否则它似乎已经失去了真理属性。单向教学是传统的课堂教学模式，教室、课本和黑板是教学过程中不能脱离的要素，教师将固定内容几乎没有变化地向学习者进行传授，然后学习者对这些知识进行接受、理解和记忆，这是一个典型的以教师为主体的知识单向传播过程，也是学习者作为纯粹客体而被动接受知识的过程。这种单向教学模式容易导致学生机械被动地学习，不利于培养学习者主动学习能力和创新意识。

　　当人类进入网络教育时代，教育的对象、教育的组织和教育的目的都发生了巨大的变化，为此，教学方法也必须做出同步的转型。在线教学模式可以用一句话来概括，那就是任何人都可以在任何地方、任何时间学到任何他想学的东西。虽然这种学习模式在目前和很长一段时间内都无法彻底实现，但它在现阶段所展示的新鲜生动的教学方法已经开始引人入胜。网络教材的使用越来越频繁地采用光盘、网页和视频点播等形式，这大大提高了教学的时空自由度；教学交流则通过使用现代人越来越熟悉的电子邮件、论坛和在线课堂等灵活的形式，以轻松愉快的方式完成师生之间的交流。

　　与此同时，教学内容也增加了更加符合现实与变化的要素。教科书系统变得更加多样化和灵活，它不再是一个完全静态的模型。事实上，就教育的本质而言，学习内容的开发本来就应该是完全个性化，并针对个人量身定制的。教师使用新媒体帮助学生学习建立自己的知识，他也可以成为最好的娱乐倡导者，建立一种基于快乐感、学习动力和责任感的学习模式。典型的是，互联网可以提供更直观的教学例子，无聊的教科书可以演变为生动的游戏，复杂的演示和计算可以演变为简单可行的 3D 图像。因此，在网络时代，直观式教学、游戏学习和个性化教学将成为教育文化倡导的新的教学方法，并且将会使得教育变得

---

　　① ［美］尼葛洛庞帝：《数字化生存》，胡泳、范海燕译，海南出版社 1997 年版，第 257 页。

更加简单而富有成效。

第四节　社会融入：大学生虚拟生存发展之基本向度

在城市化、市场经济和全球化等多种因素的综合作用和影响下，即便没有网络，现代社会也一直以匿名为特征；但不可否认的是，网络增强了社会的匿名性，与此同时，市场经济以来前所未有的社会流动性也日益增强着社会的匿名特征。互联网的普及和网络社会的兴起使得人们更容易对社会的匿名性实现直观感知。

流动性一直被认为是现代社会的特征之一，因而流动性自然地在一定程度上增强了社会的匿名性。从表面上看，匿名性和流动性确实增加了人们的行为产生偏移的便利性。因此，人们也普遍认为匿名性和流动性只会损害社会的原始道德。然而，通过深入的研究和分析，我们已经发现，在一个匿名和流动的社会中，人们将不能依赖原始的熟人或关系规则，而只能逐渐地转向依赖诸如公平、信用、互利等一般规则。换言之，匿名性和流动性在一定程度上促进了道德需求的产生，并最终在其他因素的协同影响下生成了道德市场。

"因此，并非社会的流动性及匿名性自身对美德产生了根本性的破坏作用，相反，一定的流动性及匿名性似乎是美德的长生不老丹。流动的及匿名的社会特别依赖美德和具有美德的人。"[1] 应该乐观地相信市场经济的伦理秩序将逐步形成，并且应该相信在这个过程中，和其他因素一样，匿名性和流动性也将产生不可或缺的正面效应。换句话说，网络时代所带来的社会性发展，将在这个过程中起着至关重要的中介作用。

一、匿名社会与大学生生存、发展

匿名可以说是现代社会，尤其是城市社会的特征之一。住在城市的人经常觉得邻居不认识彼此，这种情况在国内大部分一线新兴移民城市颇为常见。这是因为新移民来自不同的故乡，他们彼此不认识，新移民和原住民亦彼此不认识，并且有新的居住社区被建造，生活在不同社区的居民也都有着不同的家乡

---

[1]　[德] 米歇尔·魏曼：《道德的市场》，肖君、黄承业译，中国社会科学出版社2003年版，第360页。

和岗位，所以他们基本上不认识对方，这意味着事实上现代社会中的个人都是相互匿名的。

在特征上，匿名社会中的人们于行为中通常表现出下面一些特征。其一，在行为动机层面，生存和成功已成为人们首先考虑的问题，也就是最大的行为动机；因为在一个匿名的环境中，人们再不需要考虑亲戚和熟人的问题，也不能再依赖原来的关系。人们也只能更加自强和自主，充分依赖自身的力量①。其二，在行为过程中，人们会更加务实地在行动过程中遵守效率原则。为了最大化自己的利益，人们必须考虑他人的利益，否则他们将无法实现自己的利益，也即是说，合作已经成为人们追求自身利益的需要。其三，人们普遍更关心行为的结果，因为这自始至终都是个体行为的结果，不仅对自身生存很关键，也对成就感的获得有影响，也即是说它还指向了个人价值的实现问题。

简而言之，在一个匿名的社会中，个人行为更多地与内部因素如自我有关，而不是与外部因素如亲戚和熟人有关。也就是说，每个人都不同程度地被迫回到自我的立场。从长远来看，这种对自身地位的回归或关注显然有利于个人的成长和个人道德意识的产生。这也可以理解为海德格尔（Martin Heidegger）所言的"非本质的存在是对真实存在的回归"。在回归的过程中，人们更关心自己的命运，并且必须也应该为自己的事情烦恼或担忧。

具象于大学生群体，社会的匿名性让他们在社会行为中更加谨慎，要么遵循前人的教导和经验，要么紧密地遵循现有的社会规则，这意味着他们的责任意识会更为显著，一如哈耶克所言"人是追求目的同时也是遵循规则的动物。他之所以成功，并不是因为他知道他为什么应该遵循规则，也不是因为他能够用语言表达出这些规则，而是因为他的思维和行动已经为他所生活于其中的代代相传而形成的社会规则所控的思维和行动已经为他所生活于其中的代代相传而形成的社会规则所控制"②。在这种情境中，大学生们普遍"在追求自己目标的时候为什么总是采取了遵循群体规则的做法的原因，并不是因为只有采取这一种做法，他才能够成功，而是因为采取了遵循群体规则的做法，更易于使他获得成功"③。

---

① 马云驰：《技术、市场与道德——兼论经济特区建立与发展的文化与道德意义》，载于《深圳大学学报（人文社会科学版）》2001 年第 1 期，第 11 页。
② Hayek. F：《Law, Legislation and Litberty》，Rouledge & Kegan Paul（1973），p. 11.
③ Hayek. F：《Law, Legislation and Litberty》，Rouledge & Kegan Paul（1973），p. 80.

无须论证我们也能明白，个人遵守律令的过程本身就已经包含了受道德规范约束的内容。此外，上述分析还表明了在自由状态下，个人选择为自己的目标而遵循道德规范是完全自愿的。换句话说，个人基于他们自己的利益而选择服从和遵循社会规范，也即"规范对象在行为中接受规范约束必须符合其自身的利益"①。可以看出，在匿名状态下，个人对道德的需求来自自力更生和自我发展的需要，几乎是完全自愿的。

匿名性更多地反映在新兴的网络社会中。网民身份的数字化、多元化和可变性都增强了网络社会的匿名性。不负责任的话在聊天室、公共论坛中的发泄中随处可见，其深层原因首先指向网络的匿名性。这点从早在互联网流行的初期，互联网中的一句笑话就可以看出来：网络上没有人知道对方是不是一只狗。帕特里克·华莱士（Patricia Wallace）在其代表作《互联网心理学》中指出："当人们认为别人永远不会知道你是谁的时候，网上行为就会肆无忌惮。在这样的环境或者初步具备这样的环境下，人们倾向于放松自己的或肯定或否定的行为。"② 当然，这在互联网普及初期是一个普遍现象，因此许多人推断互联网的匿名性会导致不道德的行为，并导致人们整体道德标准的降低。

具体而言，随着网络社会的逐渐兴起，大学生们已经逐渐意识到了自我网络的身份和地位。在各种在线社区、公共论坛和游戏中，建立自己的网络身份和地位也会给他们带来一种满足感。如果他们仍然像他们的长辈那样认为没有人知道自己是谁，那么就不能在网络社区建立自己的网络地位。因而，他们当中其实没有人愿意永远做一个"隐藏的人"，为此他们不停地参与网络活动、不停地"灌水"，就是为了在现实生活中获得回报。因此，无论是在线还是离线，作为重要网络参与者的大学生都会自觉或不自觉地规定自己，用原有的社会规范或价值标准相互评判。换句话说，原有的社会规则一直都在起着限制和调节他们网络行为的作用。

与此同时，网络专家和运营商们也发现，互联网技术将忠实地记录个人在互联网上留下的所有痕迹，没有人能够逃脱。这在技术上也防止和阻止了那些打算使用互联网做出预约超越道德和法律底线行为的人。因此，在网络社会中，

---

① ［德］米歇尔·鲍曼：《道德的市场》，肖君、黄承业译，中国社会科学出版社2003年版，第573页。

② ［美］帕特里克·华莱士：《互联网心理学》，谢影、苟建新译，中国轻工业出版社2001年版，第255页。

你可以是另一个人，但你只是另一个具有社会属性的人。网络的匿名性并不等同于使用者可以彻底隐身，事实上它会使得电子追踪更加准确和有效。因此，网络不能从根本上改变大学生作为社会存在的现实，而且如果需要，互联网技术的定位和跟踪将更加准确和有效。因此，网络社会也在继续使用原始而真实的社会准则。

二、社会流动性与大学生责任养成

类似于匿名性，流动性也被视为现代社会的明显特征之一。所谓流动性是指个体或人群从一个社会阶层向另一个社会阶层的流动。它分为向上流动和向下流动，在一个自由发展的社会中，人们通常可以通过自己的不断努力实现向上的社会流动。

在此意义上，当前的中国社会确实可以说是一个高度流动的社会。"在最近20年，上与下之间，先是出现了流动的渠道，接着就真的流动起来。随着社会的进步以及中国融入整个世界的步伐，种种'不确定'的东西越来越明显，越来越广泛，给予中国人的感受也越来越强烈。职业不再稳定，财富不再持久，知识不再永恒，感情不再可靠，……每个人都能设身处地地感觉到，处在不同位置的人群是在不断变化的。有些原来生活在下面的人上去了，而原来生活在上面的人却下来了①。"生活在这种不断的阶层流动之中，人们在获得希望的同时也会被欲望和焦虑所包围，"但从某种意义上讲，这种不确定性所带来的欲望和焦虑，正是个人和社会进步的力量"②。事实上，改革开放以来中国社会的发展就是这样一种情况：个人和社会都在艰辛和痛苦中前进。

具象到大学生个体，阶级流动性增强所带来的最大好处是什么？其实答案就在于给大学生们带来改变祖辈命运的希望上，事实上，正是高考这一全社会最为公平的竞争方式，使得他们都能走进校园，成为大学生。对个人来说，不管他目前的处境有多困难，只要还有改变的希望，他就不会彻底地沉沦和沮丧。所以社会流动对大学生而言，意味着"我们确有某种选择；我们并不是绝对地被束缚在为我们过去选择好了的或可能会选择的某一工作上；如果某一位置变

---

① 凌志军：《为什么被"欲望"和"焦虑"包围着》，载于《SOHO 小报》，2005 年 5 月11 日，www. sohoxiaobao. com

② 凌志军：《为什么被"欲望"和"焦虑"包围着》，载于《SOHO 小报》，2005 年 5 月11 日，www. sohoxiaobao. com

得令人十分难以容忍，或者如果我们钟情于另一工作时，能干的人几乎总是有路子可以走，也就是以某种牺牲为代价，他就可以达到他的目的。没有比知道我们怎么努力也不能使情况改变这件事更使一个人的处境变得令人难以忍受了；即使我们从来没有精神上的力量作出必要的牺牲，但只要知道这一点，即只要我们努力奋斗就能够摆脱这种处境，就会使许多令人难以忍受的处境成为可以容忍的了"①。

尽管社会流动给生活于其中的人们带来了更多的不确定性，使人们生活在焦虑和不安中，但对许多人来说，尤其是那些想改变自己命运的人，只要对明天抱有希望，他们就宁愿忍受眼前的焦虑和不安。显然，在这个过程中，人们的耐心得到了磨炼和培养，而事实上，耐心是个人需要培养的最重要的美德之一。但令我们意想不到的是，它竟是由流动性所带来的，就整个社会的发展来看，这也可以被视为流动性的边际效益。

三、匿名性和流动性对大学生道德进化的要求

一如大多数人都已感受或认知到的那样，"快速变动与不确定性显然是我们这个时代最为显著的特征之一"②。匿名性和流动性在某种程度上加强了现代社会的这一特征。尤其是在互联网技术普及后，在互联网空间中，个人身份很难确定，更不用说其他问题，如在线信息的可信度、用户及其话语是否可信等。简而言之，不确定性似乎像影了一样跟着我们，它已经成为现代人生存的重要特征，成为人们社会生活的一部分。可以说，人们浮躁的心理、各种短视行为的盛行都与此相关。在一个匿名和流动性的社会中，个人行为和行为结果的不确定性也会明显增加。换句话说，匿名性和流动性给行为和行为结果带来了严重的不确定性。这不仅显而易见，也是多年来经历中国社会深度变革的大多数人们的切实感受。

具体而言，追求确定性是社会行为的必然向度。换句话说，在行为过程中，大学生不仅期望达到他们期望的目标，而且期望突破象牙塔的局限去理解他人和社会，进而把握自己的命运。因此，与其说大学生们比以往任何时候都更需

---

① ［英］弗里德利希·冯·哈耶克：《通往奴役之路》，王明毅、冯兴元等译，中国社会科学出版社 1997 年版，第 93 页。

② 马云驰：《全球化与信息时代伦理问题研究》，载于《学术研究》2000 年第 4 期，第 4 页。

要信仰，不如说他们比以往任何时候都更需要在不确定性中找到确定性，最终他们发现这种信念是确定而必须的。因此，如何获得确定性成为大学生在社会化生存与发展中所需要思考的问题。就现代社会本身而言，没有多少东西能给大学生们带来额外确定性。

法律或许是其中的一根救命稻草，但法律的确定性，尤其是法律的制定，通常都具有一定程度的强制色彩，正如威尔逊所说："没有哪个人为的外部权威能够约束自由的独立个体。"① 因此，法律带给人们的确定性并不是具有根基性的。用文学的话说，因为法律的确定性，人们没有真正的安全感。能够给人们真正确定性的应该是最普遍的规则，它已经在人们心中扎根了几千年，同时它们也是法律确定性的基础。"与法律紧密相连并构成法律基础的两种道德情感即正确和正义的概念"②，类似的，哈耶克认为将这种概念称之为内在规则，并认为它的内在实际上是人类的良知，外在则是正义或公正的原则，并且一定程度上是永久性的，即"就人类迄今为止有限的历史来看，诸如公平正义、仁爱诚信，安全、自由、平等、人权、民主与宽容等基本价值与信仰，构成所谓世道人心，关乎人的生存和尊严，却恒定而不变，万古而长青"③。

显然，如果人们依靠这样最普遍的行为规则，毫无疑问他们将增加行为和结果的确定性。当社会上越来越多的人有这样的倾向和要求时，或者，当越来越多的人这样做时，就意味着社会正在成为一种道德要求，并且随着这种要求变得越来越普遍，整个社会的道德市场已经崭露头角，进而道德秩序的形成也变得指日可待。

如上所述，在匿名和流动的社会中，个人对道德的要求是自愿的。换句话说，匿名性和流动性也会使得社会自发地产生对道德的需求，并与其他因素一起最终促成道德秩序的产生。因此，情况并不像通常假想的那样糟糕。近年来，由于社会的多重转型和快速变化，全球化和信息化浪潮的冲击导致整个社会心理浮躁、各种犯罪行为猖獗、道德腐败行为普遍，这才是导致人们丧失道德理想和道德信心的关键。但更理性的分析似乎让人们重新点燃他们对道德信念与

---

① ［美］罗斯科·庞德：《法律与道德》，陈林林译，中国政法大学出版社2003年版，第127页。

② ［美］约翰·麦·赞恩：《法律的故事》，刘昕、胡凝译，江苏人民出版社1998年版，第33页。

③ ［美］罗纳德·德沃金：《认真对待权利》，朱伟一等译，广西师范大学出版社2003年版，《主编者言》。

理想的希望，并相信社会道德秩序将在公共概念逐渐形成的基础上慢慢出现。事实上，在网络的帮助下，我们不仅能感受到人们对公理的重视，还能体验到它给我们带来的变化。事实证明，几千年来形成的伦理概念和规则已经深深扎根于中国人民的心中，它们也通过互联网创造的舆论空间而在关键时刻发挥了重要作用。汶川地震和"奥运会"等公共事件前后的许多民众在线行为则是这一观点最好的佐证。

第五节　责任生存：大学生虚拟生存发展之价值选择

各种迹象表明，在市场经济的社会环境下，中国传统道德的精神和基本价值仍然具有丰富的意义和价值。首先，传统文化和传统道德在本质上包含着广泛适用于全体人类的精神和价值。其次，市场化深度开展、信息深度化和深度全球化不会改变我们所属的中华文明的血脉，每个中国人都有义务和责任延续和继承这一文明及其所内蕴精神。因此，它引出了传统道德现代转型的理论课题，这也成为一个世纪以来，文人志士、思想家们所关注、探索和研究的课题。

实现传统道德现代转型的关键是实现道德从家庭向个人的转型。这符合自由主义和市场化的趋势，也符合消费时代文化发展的主流趋势。在传统道德向现代道德转变的过程中，我们没有想到网络出人意料地发挥了积极有益的作用。通常我们认为这种情况只能发生在中国文化的背景下，也就是说，网络只有在中国传统文化这样的传统情境中才有这样的功能。因为中华文化的价值观一直缺乏对个人元素的观照，换句话说，这种价值观的基础是家庭而不是个人。互联网第一次在这种情境中让个人面对自己、社会和整个世界，真正确立了个人的道德—责任主体地位。具体而言，到了网络时代，文化、道德和价值才具备了使大学生个体真正成长的可能。因此，西方人可能不理解互联网在这种背景下对大学生及其生活环境的特别意义，但它确实在中国传统伦理的现代转型中给大学生的发展带来了意想不到的作用。

一、大学生传统道德与现代价值的交叠

尽管中国传统道德的基本价值和精神仍然具有现实意义，但它也必须随着科技和社会的不断发展而变化，才能实现"苟日新，日日新，又日新"的价值

再造。因此，如何实现传统道德的现代转型，不仅是一个现实问题，而且也是一个理论问题。人们当前所达成的共识是："市场经济条件下的道德秩序的形成，并不是对传统道德理想的简单抛弃，它包含着对传统的分离、辨析、摄取和再造。"① 因而，传统道德的传承和再造的关键或传统道德现代转型的关键是什么，就成了探究的重点。

儒家传统道德架构的基本点是家庭、传统道德的合理性及其所生成的伦理亲和力，换句话说，传统道德源于家庭，进而演绎为社会伦理。我们也了解历史的车轮正在向前滚动，中国人民的个人意识和自我意识已经觉醒，改革开放四十年来，特别是过去二十年的市场经济给整个中国社会带来了巨大的活力和生机，"市场经济的本质其实内含着对个人尊严和价值的肯定，它是一种建立在理性的个人自愿交换与自由合作的基础上的经济制度"②。在此基础上，传统道德的现代转型也必须符合这一客观的历史发展规律，并在道德结构的基础上实现从家庭向个体的转型。换句话说，在理论和理解上，有必要从个人而不是从家庭中演绎社会伦理。只有这样，个人才能成为真正的道德—责任主体。只有这样，人们的观念和价值才能与整个市场经济的发展相匹配。

如果特定的社会事实是特定社会状况的产物，那么生活在现代化进程中的大学生们是否能看透我们生活的特定社会背景的特征，进而调整他们的价值体系和行为模式来适应社会发展，是我们探究其道德选择问题的关键所在。但这一解决思路在实施上也难度颇大。首先，大学生们已大致形成既定的人生价值取向及其标准，作为一种习惯，改变这种取向的可能性不是很大，特别是他们所主张观点的核心恰恰是崇尚个性和自由、甚至不为社会所改变，这无疑会成为他们在"现代化进程"中改变生活价值取向以适应中国社会发展要求的严重阻碍。其次，全球化、网络化和信息化不可阻挡的趋势成为多元文化的碰撞、冲突和吸收的温床，多样化似乎已经成为不可避免的现实。在现代化进程中，这种"酷"和"痛"可能在短期内同时存在于大学生时尚生活的追求中，但又并不意味着它会一直稳固地存在。伴随中国现代化进程的深度，体制改革的各个方面将进一步完善和成熟，这个问题将得到一定程度上的缓解。这种缓解至

---

① 张人杰、邓云洲：《对市场经济伦理的道德审视》，载于《广州师院学报（社会科学版）》1998 年第 12 期，第 4 页。

② 马云驰：《竞争社会中的个体价值和伦理秩序》，载于《社会科学》2000 年第 3 期，第 4 页。

少应该来自两种力量的调整：其一是大学生自身适应中国现实的调整，其二是中国社会适应现代发展的要求而有所调整。当这两方面的力量实现有机合作，大学生的责任选择和伦理选择问题才能走向最终的解决路径。

此外，由于市场和人才竞争日益激烈，为了生存和发展，大多数大学生都自然地培养着自身敬业、奉献和为自我完善而奋斗的精神。同时，随着国家整体经济水平的发展，大学生物质生活的逐步改善也使他们有条件进一步追求文化和精神生活。随着具有他们个性和风格的宏观消费观念逐渐梦醒，全新的符合消费社会的大学生责任选择观也正在形成。换言之，包括道德修养在内的精神素养虽然在表象上愈发模糊，但其实大学生的价值观念在这个过程中事实上是不断向纵深发展着的。

二、互联网＋传统观念所带来的大学生责任选择

乐观看来，在中国当前的社会背景和传统文化背景下，网络似乎具有特殊的积极意义。在过去的四十年里，特别是在过去的二十年里，中国社会经历了翻天覆地的变化。这二十年内最为特殊的，也即是过去的十年，恰好是互联网技术飞速发展和中华民族开始走向复兴之路的时期。毋庸置疑的是，在过去的十年里，网络公共空间的兴起和发展对中国社会的发展和进步起到了不可或缺的推动作用。在价值观和道德价值观方面，网络无疑有助于传统道德的现代转型和整个社会道德秩序的演进和逐步生成。这样的背景对大学生的责任选择影响，主要体现在以下几个方面：

首先，互联网触发了大学生们对传统道德价值观和规范的回顾和讨论。不可否认的是，面对快速变化的社会状况，大学生们会普遍感到需要去迎合与认同整体的社会道德和伦理秩序。与此同时，伦理秩序的形成需要基于大学生们对许多概念和价值观的变化的充分理解，以及对那些带来变化的现象的充分理解和充分讨论，从而达到一定程度的认同。可以看出，网络的公共平台和公共空间发挥着这样的作用：它使各种不同的个性、各种不同的行为和概念能够找到一个表达和展示的平台，青年人，尤其是大学生们则利用网络提供的平台对人、事物和概念进行了前所未有的回顾和讨论，而这种讨论的形式通常是大规模而扁平化的，几乎接近于全体大学生的普遍参与；与此同时，这种讨论又是即时的，换言之，很多时候，很多事件都是由网络媒体驱动的，当然电视媒体和纸质媒体随后也参与其中，相关的讨论非常广泛和深入，同时也使参与的大

学生们和旁观者们受益。

以网络刚勃兴时期的"木子美冲击波"为例，作为一名 985 高校的毕业生，木子美以网络为媒介发表一系列颠覆传统的文字而让自己迅速走红，并在这一过程中带动着以大学生为代表的青年人对性的伦理观念的改变。显然的，没有互联网和博客，就不可能有"木子美现象"或"类木子美现象"，也不可能形成"木子美冲击波"，进而也不会有当前盛行而难以管束的"网红"问题；当然，更重要的是，也不可能形成一种想要审视性概念的女性观和传统道德观，也不太可能有机会审视和讨论涉及全民的传统道德观和性观念。

与此同时，如果没有互联网带来的如此全面的讨论，人们就不会对道德观念和性观念有新的理解和认识。当然，这可以说是一种进步。例如，传统上对妇女道德观念和性态度的各种障碍和限制已经在这样一场大讨论中得到解构。在经历了这样的触动、冲击和讨论之后，整个社会逐渐对女性的道德和性行为形成了一种全新的、更宽容的观念。在这方面，社会比以往任何时候都更加开放和宽容，这既是伦理和观念的改变，更是精神和道德的进步。因此，互联网正在通过年轻人，尤其是大学生们的责任选择和价值选择来促进社会进步，进而转变社会伦理和观念，其所发挥的积极作用是不可否认的。

其次，互联网使大学生真正成为道德主体。网络提倡个人成为真正的道德主体的原因在于网络时代的特征和不可避免的事实之一，也即面对所有事物和交易时，计算机是不可或缺的。这实际上突出了个体道德觉醒的必然性和必要性。一如拉德布鲁赫（Gustav Radbruch）所指出的，道德法则适用于实际或意识上的具体化个人，而法律法则适用于共同生活的、人的共同体的人类①。一方面，在表面上大学生是互联网所面向的一个个体，也即只有个人通过鼠标与计算机才能与网络发生关系；另一方面，面对网络的无数个人本质上是公共电子牧场的放牧人。如果每个人都不自觉，这片牧场的草就会被破坏，然后每个人都会失去牧场，这也就是公共牧场的悲哀。从这个角度来看，网络社会既是个人的也是公共的。因此，这里也需要法律和道德。可以看出，网络时代不仅给法律提出了新的问题和挑战，也凸显了道德和良心对个人和社会的重要性，这便是互联网技术在文化和道德维度的重要意义。

人类历史上的每一项科学技术新发展都要求文化和道德在某一侧面与之同

---

① ［德］拉德布鲁赫：《法学导论》，米健、朱林译，中国大百科全书出版社 1997 年版，第 7 页。

步发展。换句话说，科学技术的发明和进步要求我们合乎伦理地利用它，否则它就会由人类的生产力工具异化为威胁或伤害人类的工具。因而，计算机互联网技术对人类道德自我意识，尤其是个体道德自我意识的要求是直观而强烈的。造成这一现象的重要原因在于，一方面，上面讨论的个人面对计算机的事实；另一方面，网络时代的特点是它在更大程度上赋予个人自由，也在更大程度上赋予个人责任。换句话说，网络社会的自由和责任在某种程度上更多地表现为个人自由的扩展和个人责任的扩展。简而言之，你的自由增加了，你的责任也增加了。

就像哈耶克（Friedrich August von Hayek）所指出的那样："自由不仅意味着个人拥有选择的机会并承受选择的重负，而且还意味着他必须承担其行为的后果，接受对其行为的赞扬或谴责。自由与责任实不可分。"① 在网络时代，道德论域中的人际关系内涵是保证网络安全和隐私的逻辑必然。换句话说，对大学生来说，他们需要理解和认识到互联网技术本身已经预先假定了道德的必要性和重要性，互联网技术的文化和道德意义也应该是它在更大程度让作为主体的大学生本人成为道德主体。

再次，互联网培育了大学生个体的责任意识和理性思维。互联网空间培育了个人的责任感和理性意识，这是毫无疑问的；具体而言网络给了大学生自由空间，同时也给了大学生更强的责任意识。在任何时候，他们都会意识到责任都伴随着自由，就像在现实社会中一样，网络社会也依赖羞耻和社会污名来实施其文化标准，这导引着他们在江湖网络中行走就像在现实社会中承担类似的责任。

应该说，原始社会的伦理规范和文化标准或规范在网络社会仍然有效，但对不同人的引导或约束程度会有所不同。对"80后"和"90后"大学生网络行为的大量调查也表明，他们在进行网络行为时，都会自觉或不自觉地遵循原始社会的道德律令和社会规范。事实上，"网络的宽松，固然会带来泥沙俱下、鱼龙混杂的现象，但也正因为网络有自由表达的权利，特别是怀疑、质疑、纠偏和挑战的权利，所以公众辨别真伪、分辨是非的意识和能力也随之增强"②。因此，在参与在线公共论坛和博客中的各种讨论之后，在撰写博客和接受批评之后，大学生们的理性无疑会得到提高和锻炼，进而他们对社会责任的认知与选择也会更加地合乎理性。

---

① ［英］弗里德利希·冯·哈耶克：《自由秩序原理》（上册），邓正来译，三联书店1997年版，第83页。

② 杜平：《网上的中国令人振奋》，载于《同舟共进》2009年第1期，第6页。

第四章

共生共存：大学生虚拟生存的社会责任践行之可能

互联网技术的普及，使得任何人都可以在网上在最短的时间内发表自己的见解和观点，同时也可以最快的时间看到网上的其他的新闻和信息。在这种情况下，社会中原有的垄断和权威就会不攻自破，社会结构将更加体现——对等的人与人之间的关系，为大学网络社会的责任生存提供了理论支持。与此同时，网络社会中传统的义利相互权衡的概念已被"利益"概念取代，重塑网络社会中的正义与利益的概念，是在大数据时代规范网络伦理主体沟通行为的关键。大学生虚拟生存的社会责任理想境界，是指在现实社会和网络社会的主观和客观条件下，通过一定的教育活动实现一定时期内的教育者所能达到的预期效果；它必须在受教育者思想道德的形成规律之上加以确立，进而满足教育者的客观需要，使教育内容在心理上实现内外化，进而完成大学生虚拟生存在社会责任层面的理想境界达成。

第一节 责任归属：大学生虚拟生存的社会责任担当依据

"信息伦理是自律型伦理。信息伦理不是由国家强制执行的，而是依靠社会舆论的力量，依靠人们的信念、习惯、传统和教育的力量来维持。在传统的伦理关系中，大多是面对面的直接关系。……信息行为主体的道德自律成为真正的伦理关系得以维持的主要保障。因此，信息伦理是更加重视以'慎独'为特征的自律型伦理。"[1] 也就是说，网络的市场化环境，以怀疑性和不确定性刺激了个体自主性和道德自我意识的产生，随着个体自主性和道德意识的不断发展，

---

[1]　梁俊兰：《信息伦理的社会功能及其实现路径》，载于《国外社会科学》2008 年第 5 期，第 41 - 45 页。

必然会使大学生的社会责任担当随着社会道德的发展而呈现出一种自律而自觉的趋势；进而于普遍伦理之道德通约中，明确着大学生社会责任归属的必要性，这亦是网络时代道德发展的必然趋势。

一、于怀疑与不确定中明晰大学生社会责任的必须性

"我们生活的世界是一个变化的世界，一个充满不确定性的世界。"① 无处不在的即时变化和变化不确定显然是当前最显著的时代特征之一。反映在人们的伦理观念和价值观念中，它一般的反映是人们不再相信传统的伦理价值观念，而是充满了高度的质疑和不信任，并饱含着对未来的担忧。这导致了道德相对主义和道德怀疑主义的盛行，相对主义和怀疑主义的极端发展必然导致判断善恶、对错、美丑的标准的丧失。换言之，在许多问题的判断上似乎已经没有了固定的标准。在现实社会中，腐败和权力寻租已成为当代社会的严重社会问题，严重影响了普通人的道德生活追求，间接降低了他们的道德判断能力；各种各样的欺诈行为、经济生活中的短期行为不仅严重影响正常的经济秩序，而且严重影响整个社会的道德防线。文化艺术的多元化发展和生活的艺术展演式呈现，使人们更加注重审美价值的追求，淡化了对错、善恶的道德与价值判断。

与此同时，"法的影响力不断增强，越来越多的人转向依靠法而忽视了道德的力量"②。也就是说，人们逐渐放弃内心的道德追求，然后放弃自己的社会责任和义务，而转向对外部法律制约的依靠。在网络时代，网络犯罪已成为一个需要全世界和全人类共同面对的棘手问题。一些数据显示，网络犯罪的主要群体是年轻人，特别是那些有丰富的计算机知识、熟悉网络通信、解密访问程序和其他技术的年轻人，他们被称为或自称为计算机"黑客"。

由于计算机在各种场合的广泛使用，使得计算机犯罪对现代社会中的公民个人生活、国家秘密等领域产生了广泛的影响。而在中国，这些年轻人通常是年轻的大学生，他们成为网络社会中的"黑客"而肆意横行甚至以此为傲，这与我国相关立法未能跟上互联网技术的发展、大学生社会责任和个人责任的缺失密切相关。也就是说，它与社会整体维度的道德衰落及其对青年人的影响有

① ［美］弗兰克·H·奈特：《风险、不确定性与利润》，安佳译，商务印书馆 2006 年版，第 181 页。

② 马云驰：《应当与是——从道德命令到道德关怀》，载于《深圳大学学报（人文社会科学版）》1999 年第 3 期，第 55 页。

关，导致大学生的不当网络行为和游戏人生的价值观的形成。"青年群体中出现的计算机犯罪，源于掌握计算机技术的一些青年人的道德行为的失范，而道德行为失范的原因，又根源于社会的道德滑坡。"① 这也与大学生社会道德意识的弱化密切相关。

二、于虚拟生存中凸显大学生担当社会责任的必然性

由于中国社会和历史传统中独特的历史背景，在全球化和信息化的影响下，社会和伦理问题几乎毫无疑问地将显得更加突出。由于全球范围内各种文化的融合，信息和沟通渠道的多样性对个人，尤其是年轻大学生来说是刺激而新鲜的，其结果是，要么他们不能理性地思考和判断，要么他们不分青红皂白地接受所有的信息，进而难以负担这种信息量；而后一种结果必然导致他们不能从太多的信息中选择有价值的东西，而总是受困于混乱信息之中。简而言之，信息过多必然导致大学生价值观的混乱。

由于大多数人面对着或选择了不同的文化概念，很难对他们进行统一、标准化的教育或宣传，也很难把文化本身和人们对文化的认识放在传统的封闭环境中。我们的宣传机构难以回避的客观事实是：他们很难在某些理解的共同基础上统一思想。也即是说，文化和思想的统一并不容易，但多样性和无序性却还在不断地对其进行瓦解。类似的，由于中国幅员辽阔且区域发展不平衡，全球化和信息化的进程也不同于其他国家。在西方，人们从 20 世纪 70 年代开始进入信息社会，信息社会概念的出现表明信息已经取代了资本作为社会的重要资源②。

这一问题在中国社会则体现为，一方面要实现农业社会向工业社会的转变（尤其对广大农村和落后地区而言），另一方面要迎接网络时代的到来及其挑战（主要对东部发达地区而言）。由此，"中国社会的时代变迁具有双重意义。一是由古典社会进入现代社会；二是由农业时代向工业和信息时代做双重跨越"③。这就意味着中国社会总的来说必须同时实现和完成两个变化，也就是说，大学

---

① 赵祖地、周其力：《计算机犯罪与道德建设》，载于《道德与文明》1999 年第 4 期，第24 页。

② Michael. Cahill: *The New Social Policy*, Blackwell Publishers, 1994, p. 8.

③ 任剑海：《信息时代伦理整合的传统资源》，载于《人大复印资料（伦理学）》1998 年第 5 期，第 41 页。

生们当前的社会转型是双重的，甚至是多重的；由此大学生所面临的多重社会转型所带来的问题和矛盾必然更加复杂和剧烈。显然，当立法尚需进一步发展和完善，而原有的文化和价值观又受到冲击，但新的价值观和价值体系尚未形成时，于虚拟生存中凸显大学生担当社会责任就成为社会必然。

三、于普遍伦理通约中明确大学生责任归属的必要性

道德自觉是网络时代伦理发展的必然趋势，不仅网络与社会的互动式发展为此提供了事实证明，而且学术界随后也就此观点基本达成共识，时至今日，人们已普遍认为信息伦理即自律伦理和普遍伦理。1993 年世界宗教会议发布的《全球伦理》宣言，可以看作是人类寻求建立普遍伦理并采取行动解决环境、人口和核武器等全球问题的开端，随着其他个人和组织、特别是联合国教科文组织的努力和推动，世界范围内普遍道德的建立受到了越来越多的关注。所谓全球普遍伦理应该是与人的生存和发展的命运紧密相连而在行为准则和价值观上达成的共识。也即是说，建立普世伦理有助于协调人类日益普遍和密切互动过程中的各种行为，有助于解决出现的各种全球性问题。

在现代世界，人们的深刻经验是：不同国家、差异民族之间的交流与交往比以往任何时候都更为频繁和密切，不同的文化和价值观也在交流与交往中相互碰撞、融合，人类个体和群体都由此而感到彼此深深地相互依赖。在过去，人们从个人、社会和国家利益的角度来看待和探讨问题，所以他们所关注的重点是文化之间的差异，也即在不同国家和历史时期的伦理和价值观的差异。总之，它突出了两者的差异和对立，这是意识形态冲突时代的重要特点。而如今的全球化发展进入纵深阶段，基于生存和发展的需要，个人、国家和人与人之间的命运总体而言是密不可分的，我们不得不站在人类整体思维的角度，强调人与人之间关系的重点是文化的相互交流和融合，即人们更注重追求普遍的伦理和价值。因此，寻求和达成一个相对一致的伦理价值观，建立我们所需要的普遍伦理，不仅是可能的，而且是现实的。因此，人类的共同生存和共同利益有助于建立普世伦理，是建立普世伦理的现实物质和文化基础。

普遍伦理的建立也源于解决人类整体问题的现实需要。尽管不可否认，在国际社会生活中，国家和民族的利益仍然占据主要地位，但众所周知，人口问题、环境和生态问题、核武器问题是威胁到全人类生存与发展的重大问题，需要全人类共同努力、相互合作和共同应对。显然，面对这些共同的问题，为了

所有人的利益，人类在处理诸如环境这样的全球性问题时，当然需要学习和形成共同的行为准则和规范，以约束和规范人们的行为。可以看到，无论是发达国家还是发展中国家，在环境保护方面，应该说都已经意识到了环境对人类生存的重要性，并意识到环境保护的必要性和紧迫性。由此可见，保护环境的道德意识基本形成。这应该是多年来许多环保组织和个人努力普及环境意识的结果，也是全人类共同努力的结果。因此，全球问题的出现迫使人类"从整体上"处理自然问题，它使得人类只能把自己"作为一个整体处理与自然的关系。全人类面对着对付全球性问题的迫切需要，不得不形成一个人类共同体。人类共同体自然也是伦理共同体"①。因此，建立普遍伦理不仅是解决全球性问题的现实需要，而且也体现了人类整体对自身责任的深刻意识，可以理解为是人类整体的道德觉悟。通俗地讲建立普遍伦理是整个人类对自己的行为和命运负责任的一种表现。

第二节　共生共存：构建虚拟生存的网络空间命运共同体

习近平同志在第二届世界互联网大会开幕式上倡议"共同构建网络空间命运共同体"②，这为大学生虚拟生存的社会责任践行提供了基本策略。而且，我国已出台《中华人民共和国计算机信息系统安全保护条例》《中华人民共和国计算机信息网络国际联网管理暂行规定》《中华人民共和国电信条例》等约束网络行为、制定网络规则的法律法规。在这一背景下，教育工作者应向大学生介绍国内外相关法律文件，以及在使用互联网方面应注意的一些行为准则，使大学生在互联网上遵守相关法律法规。与此同时，大学教育工作者应协助大学生了解中国历史悠久的文化和中华民族在数千年历史中形成的独特的民族传统，明确中国传统伦理在大学生网络空间命运共同体构建中的重要作用。中国传统道德尤其关注和重视对人性的尊重和关怀，在网络社会中，我们也倡导人与人之间的相互关怀、爱心和帮助，并共同努力营造着和谐友好的互联网氛围。

---

① 牛京解、李伦：《全球性问题与普遍伦理》，载于《人大复印资料（伦理学）》1998 年第 5 期，第 16 页。

② 《习近平谈治国理政》（第 2 卷），外文出版社 2017 年版，第 534 页。

一、构建大学生网络空间命运共同体的核心内容

强调大学生的网络安全意识也是大学生网络空间命运共同体构建的关键所在，大学生需要在区分在线信息上给予相应的知识，这包括他们在线上、线下交往对象所使用的沟通语言、行为、着装和个人资料等信息的考量。在此背景下，高校教育工作者培养学生的信息素养，引导学生学会用科学理论和他人的经验为指导，培养他们相关的思想素养、务实求实的态度和严谨求真的发展向度，使学生能够在筛查和鉴别后再使用信息，以便互联网技术和信息真正为他们所用。

在具体的核心内容上，构建大学生网络空间命运共同体首先要明确社会主义核心价值观的指导地位。全球信息化和全球化发展作为人类社会发展的必然趋势，所带来的不同文化的价值观间的相互反应，在西方意识形态对我国进行的渗透和影响过程中不容忽视，而大学生的网络道德选择在此情境中尤其受到影响，因而，以社会主义核心价值观引导大学生网络空间命运共同体构建刻不容缓且势在必行。在构建大学生网络空间命运共同体的实践中，要坚持马克思主义的指导思想，教育学生随时随地坚持正确的政治取向，坚持党的基本路线、基本原则和基本方针，进而在网络空间命运共同体生活中懂得明辨是非、不盲从、不随大流；与此同时，也教会大学生实事求是、与时俱进、一切从实际出发地看待问题，引导学生树立中国特色社会主义共同理想，加强学生爱国主义教育和创新精神培养，完成大学生社会主义荣辱观教育的任务。

其次要对大学生进行网络道德认知与选择的教育。网络社会中的道德标准是多元的，网络社会的多样性是构筑如此网络社会的关键所在，在这个自由的交往空间中，各种文化、各种道德价值观相互影响，引发着网络道德多样性所导致的道德冲突；传统道德观念在这种情况下，必然地产生着影响、变化和同化，这会直接导致人们道德情感和道德行为的偏差出现。因此，重视网络空间命运共同体中大学生道德自律能力和社会责任感的培养非常重要，这些打造共同体的核心内容形成道德认知的基本面，它指谓了只有做好网络空间命运共同体内大学生道德认知教育，才能形成健康的网络伦理道德观的价值判断。网络道德选择能力是指互联网用户根据一定的道德价值标准在网络活动中有意识地选择不同的道德观念和道德行为的能力，这种能力决定了大学生在道德选择上是非对错的判断能力，它的增强可以帮助大学生抵御网络社会的各种不良诱惑，拒绝吸收不良信息，进而协助他们道德自律的实现。

对大学生进行网络心理健康教育事实上也为大学生网络空间命运共同体的构建创造着条件。在构建共同体的道德教育逻辑中，高校教育工作者应加强大学生网络心理健康咨询与教育。在实践中，教育工作者应加强对大学生线上线下的心理咨询和辅导。教育工作者可以通过网络心理咨询，在网络上建立积极、个性化的咨询环境，通过长期而循序渐进的沟通慢慢了解大学生的心理问题，进而运用有效的方法进行大学生心理解惑，告诉他们应对各种问题的处理方式。与此同时，高校德育工作者应努力营造民主、自由、平等的交际氛围，并通过互联网与大学生建立平等的交际关系，借此增加他们对教师的信任，使他们能更多地敞开心扉向老师讲述自己真实的想法。高校德育工作者也可以在网上进行心理讲座，向大学生普及心理健康知识，引导他们培养正确的自我意识和价值观念。

在行为外化方面，网络文明礼仪是学生必须遵守的基本道德标准，也是维护大学生网络空间命运共同体正常运作的关键。就社会层面上来说，网络文明的礼仪是一个国家网络文明程度的直接外显；就个人层面上来说，网络文明礼仪的遵守程度则反映了网民的道德水平和文化修养。在网络社交环境中，注重网络文明礼仪有助于营造完整而和谐的互联网氛围、净化互联网交际中的信息冗余。一般而言，网络礼仪包括网络问候礼仪、网络语言礼仪和交际礼仪。网络问候礼仪指的是人们在网络交流中互相打招呼时应该遵守的规范。语言礼仪是指人们在网上进行交流时语言使用上应遵守的规范，通常的最低标准指向不使用语言暴力、粗言秽语和不生产无意义信息。而交际礼仪则指人们在网上进行深度交际、交流时应遵循的规范。这些方面网络礼仪的教育，能够建构起大学生应该有的明辨是非能力，进而分清网络信息的真实性，并自觉规范自己的行为，做到不相信谣言、不传播谣言，发现谣言及时汇报，从而协助健康的网络环境和良好的社会秩序的维系。

最后是基于大学生网络空间命运共同体的网络信息安全教育。由于互联网空间先天具备虚拟性和开放性，网络空间命运共同体中生活的大学生可以进行跨时间和跨区域的轻松交往，这大大削弱了现实生活中熟人社会的道德约束感，导致了网络信息安全问题的频发和网络信誉危机事件的频现。具体表现为网络谣言、网络欺诈、网络诽谤和隐私侵犯的屡见不鲜，还有使用互联网技术冒充他人，窃取他人社交 ID 等欺骗他人以获利的行为，严重侵犯他人的物质或精神财产。对于此，解决之道通常都指向网络安全教育的增强，一如邓小平所言，"加强法制，重要的是要进行教育，根本问题是教育人。法制教育要从娃娃开始，小学、中学都要进行这个教育，社会上也要进行这个教育"①。

二、构建大学生网络空间命运共同体的基本方法

在大学生网络空间命运共同体道德教育过程中，我们通过观察、调查和预测等方式掌握教育对象道德失范的实质，制订具体教育方案与计划，并采用有效的教育方法，提高大学生网络共同体的道德水平。除了常规的道德教育方法外，还要创新方法，提高实效性。在大学生网络空间命运共同体构建的道德引导中，需要把握部分大学生在网络行为中道德失范的本质，从而制订针对性的教育方法和计划，并采取具备针对性的教育方法，以实现以道德教育带动大学生网络空间命运共同体构建的目标。一如洛克（John Locke）所言："一切德性和价值的伟大原则和基础在于：一个人能够克制自己的欲望，能够不顾自己的爱好而纯粹遵从理性认为是最好的指导，虽然欲望倾向于另一个方向。"②

首先，需要采用开放式的群体道德教育方法，培养大学生在网络空间命运共同体生活中的道德主体意识。"凡不能控制自己的爱好，不知道如何抗拒当下的快乐与痛苦的纠缠，以便听从理智的告诫的人，便缺乏德行和勤勉的真正原则，就有流于一无所能、一事无成的危险。自制这种习惯是未来的能力和幸福的真正基础。"③ 培养大学生网络自律的关键，在于培养他们在共同体生活中的道德主体意识，进而实现外部约束向内生约束的转化与升级。

教育工作者应通过适当的途径激发大学生内在的积极的道德需求，进而促使大学生形成足够的道德自控能力。教育工作者要引导大学生树立内在的道德准则，增强判断事物是非的能力和对自己行为的责任感，使他们能够反思自己的行为，进而在他们的思维定式中形成道德反思机制。通过民主式的师生间网络活动营造公平的群体氛围，使大学生以自主决策来满足他们期望的实现，进而发挥大学生自身的积极性促成其行为自律的生成，帮助学生形成言行一致、

---

① 邓小平：《邓小平文选》（第三卷），人民出版社 1993 年版，第 163 页。
② ［英］约翰·洛克：《教育漫话》，徐诚、杨汉麟译，河北人民出版社 1998 年版，第 25 页。
③ ［英］约翰·洛克：《教育漫话》，徐诚、杨汉麟译，河北人民出版社 1998 年版，第 34 页。

内外如一的优秀品质，进而在稳定的大学生道德素养培育中促进大学生网络共同体的发展。

其次，要普遍地采用公开探讨道德与行为问题的方法，来提高大学生在网络空间命运共同体生活中的价值共识与道德感知。每个大学生对网络发展的感知、采取的网络行为与对网络事件的理解是有差异的，大学生对网络道德的认知水平越高，对互联网发展过程中出现的各种网络行为的理解就越清晰，同时也就会对网络规则与伦理具备更高的认同感和归属感，进而对网络事件的理解也会越发客观和理性。因此，教育工作者提高大学生的网络道德认知，可以通过对网络道德困境的讨论，使大学生在解决道德困境的讨论中实现自己道德水平的提升。

再次，需要合理地采用预防教育法来实现大学生在网络空间命运共同体的培养。道德意志是人们在履行道德义务或决定道德行为的过程中自觉、自愿地作出抉择、克服困难的顽强力量和坚持精神①。大学生在面对资源丰富且内容庞杂的网络信息时，不仅需要具备相应的辨别力，还要具备不急躁、不鲁莽、不恐惧的素质，以选择符合自身需要的内容。在网络社会中，大学生会遇到各种各样的诱惑，教师应引导大学生抵制不良诱惑，防止道德失范。面对这样的困难局面，大学生需要有抵抗诱惑的毅力和在困境中做出符合法律和道德选择的能力，这种能力需要在不断的意识形态斗争中加以修炼，当这些合乎规范与准则的行为成为网络中大学生的道德行为规范时，便可以从他们的内化责任逐渐转变为行为责任感，并最终形成大学生在网络空间命运共同体生活中的道德自律感。

三、构建大学生网络空间命运共同体的系统策略

互联网在学校、企事业单位、党政部门已得到了广泛的普及，这些机构和部门要抓住这一有利条件，以马克思主义为指导思想建立网络舆论的主阵地。网络具有开放性、灵活性和活跃性，在主阵地建设上要充分利用这些特点，加强网络社会中的舆论引导工作。舆论阵地建设是网络道德教育的重要组成部分，是积极占领网络思想政治教育主阵地和把握网络思想政治教育主动性的展现。注重网络道德的培育，使社会主义核心价值观在网络社会中获得更大程度的普

① 朱贻庭：《伦理学大辞典》，上海辞书出版社 2011 年版，第 42 页。

及，进而渗透到大学生的网络共同体生活中，能更大程度地提高大学生的道德修养。

首先，高校应建立各类互联网社交平台，如官方网站、微博和微信平台等，以满足大学生多样化的文化需求，在这些平台中设置"网络热点参与""时事讨论"等栏目，使得大学生积极参与的意愿和深度交流的态度能得以释放。目前，许多传统媒体都在积极利用互联网扩大竞争优势，促进互联网的便利化，但同时却忽视了互联网的负面影响，一些网站设置特殊栏目以提高点击率，其中一部分对大学生群体具有较大的负面诱导作用，对大学生的世界观、人生观和价值观产生着较为明显的冲击。对于此，高校应积极发挥引导作用，在主流媒体维度及时对大学生的困惑或不良行为进行引导，将大学生受不良影响的趋势及时控制住。

其次，充分利用网络平台开展网络道德素养课程。高校网络道德素养的教学人员主要由高校思想政治理论课教师和辅导员组成，这些教师可为网络信息安全、网络心理健康、网络礼仪、网络素养等内容开设了优秀的课程，解答大学生在网络中遇到的难题，提高大学生正确识别网络信息的能力和筛选网络资源的能力。与此同时，高校应重视对大学生网络行为规范的教育，将相关内容纳入《思想道德修养与法律基础》课程内容之中，高校教师应注意和总结大学生网络交际活动的特点和遇到的难题，进而结合当前事件和大学生的实际情况，将网络犯罪案例和网络行为失范作为内容引入课堂，使大学生能够判断是非，提高辨别是非的能力，最终认识到高校在预防网络犯罪中的地位和作用，提高学生用理性思维面对和处理网络事件的能力。

最后，要充分发挥严肃游戏的作用。严肃游戏是一种教学形式，它通过对真实事件或过程的模拟来实现教学效果。这种游戏采用娱乐性游戏的形式，允许用户在游戏中接收一些信息，如获得训练或治疗。它的核心目的不是一般意义上的娱乐，而是提供一种引人入胜的、个性化的、互动的、娱乐的新学习体验，从而激发学习者的创造力和创新意识。严肃游戏在道德教育中起着无形的作用。因为它有趣，能使大学生在轻松的氛围中接受教育，对大学生的世界观、人生观和价值观的形成有着微妙的影响。我们可以开发适合中国大学生的严肃游戏，将道德教育理念、行为准则、道德品质等内容融入游戏之中，使教学与快乐相结合，提高大学生在线道德教育的实效性。

第三节　以文化人：网络优秀文化对大学生的正价值引领

从网络新媒体发展的角度看，以文化人的内涵主要是通过网络语言、图片、动画、微视频、音乐等网络文学形式，在网络新媒体中传播主流价值，教育和改变人们的性格，实现思想政治教育目标的达成。这其中，互联网空间中的新媒体是传播载体，以文化人是途径和方法，社会主义核心价值观的教育和传播是目标。

一、优秀网络文化引领对大学生正价值生成的结构图谱

思想政治教育工作者的任务是把社会主义核心价值观渗透到大学生的思想中，转化为大学生的思想和行为；因此，从网络新媒体的角度看，以文化人的基本逻辑是：从文化影响人到网络文化影响大学生价值观，再到优秀网络新媒体文化促进大学生社会主义核心价值观的培育和实践。具体而言，优秀网络文化通过以文化人的体系实现大学生正价值生成的引领，在特征上主要表现为平等性、时尚性和思想价值性。

其中，平等性指在网络虚拟平台中，话语权由官方主导向民众参与扩张，话语模式的灌输功能被削弱，平等的感性表达受到大学生们的普遍青睐。新网络媒体空间中生存的大学生与思想政治教育工作者的交流是平等的，这种虚拟场有助于大学生表达平时不敢说或不能说的话，以虚拟对虚拟的互动作用，弥补"面对面"的局限性，进而增强和实现教育效果。这样的方式有利于思想政治教育工作者把握大学生的思想动态，促进师生之间的真诚交流。

大学生的意识活动大多是感性层面的心理活动，视觉和感性的视频信息能够对大学生产生更为明显的影响，这些影响其中包含的价值观、行为规则和理想目标的被理解和被认识，也即要对这些内容进行时尚性的翻新。要使主流价值观成为大学生信息传递和思想交流的主要主题，就必须实现其写作内容的可视化和理性观念的感性化，并运用娱乐、情感、艺术和时尚等要素来实现话语内容的构成，进而实现思想政治教育从政治宣传向文化传播的转变。

谣言传播、网络暴力、网络粗俗信息等维度的意识形态影响日益加剧，影响着大学生的价值认知。从目前的网络情况来看，郭美美微博的曝光可能导致

红十字会等公益系统的衰落；质疑雷锋等烈士的微信，可能会严重消解一个国家的基本英雄情结。为此，文化人必须坚持积极主动地引导大学生树立正确的价值观。对于高校来说，如果主流意识形态不能占领教育和灌输的高地，它便会被西方媒体所利用；如果不传播先进文化，粗俗信息就会猖獗；如果教学体系不健全，大学生心中就会产生价值迷茫。

二、当前以文化人在大学生价值引领中的困难所在

当前，高校新出现的教育问题和发展趋势不断演变和扩大，传统思想政治教育无法跟上时代的要求，被当代大学生的需求边缘化。因此，以文化育人的宣传教育必须面对当前工作中的瓶颈和问题，找到大学生价值观引领的正确方向。

以文化人引领大学生价值观念的困难，首先体现在价值传播的逻辑与方法相对陈旧。长期以来，传统革命教育的经验和实践使高校思想政治教育稳定而缺乏创造性，其政治导向的作用大于道德教育的作用，在塑造大学生人格、培育社会主义核心价值观方面缺乏心理学和教育学等方面的技术支持。它采用统一的思想政治教育模式，没有充分考虑多样性和特殊性，导致社会主义核心价值观在新时期对大学生的硬性传递与刚性排斥。更重要的问题在于，教条主义、模式化的观念灌输已不能适应新时期德育的要求；在思想政治教育体系中融入积极、时尚、创新的元素，实施"柔性教育"已大势所趋并势在必行。

其次，人员结构和队伍建设保障的欠缺也是导致以文化人引领大学生价值观念困难的重要原因。网络新媒体文化教育需要人、财、物、力、智等多方面的投入，当前，高校知识分子社会主义核心价值观的宣传教育存在着团队建设不到位、组织建设不到位、资源保障不到位等问题。在校园网群中，学生组织、基层文化媒体公司、网络意见领袖等是新网络媒体文化的主力军。然而，高校主流媒体缺乏专业的网络媒体团队，失去了人才核心要素的优势。与此同时，高等学校缺乏囊括涉及宏观学校管理层面的网络文化建设规划与议程设置，这导致相关工作在落实过程中缺乏相应的政策支持和机制保证；随之而来的，相关高校亦缺乏相应的新媒体人才激励与缺乏培训机制，新媒体操作团队的搭建上同样缺乏匹配新媒体时代需求的切实关注。

第三，以文化人的文化产品质量欠缺，也是导致困难的关键所在。宣传教育的关键在于文化载体，即开发创造一大批优秀的网络文化产品，同时对这些

产品的数量和质量进行要求和提升。目前，高校网络文化产品数量不占主导地位，仅依靠图书馆、展览馆、广播电台、校报等传统文化产品形式，即使建立了校级、院系级的网站，由于内容更新缓慢，传播设计单一，要实现年轻学生的价值引领也还是不可能。同时，高校网络文化产品质量不高，没有专业的美术设计师和设计团队，网络信息推送缺乏吸引眼球和促成广泛转发的亮点，深度和创意上欠缺深度。

第四是以文化人的平台设计与建设不够充分，基于以文化人的理念与方法传播和宣传社会主义核心价值观教育需要整合资源，单纯鼓励部分教师进行网络道德教育，或者依靠学生组织宣传，必然地导致实践过程中的合力不足和效果分散。目前，大多数高校社会主义核心价值观教育体系存在平台布局不科学的问题，以文化人的工作在短期内难以得到改善。建设大学官方微博、微信的高校和其他新媒体平台是缺乏互动的，它需要植入一个与其他组织平台内部和外部各种新媒体同步操作的账户，进而形成有效的新媒体矩阵。同时，现有的新媒体平台在品牌建设、声誉排名、影响评估、研发计划等方面缺乏应有的重视、投入和研究。

最后，以文化人的制度建设的健全程度付之阙如，制度体系是提高以文化人传播社会主义核心价值观能力的重要保障。然而，当前高校网络新媒体文化育人的体制机制建设还不完善，各种自发的、零散的网络新媒体工作缺乏制度保障和机制调控。网络新媒体文化工作的快速发展，必须依靠系统机制的稳定性来规范网络新媒体的行为。在传播价值观的过程中，以文化人传播的方向、范围和深度的确定，离不开一套完整的体系，没有适当的规章制度，就会导致以文化人的工作缺乏规范性和科学性。

三、优秀网络文化引领对大学生正向价值发展的可行路径

面对当前以文化人引领大学生价值观念的困难，针对性地提出对策，聚焦为以优秀网络文化引领对大学生正向价值发展的可行路径。首先，以内容丰富为对策，加强氛围熏陶成为第一关键。坚持以内容为根本，以技术为依托，加强线上内容供给，将线下文化内容融入线上展示，实现以文化人的双向陶冶。注重校园软硬环境的改善，将智育、美育和网络道德教育相结合，注重校园网络文化的熏陶。应该充分发挥卓越模范的示范作用，积极开展评选活动，如面向以文化人主体的"我最喜爱的好老师"和面向以文化人客体的"大学生自强

之星"等互联网活动，借助网络新媒体，宣传优秀校友的励志事迹，宣传同学们的善举，营造大学生向上友爱的氛围。充分发挥传统文化的教育作用，增加网络文化课程、长微博等教育活动，消除对传统习俗的疑虑，增加网络社会的中华文化覆盖率。鼓励大学生创作反映中国文化历史的网络文化作品，增强大学生的文化自信和价值自信。

其次，强调运营的中心思想，强化网络平台调控。这种运营必须在思想上是创新的，文化传播的内容和主题必须具有思想深度、教育意义和价值核心，同时文化传播的语言外壳和媒介形式要多样化，创新亮点要始终融合，并以此保持对大学生的创新吸引力。运营应该是有节点感知的，网络新媒体时代的裂变传播更加巧妙、及时、全面，要在五四青年节、国庆节、公祭日等重大时间节点上，大力开展爱国传统教育，突出热点活动的运作。要坚持规范运作，做好网络新媒体的日常管理工作，重点是加强规章制度建设，加强网络文化教育辐射。例如，可以制定和实施《高校微博管理条例》《大学生网络文明公约》等文件，规范网络岗位建设，规范网络文明行为。可以建立微博微信管理运营中心，建立网络新媒体人才培养基地，建设网络新媒体研究中心等，实现工作基础的立体式夯实。

再次，新网络媒体视域下实现以文化人的渠道开拓是关键。要主动占领网络高地，加强易班、微博、微信、微视等平台建设，让社会主义核心价值观教育超越时空限制而直面大学生，使得网络新媒体成为传播社会主义核心价值观的"新堡垒"。特别是结合各高校特点，嫁接行政职能、加强学校专项平台的建设。借助网络教育平台，发展高质量的教育方法。收集和播出一批高质量讲座、大型网络公开课等课程，拓展移动和视频传播教育渠道，使互联网技术能够保障社会主义核心价值观的传播。扩大积极、正面的声音，充分发挥专家学者、政治干部和网络宣传人员的作用，增强主动发声能力，带动"沉默的大多数"发挥领导作用，扩大社会主义核心价值观宣传教育的覆盖面和影响力。

第四，针对文化创新不足问题，进行方法和载体创新，满足大学生价值引领的时尚性满足。应该贴近年轻人的特点，实现文化的按需供给，积极开发网络文化产品，将社会主义核心价值观推广融入时尚元素，将抽象概念具体化，让枯燥的理论变得有趣，增强社会主义核心价值观教育的吸引力，要善于把社会主义核心价值观用卡通、FLASH、沙画、古玩图画书、动画等大众化的方式包装起来，让年轻人去传播社会主义核心价值观。紧跟工作热点对网络活动进行科学设计，为了增强网络文化活动的凝聚力，传统的工作将以一种系统的、有意义的、有趣的方式进行，如开展"校园好声音"视频展示、"吉尼斯世界纪录校园行"大赛、"校园好榜样"微电影创作等活动。充分利用互联网技术服务于大学生的成长，实现学生与院系、院系职能部门的多方位沟通，及时解决学生的思想困惑，把学生的意见作为学校改革的重要支撑。实现从管理学生到服务学生，再到学生参与学校建设的转变，构建现代大学体系，使学生真正成为学校的主人。

最后，依托保障激励措施保持以文化人的系统工程的系统活性。强调团队的培训和沟通，加强对网络新媒体运营团队的业务培训，聘请思想政治教育学术专家、新媒体企业管理和技术人员担任顾问；与政府的宣传教育部门开展合作与交流，提升网络新媒体管理能力。跟进工作保障情况，应在高校组织结构、人才选拔、激励机制等方面提供政策支持，在办公设施、软件配置、人员薪酬等方面提供便利。应该综合引进研究型和实干型人才，充分调动通信、教育、计算机等领域的科研人员，形成立体智库，为决策和实战提供参考。加强团队的激励和保障，进一步完善激励和评价机制，试图增加网络文化的贡献指数，和制定高质量的溢价支付的方法，如相同的奖励标准政策咨询建议，优秀的网络文章将被纳入科研成果、评价和聘任体系，并建立单独的评价指标，形成良好的激励导向。

第四节　责任依据：大学生网络社会责任生存的理论支持

比尔·盖茨认为网络的普及和使用，逐步消除或重新定义了社会之间的界限，从而加强了人与人之间的交往和文化的交流。同时，网络的生活方式也突破了许多我们原本认为是理所当然的限制。的确，互联网技术和网络的普及，使得普通人也可以建立自己的网页，最弱者也可以发出自己的呼声和发表自己的见解，任何人都可以在网上在最短的时间内发表自己的见解和观点，并在瞬间传播开来，同时也可以最短的时间内看到网上的其他的新闻和信息。人们之间的交流可以免去原来的许多中间环节（中间的必要环节只是一台联网的电脑），在这种情况下，社会中原有的垄断和权威就会不攻自破，社会结构将更加体现——对等的人与人之间的关系。

一、作为网络责任生存的道德自觉预判

相对于传统社会，对个人而言平等和公平在一定程度上将得到进一步的体现。作为比尔·盖茨所说的网络生活方式对传统社会限制突破的凸显，这是科学技术的力量的体现，也是它给个人和整个人类带来的福祉。但是，互联网技术和网络的普及所带来的问题不仅已经浮现，而且也呈越来越严重的发展态势。其中最为严重的问题就是上文所讲的计算机犯罪问题。当然，互联网技术本身并不是问题的根源，我们至多只能把计算机犯罪归结为互联网技术的第三者效应，或者像尼葛洛庞帝所说的那样，"每一种技术或科学的馈赠都有其黑暗面"①。对于计算机犯罪问题，毫无疑问，我们应该加快并完善相关的立法，才能对它进行有效的打击。而互联网技术和网络的普及所引起的道德约束力的削弱问题则不得不引起我们的重视。首先，一方面，网络的世界对于有些人来讲，又是另外一个世界，或是一个网络社会相对于现实的物质世界，鼠标和键盘是网络社会里实现目标的重要手段，似乎这与现实社会的任何道德规范和伦理价值并无瓜葛，久而久之，就习惯成自然，道德规范的约束力也就自然地减弱了。另一方面，对另外一些人来讲，良莠不齐的爆炸性的源源不断的网上信息也使他们有可能在不假思索的情况下就加以吸收，使个人的理性分析能力和道德判断力逐渐下降。其次，虽然信息化和网络生活方式是否会使人类的生活非人化的问题还在争议和有待证明，但毋庸置疑，它已经给人类的生活带来了深刻而深远的影响。一切都在变动当中，在这个角度看来，原有道德规范的力度减弱也是一种改变，属于正常的情况。接下来的问题则在于如何寻找适合于网络生活方式的伦理和道德。因为过一种道德的生活正是人类生活的最本质的特征之一，即使是在信息的时代，人类的生活同样也离不开伦理和道德的支持和依托。不可否认，寻找或形成适合于网络生活方式的伦理价值的过程必然不会在短时间内完成，那么，如何来弥补由于互联网技术的冲击和网络的普及所带来的道德规范的力度削弱的问题呢？

在这种情况下，唤醒个人的道德自觉就显得尤为重要了。首先，因为在网络时代，法律和公开的社会道德舆论对个人行为的监管已经不像原来那么容易，因为任何一台联网的计算机都可以成为人们发布信息或犯罪的工具，在时间和

---

① ［美］尼葛洛庞帝：《数字化生存》，胡泳、范海燕译，海南出版社1997年版，第267页。

空间上要加以限制和监管是非常困难的，因为在时间上有瞬时性，而在空间上则有变动性。因此，在做与不做、如何做的问题上，决定权完全在个人手里，由此可见，人的道德水准和道德自觉在这种情况下的作用是非常大的。换言之，在很多情况下要完全靠人的道德自觉性来对自己的行为进行规范和约束。如果个人没有了对自我的道德自觉和约束，那么，犯罪或违反社会规范的事情就随时都有发生的可能。其次，互联网技术正在逐步地改变着原有的社会结构，知识、信息、技术在顷刻间可以赋予个人力量和财富，从而改变个人的命运。总之，网络时代给人们带来了无数的机会，同时也给个人和社会带来许多潜在的危险。因为对那些掌握和精通互联网技术的人来说，坐在一台计算机前，稍不留神或心术不正，就有可能在瞬间作出对个人和社会都危害极大的事情来。例如目前计算机犯罪中有的是有意，而有的则是在贪玩和无意之间就铸成大错，后悔莫及。因此，对当前的在校的青少年和在岗工作的青年，我们都应该大力加强道德与法制的教育，唤醒他们对自己和对社会的社会责任感，使他们能够自觉地规范和约束自己的行为。因为"青年道德水平的提高和社会责任心的加强是预防青年计算机犯罪最为有效的措施"①。否则，随着电脑网络的迅速普及与发展，它对青少年以及对整个社会有可能造成的危害将是难以估计的。互联网技术给社会带来的结构性风险随时可能被释放。

二、技术革新引致的道德理论改革

总之，互联网技术对于人类的积极意义在于它冲破了原有的许多社会限制，更进一步解放了个人，使个人拥有了更多的机会和权利。但我们知道，人的权利和义务总是对等的，在获得权利的同时也会相应地增加人的责任和义务，这是毫无疑问的。你享有了这个权利，你当然就要负起相应的社会责任，这应该成为人们的一种道德自觉。换句话说，在网络时代个人发展的机会多了，而且拥有了在网上自由地发表意见和接收信息等权利。因此，在某种程度上，人们比以往获得了更多的权利和自由，相应地他的社会责任当然也会随之而增加。我们知道，萨特早就论证了自由与责任的不可分割性。因此对个人道德自觉的要求，可以说是网络时代的一种伦理的必然发展。道德文明和进步的最终意义也在于人的道德自觉性的不断发觉和人的良心的发现。这也就是道德的发展不断地由

---

① 赵祖地、周其力：《计算机犯罪与道德建设》，载于《道德与文明》1999 年第 4 期，第 25 页。

他律走向自律的必然的过程。陀思妥耶夫斯基认为人也只有达到发自内在的道德自律，才能获得一种伦理学意义上的自由。孟子所说的"人有鸡犬放，则知求之；有放心而不知求。学问之道无他，求其放心而已矣"① 的真义也就在于此。

我们都已经意识到，人类正在进入一个新的时代，"向信息社会的转变与以往的技术革命或由技术创新引发的革命的最大不同之处，就在于它不只是限于传统的物质领域，而同时又是文化领域中的革命"②。也就是说信息文明不仅改变着人类的生活方式，而且也改变着人类的思维方式。显然，人类的道德实践和伦理理论思维也在发生改变。伦理思维上最为明显的改变就是现代伦理学的兴起和发展，促成了伦理学由传统伦理思维的道德命令向现代伦理思维的道德关怀的转变。这一转变的深刻意义在于对个体道德自觉性的重新发现与回归，并由此拓展了人的道德生存空间③。

伦理理论和思维上的另一个转变应该是，人们将更加注重诸如正义、公平与公正等具有普遍意义的伦理规范与伦理价值，同时也会更加注重公共道德的价值。换言之，最一般性的规则将更受人们注重。因为在全球化和网络时代，"交往、文化与公共性问题必将成为人类必须面对的主题"④。在不同的国家、民族、社会团体和个人间的这种频繁的和全方位的交往过程中，显然，公共道德是十分必要的。同时像公平、公正、正义等具有普遍意义的伦理规范和伦理价值也必然会越来越显示出其重要性，因为这些具有普遍意义的伦理规范与伦理价值一直都深深地根植于不同文化传统的民族和个人的思想和文化当中。它们是个人、社会团体、国家得以立足的根本所在。所以也能够广泛地为人们所接受。如果把它们作为普遍伦理的主要内容和重要规范，应该比较容易在不同国家的人们之间引起共鸣。

三、道德宽容的理论对策

道德宽容是另一伦理发展的趋势。道德宽容一方面体现在各种现代伦理学流派的兴起和发展上，这表明面对变动和日益复杂的社会环境和人类处境，人

---

① 《孟子·告子上》。
② 朱葆伟、金吾伦：《社会的信息化与观念变革》，载于《光明日报》1997 年 11 月 22 日。
③ 马云驰：《应当与是——从道德命令到道德关怀》，载于《深圳大学学报（人文社会科学版）》1999 年第 3 期，第 55 页。
④ 任平：《新全球化时代与 21 世纪公共哲学》，载于《新华文摘》1999 年第 8 期，第 32 页。

类正尝试寻求各种新的伦理和道德理论的解释和指南，从而为人们的生存提供理论的解释和支持。换句话说不同的人有不同的处境，同一个人在不同的时间其境遇和际遇也不同。但他们都可以在相继兴起的各种不同的伦理学流派中找到为其行为和生活提供支持的理论依据。道德宽容的另一方面则体现在，面对现实的道德问题时，人们不再以不变的道德规范作为唯一的判断标准，而是更多地考虑到人们当下的处境或实际的际遇。我们可以看到，在现实生活中，很多在过去看来是要被人们从道德上加以指责的事情，现在的人们却表示了理解和宽容，不再从道德上加以指责。也就是说，面对日益复杂的世界和生活环境，人们深感个人的压力和负担，因而表现出了更多的理解与宽容。而道德上的宽容又为普遍伦理的建立提供了必要的人文环境。因此建立普遍伦理不仅是现实的需要，而且也具备了其所需要的物质和文化的条件。

　　总之，在这里我们显然无法列出伦理发展的所有趋势，因为一切还在形成和发展之中。需要指出的是，我们没有理由因为全球化与信息化所带来的冲击而造成的暂时的社会问题和伦理问题而感到悲观，相反，我们应乐观地来看待这个问题。因为随着外在的他律（法律、社会道德规范等）作用力度的减弱，在困惑和无序的疑问和寻找当中，人们可能会慢慢地发现并转向依靠自己内在的道德力量，这也就是人"求其放心"的过程。人们发自内在的道德自觉，这才是道德文明的真正进步。而且前面也已论证，对个人道德自觉的要求是网络时代伦理发展的一种必然。我们知道伦理的有序和社会的有序在任何时候都一方面要依赖硬件的法律和法规，另一方面也要依赖软件的社会道德规范的约束，而我们知道道德对人的约束在很大程度上则要依赖人的道德自觉。既然道德自觉是网络时代伦理发展的必然趋势，而且我们也已经从观念上意识到这一点的话，那么，我们有理由相信，经过全球化和信息化的冲击和洗礼，我们社会的伦理必将能够从无序走向有序，从混乱走向整合。我想学术界讨论已久的中国伦理重建的真正意义也大半在于此。也就是说伦理重建的意思并不是说要重新建构一套新的伦理道德规范和价值，因为那也是根本实现不了的，因此"重建"的意思主要应理解为要使我们的社会重新回到伦理的有序化当中来。

　　最后，全球化与网络时代是一个交往的时代，也是一个开放的时代，是机遇和危机并存的时代。传统的观念和价值正不断地消融于正在产生和形成的新的观念和价值当中，这是必然的发展趋势。在这种发展趋势当中普遍伦理与普世价值必然可以呼之欲出，"全球普遍伦理可以在各种国际组织的积极推动下，在世界大众意识的层面上逐渐建立起来，从而形成人类对待和处理全球问题的道德自律"①。同时，即使是网络时代，互联网技术所能改变的也只是我们的生活方式和思维方式，但绝对不可能改变我们作为人的事实，而且"无论数字技术如何更新换代，它最终都是人的一种有意识的意义活动"②。每个人都不应该忘记他始终是责任主体和道德主体，"至关重要的是在网络社会中传承卓越的人类的善与道德，它们是实现人类繁荣的基础。网络社会的终极管理者是道德价值而不是工程师的代码"③。因此，伦理与道德仍然是网络时代人类生存（数字化生存）最终的和最深层的支持和依托。

第五节　责任可能：大学生网络社会责任生存的现实基础

20世纪70年代，英国计算机学家E·K·科德首提大型数据共享网络的关系模型，并以此引发了计算机研究和应用领域的高度重视与广泛参与。这一模型基于计算机编译程序设计而将规模巨大、种类多样的差异性数据加以整合，使得时序数据、截面数据、面板数据等不同类型的数据能交互应用和佐证，从而实现描述数据库、设计数据库和操纵数据库的搭建。随着网络终端信息在不同领域的全面被感知、被收集、被分析和被共享，以个人计算机所代表的端口平台逐渐被"万物互联"的移动云共享平台所取代，大量信息数据处理成为大数据的显著特征。

一、从常规社会到"陌生人社会"的伦理关系转向

如果"大规模"数据检索的应用更加抽象，那么从几个基本的计算机字节存储单元来看，存储一首编译转码后的大众歌曲大约需要5兆字节的内存空间，存储一部一小时左右的蓝光高清数字电影大约需要2千兆字节的内存空间，存储一个中大型图书馆大约需要1万亿字节的内存空间，而现今的海量资料数据

---

① 高扬先：《关于建立普遍伦理的思考》，载于《人大复印资料（伦理学）》1999年第1期，第60页。

② 欧阳友权：《数字媒介的人文性思考》，载于《社会科学战线》2008年3期，第153页。

③ ［美］理查德·斯皮内洛：《铁笼，还是乌托邦——网络空间的道德与法律》，李伦等译，北京大学出版社2007年版，第49页。

库在信息容量上已然跃升至千万亿字节的级别；也就是说，大数据信息处理的基本单位等于一千个大库的信息总和。根据戈登·摩尔所提出的半导体集成电路的定量性能增长定律，到 2020 年，信息处理的量级预计将超过兆万亿字节以上级别。如此大量的信息处理既标志着互联网技术的飞速发展，也导致网络产品的生命周期在不断、加速地缩短，而其使用成本也在不断下降，进而使得信息应用日趋流行。

与网络时代前的文明时代相比，我们处于由电子网络建立的信息文明时代。在这个时代，基于数字互联网技术的不同主体之间，已经形成了一种新型的伦理关系。这种新型的伦理关系整合了现有的社会行为和交往方式，并将以前的虚拟网络关系重新定位为现实生活；而互联网信息以"制造—传播—再制造"的循环方式不断相互作用，各种原本不受关注的社会问题和现象在万物皆上网的时代受到了最大限度的即时关注，并由此而生成了巨大的社会舆论场。与过去的熟人社会中的"人与人，人与社会"关系不同，由于互联网的介入，信息文明时代的伦理关系已转变为"人与虚拟人，虚拟人与现实社会"的关系。在虚拟身份的帮助下，熟人社会的道德约束不断削弱现实生活中的人们交往，在网络社会中陌生人的社交互动中，网络信息获取者的主观性正在增加，这为个人主义的蔓延提供了温床。网络已经成为一些人表达对现实的不满的地方，同时，由于缺乏对大量信息的合理筛选，大多数人在不知道为什么的情况下评论和转发了网络信息。在某种程度上，它伤害了个人并在现实生活中引起了恐慌。但网络社会不应是"谣言之地"和"垃圾场"，净化网络社会和规范网络伦理秩序已经成为时代的需要。

二、从"实证思维"到"伦理思维"的思维转换

在网络时代前的文明时代，唯心主义和唯物主义都将经验主义视为知识的基础。大量、即时和可访问的数字信息使对大样本进行实证研究并形成对数据的新理解成为可能。在信息文明时代，人们在质量、数量和程度上的"数量"都超过了"实证小样本"抽样研究的范围，使得这一时代的研究一切都在"数"中。实践是马克思主义认识论所指出的把握世界的基本方式，它是基于许多普遍的和有条件的因果关系而阐释的。在小样本时代，人们受制于信息封锁和数据稀缺，随机样本抽样研究在现有数据研究方面做了很多工作，特别注意小样本数据样本采集的研究程序的科学设计以及调查结果分析的准确性。

在数据共享时代，研究人员可以根据自己的意愿获取所需的几乎全部数据。面对海量数据，如何适应复杂多变的大数据环境，掌握数据信息研究的总体方向已成为研究人员的迫切需求。综合原因和多重结果是大数据时代事物复杂性的体现，在研究事物的因果关系时，我们应注意事物之间的相关性，并确定在事物之间的互联以及研究涉及的内容就显得尤为重要。从某种意义上说，大数据时代已经超越了用于发现因果关系的方法或途径，但又没有超越因果关系本身。因此，如果我们进入物理世界和现实生活，我们将无法满足于数据本身，而是要在对数据的分析和处理中获得满足；这一过程的核心意义还在于，将粗糙的知识转化为智能知识，并预测现实生活中将发生的事件。在大量的实时和当代样本中，人们通过前所未有的准确、科学和可靠的思维方式考虑着"我该怎么办"的道德问题。

经验和实证在研究方法上的统一大大增强了人们对技术的依赖。在大数据时代，技术领先者将居于时代发展的最前沿。在网络时代初期，网络核心技术被欧美发达国家所垄断，这种技术垄断使它试图通过技术优势向其他国家输出资本主义的"普遍价值"，从而促进"色彩革命"。一些互联网技术人员则利用技术优势来进行网络犯罪，并对他人的合法权益进行侵犯。"技术产生什么影响，服务于什么目的，这些都不是技术本身所固有的，而取决于人用技术来干什么。"[1] 在作为方法论的经验与实证相互统一的时代，技术研究手段和成就正以前所未有的速度发展，但如果少数国家使用技术来促进霸权主义，而个人使用技术来进行网络犯罪，那么由互联网技术实现的伦理思想转变也将成为社会伦理的重担。

三、从"物质文明"到"信息文明"的迭代

信息文明作为人类文明发展的新阶段，它业已构建了更加完善的文明体系。通过传播主体与传播客体之间的交互关系，使信息与资源之间的关系更加清晰，实现了信息资源的有效结合。可以得出结论，信息文明是物质文明的高级阶段，它通过信息共享最大化了物质的实用性。如果说"共享"是信息文明的本质属性，那么物质文明的属性就是"独享"和"分享"，按照文明的阶梯发展性，"共享"是"分享"的高级阶段。从文化和语义上的区别来看，"分享"强调了

---

① 王天恩：《重新理解"发展"的信息文明"钥匙"》，载于《中国社会科学》2018 年第 6 期，第 26 – 49 页。

对不同个体对物的部分占有，而"共享"则强调了对不同个体对物的整体的分别占有①。在物质社会的传统意义上，随着物质资源份额的增加，单个控股公司的数量一直在减少；当物质社会发展到信息文明社会阶段，物质资源与不同个体的共享使得事物使用的最大价值得以实现。

马克思曾指出，上衣不会与上衣交换，一种使用价值不会与同种的使用价值交换，以明喻形式探讨了交换两个相同的对象是没有意义的，一如马克思所指的"不交换"是对象的用户不会交换相同的使用价值。在传统的物质社会中，事物的可用性和人类需求相对单一，"物质—使用—需求"的简单整合使得对有用性的单一需求成为理所当然的事情。这似乎是信息文明共享社会中的一个悖论，但是打破这种悖论的正是信息资源的共享特征。

需求是人们赖以生存的基础，如果将人们的需求以等级进行划分，级别越低的需求在垄断性上就越明显，能实现双赢的需求往往等级更高。在大数据时代，相同类型的数据通过网络媒体传输到不同的客户端，这些客户端根据不同的需求级别使用不同的信息资源，并通过共享最大化这些信息及信息后物质资源的价值。

例如，低级需求就像一个大饼，分享的人越多，个人获得的分享就越少；而高层次的需求就像一个网络平台，参与的人越多，平台的价值就越高、而个人也将获得更多有用的信息，这种共享、共建和共存的方式是信息文明存在的基础。资源共享的共享形式使过去的事物超出了空间边缘域的范围，因此可以最大程度地满足需求，并且可以最大程度地发挥事物的效用。但与此同时，事物的信息化或信息的实体化使所有信息都被商业化，包括个人隐私、知识产权和其他以数字方式所表征的私有财产，在侵犯知识产权、侵占个人隐私、电子商务欺诈行为时有发生的情况下亦成为时代热点问题。

第六节 内生超越：大学生虚拟生存的社会责任理想境界

大学生虚拟生存的社会责任理想境界，是指在现实社会和网络社会的主观和客观条件下，在一定的科学预测的基础上，通过一定的教育活动实现一定时

---

① ［美］艾伦·伍德：《黑格尔的伦理思想》，黄涛译，知识产权出版社 2016 年版，第 319 – 321 页。

期内的教育者所能达到的预期效果；它是根据社会发展的现实要求和受教育者精神世界的发展需求而建立的。在大学生的虚拟生存中，理想境界的实现是一个循序渐进的过程，它是根据受教育者思想道德的形成规律发展起来的，最终满足教育者的客观需要，使教育内容在心理上得以内化和外化。大学生虚拟生存责任领域的设置是基于现实需要的，因此，教育活动在不同的时空上属于不同的阶段，必然会达到不同的阶段效果。

一、虚拟生存的社会责任的认知境界

大学生虚拟生存的内容认知，是指受教育者在教育活动中，在获得网络信息所承载的教育内容后，经历了信息感性和理性思考、分析和处理的过程。大学生虚拟生存的内容是现实社会和网络社会的反映。网络社会的构建是以现代互联网技术和通信技术的发展为基础的。它不仅是现实社会存在的网络影像，也是网络社会存在的数字化形态，或者说它是两者高度融合的产物。因此，对大学生思想道德素质的要求，既是对社会现实的映射，也是对现阶段网络社会责任需求的表达，坚持以虚拟生存为内容的社会责任论，在社会主义核心价值体系的基础上，以马克思主义作为指导思想，是我国意识形态领域的教育本质，包括各种具体内容。大学生虚拟生存的内容规定也要与之相匹配，教育内容包括引导大学生的世界观、人生观、政治观、道德观、价值观等，并由此延伸出理想信念、人生价值观、法律基础、心理健康等内容，大学生在虚拟生存活动中通过接受对责任教育内容的理解和认知来传达教育信息，形成对责任教育内容的认知，借以实现虚拟生存责任的基本功能。

在网络思想政治责任领域，教育内容的认识是初级境界，这一境界地位的确立，主要依据的是认知功能以及受教育者思想品德形成规律。认识是人们通过思维活动过程认识客观世界，从马克思主义认识论和认知功能的角度认识思维活动的功能，通过大脑感知材料的加工思维，形成理性的知识，并完成了认知过程的第一次飞跃，形成了现阶段的认知；这种对实践的理性认识，完成了认识过程中的第二次飞跃，因此，认识行为处于认识过程的中间关键环节，恩格斯在自然辩证法中将这种思维比作地球上最美丽的花朵，强调思维的积极作用，人类认识的积极创新在走向客观世界的活动中，其重要性不言而喻，所以在受教育者的思想品德形成过程中，认知是知情意信行过程从知到行的第一步。

大学生虚拟生存的责任培养有助于大学生树立符合社会要求的观念，做出

符合社会要求的行为。大学生的虚拟生存从现实中社会对社会成员的要求出发，在此基础上设置的教育内容应符合当时的社会现实，因此必须能够提取出一种相对静止的状态。然而，从思想道德形成规律的角度看，教育内容的认知不仅是一个动态过程的起点，而且作为社会需求的显性表征，认知内容的形成取向也在发生着动态的变化。大学生在日常生活中会产生诸多的心理和思想上的问题，诸如处理网络人际的问题、对网络舆论的态度问题、对政治和国家的认识问题等等。要解决这些问题，就要以认知的教育内容为指导，解决大学生实际遇到的问题，满足大学生自身实际问题的需要。大学生需要了解虚拟生存责任的内容，妥善解决问题，消除思想和心理困惑。因此，对这种目的性进行有针对性的把握，成为教育主体对教育对象开展教育活动的切入点和初始动力，并进一步围绕大学生的实际需求，把根据实际情况制定的教育内容呈现给大学生。在这样的目的和动机下，更容易让大学生形成对虚拟生存责任的充分认识与理解，也使学生接触虚拟存在的主体和客体，对虚拟生存中所处的环境产生全面认识，这一初始境界的有效发挥，为大学生虚拟生存责任的提升奠定了基础。

二、虚拟生存的社会责任的素质境界

提升大学生的虚拟生存能力是大学生虚拟生存的次级境界，国家是在对大学生教育内容充分了解的基础上，在接下来的教育实践活动中针对大学生自身的需要使其反思自身的实际情况，正确认识自身的社会地位和作用，提高自身素质和能力，一如马克思所言，人的本质力量是人类所具有的一切能力的总和，社会应追求的人的自由而全面的发展。从个体能力发展的角度看，就是使人的能力得到全面解放，人的素质得到全面发展，人以一种全面的方式，也就是说作为一个完整的人，占有自己的全面的本质①。在大学生的虚拟生存活动方面，大学生作为网络社会各种活动的主体，其个人行为将对社会环境产生重大影响。因而，促进教育对象自身各种素质的发展，提高他们的思想道德素质，规范他们的行为，对于网络社会的稳定健康发展也具有重要意义。作为大学生虚拟生存的重要责任内容，在大学生个性的影响下生活在虚拟世界中的大学生发展可以分为几个基本层次：一是思想政治素质的发展，包括大学生的发展和自身健康正确的思想政治、思想素质和道德品德的形成；第二是提高大学生的智力素

---

① 马克思、恩格斯：《马克思恩格斯全集》（第42卷），人民出版社1979年版，第23页。

质，其中包括提高大学生的知识和能力；第三是大学生心理素质的提高，包括情感兴趣和意志力的提高。

这三个方面的素质从不同方面影响着大学生能力和个性的发展，形成一个有机整体。在这个体系中，大学生的思想政治道德素质在大学生个人素质发展中起着价值导向的作用。大学生的智力素质在思想政治道德素质和心理素质中处于根本地位，它是大学生个人素质发展的基础，也是影响个人素质发展的重要因素。大学生的心理素质是影响大学生个体素质的精神因素；道德素质的发展使智力素质和心理素质的发展步入正轨；智力素质的发展可以帮助人们正确地理解道德，提高心理素质；心理素质为道德和智力的发展提供了强有力的内部支持。大学生个体素质的社会发展，除了促进内在因素外，还受到个体素质发展体系相互影响和相互作用的影响。社会实践活动中的每个人，通过不断的信息交流和外部环境，可以达到提高自身素质的目的。大学生的虚拟生存活动，是基于社会现实和网络的主客观因素，社会根据社会发展的需要，在与外界交流信息的环境中，以及发展个人素质的过程中，教育内容以网络信息的现实性和社会性形式出现，反映了现实社会的客观要求。

大学生在虚拟生存活动中受到教育和形式认知，在这种社会要求的特定框架下充满了社会的印记。因此，大学生虚拟生存的次级境界，是在初级境界实施的基础上得出的，从初级境界到次级境界的渐进过程中，对教育内容的认识使大学生个人能够实现自我协调和应对自身与外部环境之间的关系，正确认识和定位自我在社会中的作用，使能力素质得到提高。另一方面，由于网络的匿名性和分散性，也使得大学生更多地对自身行为进行积极的意图练习。同时，虚拟生活增加了大学生对身份的认同感，丰富了大学生自身的参考框架，使其身份呈现出多重状态，因此，大学生在特定的虚拟生存活动中，次级境界设定需要考虑大学生身份的多样性，并针对不同类型的大学生建立相应的责任感，以建立成熟的人格意识和统一性，从而使大学生在交往和外部社会环境中提高自身素质。

三、虚拟生存的社会责任的价值境界

大学生虚拟生存的进阶境界，应立足于学生对教育内容的认知和自我能力的提高，实现教育价值的意义内在化。通过教育内容的识别和价值体系所要求的现实贴合，大学生得到相应的发展，这个价值系统的运行，通过前两个层次

的意识形态和政治责任的交织，从而使社会主义核心价值体系主导整个网络社会，进而起到主要网络文化中各种社会思想的价值观引领作用。这也是大学生虚拟生存价值意义的实现方式，它显现出这一意义实现的阶级性、时代性、先进性和开放性，其中，阶级性体现在马克思主义理论和中国马克思主义理论中；时代性本质在于新形势下社会发展和社会需求的发展；先进性体现在吸收和容纳上，事实上许多世界先进文化被赋予了符合中国意义的价值；开放性体现在保持基本核心稳定，呈现出不断完善发展的体系状态。

在随时随地进行的思想政治教育活动中，既有价值诉求，也有价值实现，二者统一在教育的境界之中，在虚拟生存意义价值的实现过程中，围绕社会主义核心价值观对其加以展开，反映和满足了大学生自己在价值观上的需求，是在教育活动中对大学生的思想观念、道德规范等进行要求的内在的依据。网络社会有许多不同的思想和文化，由于不同的成长和生活背景，每个大学生都具备差异性的价值观，这无形中增加了社会主流意识形态传播和认同的难度。差异也为社会中新兴的思想和文化的迅速发展提供了可能性。网络社会中不同的群体有着不同的价值观，大学生一旦遇到新思想的冲击，往往会根据自己的价值观进行判断，并根据判断结果的相似性形成内部群体和外部群体。在这种状态下，他们更愿意相信群体中其他个体传递的信息，这使得一些新的社会群体得以形成。价值观传播过程中存在各种思想和文化，这类似于一个封闭空间的墙，信息的传播在这个空间会产生回音室效应，以便快速积累和扩大影响，形成一个社会趋势的思想。对于众多不同社会潮流的支持者来说，大学生虚拟生存的进阶境界不是要建立相同的同质化价值观，而是要寻求尊重网络社会文化和价值观的差异，进而建立以社会主义核心价值观为主导的价值体系。

大学生对社会生活的价值感知基于个体身份的价值感知；而大学生在个人素质提高后，其个人价值意识也会增强。次级境界作为进阶境界的前置境界，从这个层面上看，随着教育活动的深入，大学生从个体身份的价值认同发展到社会的价值认同，进而发展到民族国家的价值认同。所以，大学生虚拟生存的进阶境界基于社会主义核心价值观又呈现出阶式价值认同的境界。第一个层次是个体层面的价值认同，表现为对爱国、敬业、诚信、友善四种价值观的认同；第二层次是社会生活层面的价值认同，表现为对自由、平等、公正、法治价值的认同；它是一种国家和政治层面的价值认同，体现在对富强、民主、文明、和谐四大价值的认同。这几层认同构成了教育价值意义的境界体系。因此，当教育内容能够满足大学生作为教育参与者的内容消费需求，满足网络社会的发展要求时，才能实现大学生对教育内容的消费，教育的价值才是可能实现的。

四、虚拟生存的社会责任的实践境界

大学生实践行为的呈现是大学生虚拟生存的高层次领域。它是大学生教育内容在教育活动中的外化表现。在大学生虚拟生存的四个层次中，既有内在的领域，也有外在的领域。初级境界、次级境界和进阶境界是教育过程中不同阶段的内化境界：从大学生对教育内容的知识认知，到自我的反思和内在素质的提高，都升华为对教育所表达的意义价值的认识。整个内部化过程反映了系统的完整性和程序性。其中，大学生对教育内容的认知理解是内化过程的第一步，它是整个内部化行为的出发点，从根本上确立了内部化活动成功的可能性；大学生自我反思和内在素质提升是内化过程中的第一个中间环节，为整个内化过程提供了动力；对大学生所表达的教育价值意义的认识是内化过程中的第二个中间环节，它规定了内化过程的合理路径，保证了整个内化过程的连续性。

大学生实践行为的呈现作为高级境界，是建立在前三个境界的基础之上的。与其他教育活动一样，大学生的虚拟生存也需要将内化的思想转化为外化的行为。教育只有表现出外化行为，才能达到相应的效果。大学生虚拟生存过程的内化和外化是两个不可分割的环节，是一个连续的、循环的发展过程。从现实意义上讲，它既没有起点，也没有终点，是一个动态的发展变化系统。内部化是大学生虚拟生存的基础。没有内部化，就不能发展为外部化。外部化是根本，大学生虚拟生存的最终目标是在网络环境中塑造网络消费者的良好道德素质①，良好网络思想道德的外在表现形式是大学生良好实践行为的表现。可见，大学生虚拟生存的内容内化活动产生于心中，外化活动产生于实践中，关键的落脚点在于实践。

一如马克思所言，人的思维是否具有客观的真理性，这不是一个理论的问题，而是一个实践的问题。人应该在实践中证明自己思维的真理性。思维认知活动的最终目的在于实践。在大学生的虚拟生存过程中，教育内容传递得成功与否最终将通过大学生实际行为的呈现来进行检验。大学生对教育内容的认知作为内化过程的起点，也是网络价值观引领链条中知识、情感、意图、行动的

---

① 吴满意：《论高校大学生虚拟生存的内化与外化》，载于《理论与改革》2006 年第 4 期，第 150 页。

来源；经过四个层次的逐层推进，从知识到评价标准的成功转化落在实践的检测标尺上。因此，实践在这里具有双重内涵：既是目的又是手段，既是大学生虚拟生存的高层次境界，也是检验责任境界达成的判断方法。由此可见，引导和促进大学生对教育活动中的观念形成正确的认识，是一项技术性的意识形态传播活动。建立相应的思想不是教育的终极境界，更重要的是将精神层面的思想观念外化到物质层面的实践行为表现中；而正是在上述四层境界的逐步引导和实现中实现的。另一方面，认知的过程是从获得感性材料的实践活动到感性认知的初步形成，通过理性分析产生相应的认知，最后从认知回到实践。因此，大学生思想政治观念的外化所形成的精神层面的内化结果，转化为物质层面的实践层面，是设定在一个较高的层次上的，符合认识规律的境界。

第五章

虚实耦合：网络时代中大学生社会责任之生成机理

论及人之道德是否得以在网络虚拟生存中生成，有学者曾撰文对班级博客的德育功能提出质疑。文章认为，"班级博客的缺陷在于抽离了真实的人际关系"，实质上并未进行"直接的面对面的情感交流"，所以，现实的人的"道德不能在虚拟中成长"；并作出"道德必须在真实的生活中体验学习"的定论①。对此，我们不以为然。的确，区区一个班级博客无以使人有效生成完美之德性，但它可依赖于一个庞大的网络系统以及人的虚拟生存实践，并与现实生存实践得以协同实现。大学生作为网络社会最为活跃的网民，其德性生成必然与虚拟生存实践有着千丝万缕的关系。诚然，大学生的虚拟生存不能脱离现实生存而存在，必然作为现实生存实践的重要有机组成部分，是故大学生的虚拟生存实践必然在虚与实的交互融通中促进其道德成长。而社会责任作为人的道德之内核，无疑也在虚拟生存与现实生存的交互融通中生成发展。

第一节 操控"影子"：虚拟生存的责任生成之可能

网络社会的责任生存，强调大学生在网络社会的虚拟生存中，应以社会责任为价值取向与旨归，为自身及他人在网络社会的自由全面发展，以及网络社会的生态化与和谐化建设自觉担负起社会责任。我们知道，网络社会并非脱离现实社会而与之相对立的一种虚无空间，其实质是对现实社会的抽象化和虚拟化。虚拟生存必然以现实生存为基础和前提，且成为现实生存的一部分，是现实生存在网络社会的抽象化反映。正是在这一意义上，它为大学生实现网络社

---

① 冯建军：《道德岂能在虚拟中成长》，载于《思想理论教育》2006 年第 2 期，第 11－14 页。

140

会的责任生存提供了可能性。

一、互联网技术的工具性：责任生存之可能

互联网技术可以将现实社会的一切事物和行为在网络社会中予以再现和升华，也可以将人类想象的或者对未来预见的可能性事物和行为在当下予以虚拟呈现，人们还可以通过互联网技术进行工作、学习、传播、交流、娱乐、结社、交易、看病，甚至违法犯罪，等等。但无论如何，人们在网络社会的一切虚拟生存行为，与现实社会的现实生存行为并无本质区别，均为现实的人发出的指令所实施的。道理很简单，在网络社会里，不论何种虚拟生存行为，均为现实的人借助互联网技术作出，而非网络社会里"虚拟的人"作出的——它可能是现实的人在线实时作出，也可能是预设一些程序离线作出；而与之相对的其他"虚拟的人"相应的虚拟生存行为亦非由"虚拟的人"本身自行作出，它同样由其所代表的现实的人在线实时作出或预设程序离线作出的。

由此可见，自始至终，互联网技术仅仅作为一种丰富人们实践活动方式的媒介和工具而存在并发挥着工具性作用。与普通工具所不同的是，借助互联网技术，现实的人之间的任何交互行为均可不必面对面实施，但这并不影响人们对"虚拟的人"背后的现实的人的存在性之确信——正如人们在网络上获得某个"虚拟的人"点赞时，任何人都不会认为这是由这个"虚拟的人"作出的行为。而作为工具，互联网技术的使用必然存在两面性，邪恶者用之便殃及他人祸害社会，善良者用之则善待他人造福社会。但毫无疑问，这足以为大学生在网络社会的责任生存提供了可能性。

二、现实生存行为的反映：虚实趋同之可能

在网络社会，人们凭借"虚拟的人"所实施的任何生存行为，只不过是现实的人以及现实社会之社会关系在网络社会的虚拟化再现、延伸或者虚拟。在这个虚拟化的网络社会，大学生自身的虚拟生存活动，进一步确证着人本身是一个不断自我理解，并自我实现的生存主体，慎独依然是其虚拟生存的最高道德境界。

通常，在实名状态下，大学生在网络社会的虚拟生存行为均被置于他人特别是熟人的监督之下，他/她会自觉控制自己的情绪、欲望和虚拟生存行为，并对自己的虚拟生存行为负责，且努力维护甚至美化自身在网络熟人圈中的形象。

此时，其虚拟生存行为与现实生存行为具有高度的趋同性，是其现实生存行为在网络社会的直接、真实的反映。因而，其在网络社会实现责任生存是完全可能的。但在匿名状态下，大学生凭借"虚拟的人"将自己伪装起来而不被他人识破，这实际是他/她戴着一副或多副"面具"，跟其他戴着"面具"的现实的人，通过网络实践活动而重新建立起各种虚拟的"社会关系"。由此不难预见，此时网络社会上的这个"虚拟的人"（面具）和与之对应的现实的人之间，既可能存在同一性，也可能存在分裂性，这在一定程度上阻碍了大学生在网络社会的责任生存行为。

如果将现实的人称为"自我"，"虚拟的人"称为"类我"，那么当"类我"与"自我"的生存行为趋向同一时，其虚拟生存行为在很大程度上是现实生存行为直接、真实的反映，其在网络社会的责任生存是完全可能的。但若"类我"与"自我"的生存行为处于分裂状态时，"虚拟的人"依赖自身的面具庇护而游离于现实的人，"类我"就成为"自我"的道德"真空罩"——此时可能滋生"虚拟的人"的不道德行为与现实的人无涉的道德自我遮蔽之恶——现实的人因此处于无效监督之下，其在网络社会的虚拟生存行为就可能背离现实生存行为，甚至扭曲失控，这是大学生网络责任生存中需要重点导引的不良行为。

三、"影子"特质：有效操控之可能

尽管互联网技术使人得以同时存在于现实社会和网络社会里，并相应有了现实的人和"虚拟的人"二重角色，甚至出现"虚拟的人"B、"虚拟的人"C等多重角色。但实际上，网络社会的"虚拟的人"绝不可能脱离现实的人而存在——即便可通过编写各种程序使某些虚拟生存行为或者网络虚拟形象的"行为"在离线状态下持续进行，但这依然不能游离现实的人而存在——因为"虚拟的人"或网络虚拟形象不可能脱离现实的人之指令而独立自行地"实施"任何"行为"。换言之，"虚拟的人"在网络社会的生存活动，实际上是现实的人的现实社会生存活动的虚拟化再现、延伸或者虚拟。

诚然，"虚拟的人"不可能摆脱现实的人的实时或预设操控而独自"生存"于网络社会里。如果有，那一定是一个个丧失了"自由发展"甚至"生存活动"能力的"网络僵尸"。毫无疑问，无论"虚拟的人"多么的形象逼真，又多么的具有智能化的学习能力，均不能改变这一事实，即真正使"虚拟的人"的虚拟生存行为得以在网络社会呈现作为实践主体的现实的人。因此，"虚拟的

人"只不过是现实的人在网络社会里的一个"影子"，每一个现实的人自始至终均通过自身的网络参与活动并借助"影子"而在网络社会彰显其存在性。既然"虚拟的人"是现实的人的一个"影子"，就必然能为"现实的人"所操控。而正是"影子"的可操控性特质，也为大学生在网络社会的责任生存提供了可能。

四、人作为社会存在物：责任承担之内在规定

在现实社会，人作为一种以劳动实践为方式存在之存在物，本质是一种对象性存在，包括人与自然、人与社会的对象性存在。作为一种自然存在物，则意味着人本身是自然界的一部分，其以自然之存在为自身中存在之对象，必然受到自然存在之规定或限制；故人要与自然和谐共生，以敬畏之心善待自然及自身之存在，是为责任。而作为社会存在物，其以社会存在为自身存在之前提并置身于一切社会关系中，与社会及他人构成多向互动的关系并受社会存在之规定或限制。显然，任何人均不能脱离相应的社会关系而存在和发展，但若要享受从中带来的种种利益，就必须承担相应的责任。当然，个体角色身份之差异，必使其责任、义务有所不同。正是基于上述意义，马克思明确指出："作为确定的人，现实的人，你就有规定，就有使命，就有任务。至于你是否意识到这一点，那是无所谓的。"① 也就是说，责任生存是现实的人的一种内在规定。

诚然，在网络社会，作为现实社会的再现、延伸或者虚拟，虚拟生存作为人的一种新的实践活动方式，依然体现着马克思主义哲学关于人的生存发展的全部特征。"虚拟的人"以网络社会之存在为自身存在之前提，并置身于其所建立的各种"社会关系"之中，与网络社会的"他人（虚拟的人）"形成多向互动的关系，并受到网络社会存在之规定或限制，任何"虚拟的人"均不能脱离相应的"社会关系"而存在于网络社会。事实上，"虚拟的人"在现实的人之操控下，显然是具有现实的人之本质的能动的、自由的存在物，其不仅可使自身的生命活动本身变成自己的意志和意识之对象，使自身成为网络社会虚拟生存活动的主宰者和自我发展、自我生成的主体，而且可以对自己的决定和行为负责。而社会责任根植于"虚拟的人"的对象性生存发展中，它的存在不以现实的人之意志为转移，不因现实的人对社会责任的逃避、拒斥而消解，也不因现实的人的理性认知能力的强弱而发生丝毫改变。这也就决定了"虚拟的人"

---

① 马克思、恩格斯：《马克思恩格斯全集》（第 3 卷），人民出版社 1956 版，第 329 页。

经由现实的人之操控而必然成为责任人，并成为网络社会的一种责任存在，它以责任生存作为其生存范式。这正如康德所言："每一个在道德上有价值的人，都要有所承担，没有任何承担、不负任何责任的东西，不是人而是物件。"① 显然，"虚拟的人"经由现实的人之操控，其合道德之行为必然包含了在网络社会中对相应社会责任之承担。而且，"做人意味着……我应当为他者负责……我的责任是不可转移的，没有人能够代替我。事实上，就是说我作为人的身份开始于我的责任……责任是我单独负有的，是我在人类的范围内所不能拒绝的。这种责任是惟一的最高的尊严。在惟一的标准上，我是我，这个标准就是：我是负责任的，不可替换的我，我能够用我自己代替任何人，但是没有人能够用他自己代替我"②。

因此，社会责任承担是现实的人在网络社会自由全面发展的本质要求，经由现实的人操控的"虚拟的人"只有成为一种道德的存在、责任的存在，现实的人在网络社会的发展才有了道德基础。现实的人若要享受从网络社会带来的种种自由或利益，就必须凭借"虚拟的人"在网络社会承担相应的社会责任，这是他人无可替代且自我不可逃避的责任——可谓"我在故我负责"——这也是现实的人作为对象性存在而在网络社会为自身所立的"法"。是故，大学生应在虚实互拓相生的交互过程中，自觉担当社会责任，将网络社会作为确证生命意义和实现人生价值的新空间。

五、追求德性圆满：责任选择之可能

大学生要成为在道德上有价值的人，不论在现实社会抑或网络社会，都要有所承担，没有社会责任承担就没有真正的道德。显然，如何让这种社会责任承担成为其自觉行为，至为关键。我们知道，经由现实的人操控的"虚拟的人"之社会责任承担的合理性，不止于其作为社会存在物的内在规定性，更在于个体在网络社会生存、发展与完善的需要。就前者而言，其体现出来的是网络社会的社会责任之强制性，此时的社会责任是强加于"虚拟的人"身上的约束，因而终归是不自由的、不自愿的。但从现实的人在网络社会的自我完善、发展之需要看，"虚拟的人"对社会责任的承担显然有超功利性的一面。人作为有意

---

① [德]康德：《道德形而上学原理》，苗力田译，上海人民出版社1986年版，第6页。
② [英]齐格蒙特·鲍曼：《后现代伦理学》，张成岗译，江苏人民出版社2003年版，第90页。

识的存在，其固有的理性与能动性，使得大学生不仅有物质满足之需要，也有精神满足之需要。而大学生在网络社会的社会责任承担，正以自我立法和护法之形式确证着人的特殊存在方式。

在网络社会，如果说"我在故我负责"是大学生作为对象性存在的内在规定，是他人无可替代且自我不可逃避的责任，是自我"立法"行为；那么，"我负责故我在"便是大学生意志自由选择之后在网络社会中对社会责任的自觉承担，它以责任生存的方式确证自身的存在及其生命意义，并彰显自身的道德价值以追求德性圆满，是自我"护法"行为。毋庸置疑，大学生个体经由网络社会而社会化的过程，就是不断地在承担社会责任中实现自我超越的过程，每一次社会责任承担就是一次德性的自我超越。现实的人所操控的"虚拟的人"之尊严源于美好的德性，而美好的德性出于社会责任的崇高。德性的力量在于把社会责任的"应然"变为现实社会和网络社会上"实然"的力量——就是在社会责任的恪守与践行中人的意志的道德力量。网络社会一切外在规定只有在转化为大学生个体内在的社会责任要求后，才能得到忠实地履行，所以社会责任具有最高的价值。大学生在网络社会上对人格境界的追求，对道德理想的向往，最终也要通过自身具体实在而真切的社会责任之承担与社会责任行为之践行得以实现。

第二节　虚实耦合：虚拟生存的社会责任内生机制

互联网技术所开创的人类生存的第二空间"网络社会"，使大学生得以在现实社会和网络社会之间自由穿梭生存，形成了虚实耦合的思想政治教育新环境。原理很简单，现实社会的热点社会事件，会被网络社会广泛关注并迅速传播、发酵，而一经网络社会的传播、发酵，通常会推动该事件在现实社会的快速解决①。反之，网络社会的热点事件，会引起现实社会广泛关注并迅速传播、发酵，而一经现实社会的传播、发酵，通常会推动该事件在网络社会的快速解决。这就是网络社会（虚拟生存）与现实社会（现实生存）对接所产生的耦合效

---

① 李辉、孙飞争：《论思想政治教育新媒体环境的本质》，载于《思想教育研究》2016年第12期，第57－60页。

应。而恰恰是这种虚实耦合，形成了虚拟生存以"虚拟的人"为纽带而作用于现实的人之社会责任发生机制。

一、虚拟生存的"现实性"：虚实耦合的基础

我们知道，虚拟生存是大学生凭借互联网技术这一先进工具而在网络社会所进行的虚拟实践活动，是大学生现实社会生存实践活动的数字化再现、延伸或者虚拟。在此过程中，互联网技术永远只是个工具，加之人自身客观的现实实在性和物质性，决定了其虚拟生存并非脱离、亦无法脱离现实生存。而现实的人作为一种物质存在置身于虚拟空间之外而非之内，因而虚拟生存无可争辩地成为现实生存的有机组成部分。大学生于网络社会之虚拟生存，只不过是基于互联网技术的现实生存之延伸，是对现实生存的直接或间接再现或虚拟，实乃现实生存于网络社会之抽象化反映。换言之，在虚拟生存过程中，大学生作为现实的人，自始至终生活在现实社会，互联网技术仅仅作为一种工具而将现实的人之行为数字化地呈现于网络社会。

可见，不管互联网技术如何先进发达，虚拟生存绝不可能将现实的人这一物质存在幻化入网络社会而脱离现实社会。一切虚拟生存实践，终究应回归现实社会并作用于现实的人之内心体验。而且，网络社会上的许多行为，仍须在现实社会中予以检验和最终完成。换言之，"人可以生活在虚拟现实中，可以把虚拟现实当作实践和认识的对象，但人不可能全部和长期地生活在虚拟现实中，不可能从虚拟现实中获取自己所需要的物质产品，人的生活根底却是现实社会，人最终的实践和认识对象是现实世界"[1]。毫无疑问，正是人的如此这般虚拟生存之"现实性"，为虚实耦合奠定了坚实的基础，也决定了大学生社会责任生成过程中虚实耦合的必然性和紧密性。

二、网络社会的形成：虚实耦合的必要场域

虚实耦合的发生必须有一个前提，即网络社会的形成，这是虚拟生存实践的必要环境。在网络社会，大学生得以超越现实时空并以一个或者若干个"虚拟的人"（即虚拟身份/角色，包括在网络上虚拟/编写出来的一切能按现实的人

---

[1] 胡敏中、贺明生：《论虚拟技术对人类认识的影响》，载于《自然辩证法研究》2001年第2期，第57－60页。

之指令实施某种行为的角色、程序等），与无数个相对的"虚拟的人"形成多向交互的网络社会"社会关系"，由此而构建了一个网络社会，为大学生虚拟生存实践创造了必要的"社会环境"。实质上，网络社会这些所谓的"社会关系"并未抽离现实社会的社会关系，与现实社会的社会关系也没有本质之差异。其要么为现实社会的社会关系之延伸，如 QQ、微信平台中熟人圈的社会关系多为此类；要么为现实社会的社会关系的虚拟化，如在网络社会上"结交网友"或者网上学习、交易、咨询等所形成的"社会关系"。诚然，前者是大学生现实生存的一种表现形式，大学生只是借助互联网技术实现了社会关系的远程互动。至于后者，与前者之差异仅在于相对"虚拟的人"之隐匿性，即它背后所指向的可能是一个陌生人，甚至是一种预设的程序。

毫无疑问，每个现实的人都非常清楚，在网络社会上，无论代表自己的"虚拟的人"，抑或代表相对人的"虚拟的人"，其在网络社会所实施的一切虚拟生存行为，与现实社会之现实生存行为并无二致，均依赖现实的人所发指令而实施。网络社会之"虚拟的人"仅仅是被现实的人所支配操控之"影子"（或称之为"网络木偶"），脱离现实的人之操控（或预设程序），"虚拟的人"即沦为无丝毫行为能力之"网络僵尸"。由此不难理解，一切网络虚拟生存行为实质是现实生存行为的有机组成部分，最终不得不落到现实的人身上。所不同的是，人的现实生存行为常常因处于熟人社会受到更多约束而变得规矩；但匿名状态下则类似处于陌生人社会，约束就变得苍白无力。

由此可见，网络社会不是孤立的、虚无的、幻化的，它就是现实社会的一个影子，是一个"虚拟现实"的社会场域，具有无可置疑的客观实在性。而正是网络社会这种客观的"社会性"存在，为虚实耦合提供了必要的场域——虚拟场域。现实的人通过支配虚拟的人在网络社会展开网状关系互动，使虚拟生存以"虚拟的人"为纽带作用于现实的人，从而实现虚拟生存（网络社会）与现实生存（现实社会）的紧密对接和耦合。

三、虚与实融通互促：社会责任的内生机制

网络社会（虚拟生存）作为现实社会（现实生存）的再现、延伸和虚拟，决定了二者之间并非对立或者孤立的，而是有机统一的，二者成为大学生得以

自由地穿梭切换、交互融通的两个生命体验场——这种形式，构建了大学生在虚实耦合中形成社会责任内生机制。

在这个过程中，现实社会的现实生存是网络社会虚拟生存的基础和前提，是大学生网络社会责任的主体验场；网络社会的虚拟生存则是现实社会现实生存的再现、延伸或者虚拟，并在一定程度上超越了现实生存的诸多局限，是大学生网络社会责任的次体验场。虽然，次体验场是"身体不在场"的生存方式①，但其生命体验却是通过"场外之身体"而发生的，因此是一种间接的"身体在场"。显然，互联网技术的工具性、"虚拟的人"的"影子"特质、现实的人之间接"在场"、网络社会对现实社会的抽象反映，以及虚拟生存的现实回归之必然性，恰恰说明，虚拟生存必然是通过虚实耦合而对大学生这一生命个体（而非"虚拟的人"）对社会责任诸要素产生影响。

诚然，就像大学生在现实社会的现实生存体验中生成社会责任一样，作为现实生存有机组成部分的网络社会虚拟生存，也必然促进大学生的社会责任生成。大学生切实地支配着"虚拟的人"（或预设程序）而"生存"于网络社会的"社会关系"中，"实施"着一系列虚拟生存活动，且"每个个人在网络上的活动都可能产生广泛的社会影响，乃至世界影响"②。而我们知道，这种影响，诚然并非对"虚拟的人"（网络社会）而言的。如果是，根本无须担忧，只要关停网络信号，即可割裂现实社会与网络社会的联系。如此这般，大学生仍旧为那个大学生，现实社会亦仍旧是那个现实社会，"虚拟的人"与现实的人毫无干系。但事实上，虚拟生存对大学生的社会责任生成之影响，并不是对"虚拟的人"和网络社会，而是对现实的人和现实社会发生作用。它经由"虚拟的人"而对其相应支配者——现实的人产生认知、情感、意志、行为等方面的影响，进而传导影响现实社会。我们可以将基于虚实耦合的社会责任内生机制，展示如图 5.1。

上图可见，虚实耦合的交互融通过程中，在网络社会和现实社会形成了两

---

① 王英志：《人的虚拟生存方式与网络思想政治教育》，东北师范大学 2015 年博士学位论文，第 26 页。

② 黄东桂：《关于网络社会的伦理思考》，载于《学术论坛》2000 年第 6 期，第 40 – 43 页。

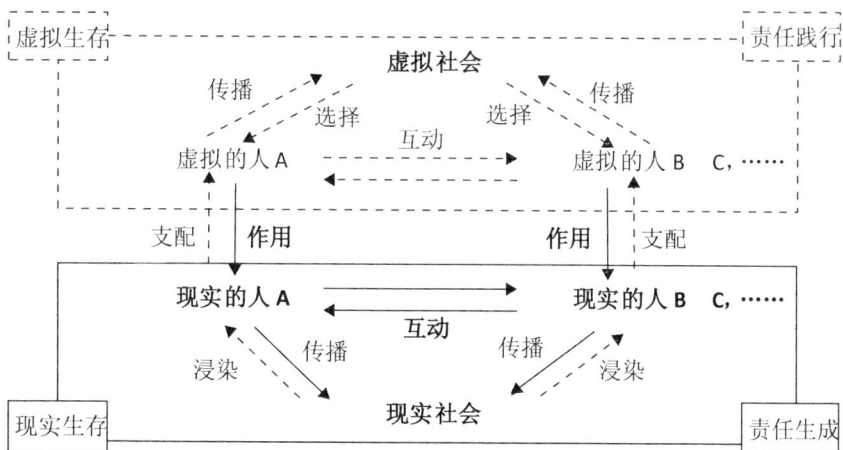

图 5.1　基于虚实耦合的社会责任内生机制示意图

个社会责任传播和影响的内循环。现实社会中的社会责任传导影响作用，经由现实的人支配着网络社会的传导影响作用之发生；网络社会的社会责任循环影响则反作用于网络社会的循环影响。首先是虚拟生存以"虚拟的人"为纽带作用于现实的人的社会责任生成路径。在虚拟生存过程中，由大学生（现实的人）所支配的"虚拟的人"，在网状"互动"中或在网络社会海量信息的"传播""选择"中获取相关信息，这些信息直接作用于"虚拟的人"背后所对应的大学生（现实的人），其将在对网络社会的真善美之生命省思中促进自身的社会责任生成。同时，大学生（现实的人）将来自网络社会的向上向善信息进行互动交流，或者向现实社会广泛传播，营造负责任的社会氛围，进而对众多现实的人产生社会责任感的浸染，促进社会责任生成。其次是现实生存反映于"虚拟的人"的网络社会责任践行。大学生（现实的人）在现实社会的互动交流中，或者在现实社会的社会责任感浸染中，将充满德性的信息或行为通过支配"虚拟的人"而与其他"虚拟的人"展开网状互动；或者由"虚拟的人"向网络社会传播，进而被更多的"虚拟的人"所选择。而这两个循环，构成了一个网络社会虚拟生存与现实社会现实生存自由穿梭、循环往复的持续性交互融通过程。大学生正是在这个虚实耦合的交融过程中，不断地确证着其本身是一个不断自我理解、自我完善并自我实现的生存主体，其社会责任正是在虚实交融的生存体验中螺旋式上升发展。

第三节　交互融通：社会责任在虚实之间互塑生成

网络社会对现实的人之社会责任行为塑造，其核心在于网络社会的虚拟生存是否对现实的人产生真实的情感体验。如果这种假设成立，那么这种情感是怎样发生的？这种情感是虚假的还是真实的？它如何内生为现实的人的社会责任？弄清楚了这些问题，才能更好地理解现实的人在网络社会生成社会责任的发生系统。

一、责任情感之发生：社会责任生成的基础

通常认为，社会责任一般由责任认知、责任情感、责任意志和责任行为等四要素构成。它以责任认知为基础，以责任行为为主旨，以责任意志为责任行为之助力器，但责任情感却在形成责任意志、养成责任行为习惯的过程中发挥着催化作用，乃一个人的社会责任生成之核心要素。也就是说，大学生在网络社会的社会责任生成，必须以责任情感的发生为基础。大学生唯有在情感上敬畏生命和世界万物，才得以将社会责任内化于心，优化建构其内心的道德心理图式，以使自己成为有责任能力的优质生命个体。显然，大学生对社会责任之内化与生成，并非凭简单的信息传递或选择得以实现，必然需要一个主体间的精神契合、融通理解之情感化过程。问题是，谁得以成为其中精神契合、融通理解之主体？"虚拟的人"能否产生"责任情感"？

对此，必须清楚，"虚拟的人"作为现实的人操纵着的影子，它不具有生命性和情感发生基础。唯有现实的人才是主体间的精神契合、融通理解之情感发生主体。而这种情感的发生，是经由"虚拟的人"在网络社会的虚拟生存而反作用于现实的人身上来触动情感发生的。如果看不清这一点，必然会简单地认为，"虚拟的人"不可能发生责任情感。事实上，已有学者对虚拟生存的道德（社会责任）生成价值持否定态度。其理由在于，虚拟生存抽离了真实的人际关系，且虚拟生存的情感是虚拟的①。换言之，它不可能发生责任情感，所谓的情感是虚无缥缈的、不存在的。

---

① 冯建军：《道德岂能在虚拟中成长》，载于《思想理论教育》2006年第2期，第11-14页。

事实上，在网络社会，虚拟生存的人际关系并没有抽离真实的人际关系，其可能是现实生存的人际关系之再现与延伸，也可能是现实生存的社会关系之虚拟化呈现。然不论为何者，网络社会上的人际关系都是真实存在的；如果是假的，网络社会就失去了生存的意义。而网络社会与现实社会的耦合，必然通过大学生自身在现实的人与"虚拟的人"之间的穿梭而发生作用。其透过所支配的"虚拟的人"而在自身所产生之情感（即所谓"虚拟情感"），并非无中生有的情感，实为现实的人有感而发。这个机制就是，虚拟体验透过"虚拟的人"，依赖虚实耦合机理而反作用于现实的人，继而实实在在地触动生成现实的人之情感而内化社会责任。那么，下一个问题是，大学生网络社会责任内化生成所依赖的情感，是真实情感吗？

二、责任情感之真实性：社会责任生成的关键

现实的人经由"虚拟的人"在网络社会所产生的情感之真实性，决定了网络社会责任内化生成的质量。我们知道，"虚拟的人"实为受大学生（现实的人）支配之"影子"，是不具有现实实在性的数字化"电子人"。故所谓网络社会的情感具有虚拟性①，或者说虚拟情感，实乃一个伪命题。理由在于，作为"影子"的"虚拟的人"，其本身不可能产生任何情感，而是大学生（现实的人）所产生的。故所谓虚拟情感，其注脚是：虚假情感，并认为这种情感的虚假性，源于虚拟生存"抽离了真实的人际关系"，没有"直接的面对面的情感交流"。由此不禁要问，现实社会里直接面对面的情感交流就一定是真实情感交流吗？答案是否定的。因此，不论是被现实的人所支配的"虚拟的人"之间所产生的"情感交流"，抑或是现实的人之间所产生的"情感交流"，都是有真实的、也有虚假的。因此，贾英健教授的见解是值得肯定的，即虚拟生存"并不表明人们开始进入'非现实'生存时代，而恰恰说明人们生存的'现实'含义正在发生悄然变化"②。正是如此，我们既可感知现实社会的情感之虚假一面，亦能理解网络社会的情感之虚假一面。而正是虚拟生存具有虚拟实在性（真实性），即虚拟现实抑或现实虚拟，方使大学生得以广泛进行网上交流、网上工作，甚至网上交易。正是这个意义上讲，虚拟生存与现实生存是一致的，真实

---

① 冯建军：《道德岂能在虚拟中成长》，载于《思想理论教育》2006年第2期，第11-14页。

② 贾英健：《虚拟生存论》，人民出版社2011年版，第189页。

的、向善的情感交流，能使大学生产生融通性道德体验，进而内化为社会责任；相反，虚假的、邪恶的情感交流，则使大学生产生有限性道德体验，进而产生不负责任之行为①。

当然，作为责任构成的核心之责任情感的发生，必须经历现实生活，必须依赖于大学生之真实的体验（人的生存实践），此乃社会责任生成之基础。这种体验性需要调动生命的一切潜能，在体验中感动，在感动中超越。伽达默尔说得好："每一种体验都是从生活的连续性中产生，并且同时与生命的整体相连②。"网络社会作为现实社会的延伸，虚拟生存是现实生存的连续，是现实生活的一部分，虚拟生成实践也必然成为现实生成实践的一部分，虚拟生存和现实生存构成了生命体验的整体，充分彰显着马克思主义哲学中关于人的生存发展之基本特征。所以，大学生的虚拟实践其本质是现实实践的一种形式，它在虚实耦合过程中触动大学生之内心情感体验——它以大学生操控网络社会中自己"影子"实施虚拟生存行为时必然产生丰富的情感交流，形成真真切切的生存体验。可见，"影子"主人（作为现实的人之大学生）之社会责任，必然在虚拟与现实交互融通中、在现实性与超越性体验中生成。

三、交互融通：社会责任在虚实间互塑生成

在网络时代，显然不存在纯粹的"虚拟的人"之虚拟生存行为，也不存在纯粹的"虚拟的人"的情感体验。无论大学生对虚拟生存多么热衷、沉迷，都无法脱离人生存所处的自然时空与社会时空，大学生的行为与精神始终在网络社会和现实社会之间穿梭。而这种穿梭，实质是大学生的现实生存在两个空间之间的切换，期间并不存在"虚拟的人"与现实的人之间的自由分离（即各顾各的独立状态）。大学生依赖互联网技术这一工具，全方位突破自然时空、社会时空，以及自身条件等一系列缺陷，从而"进入网络空间去体验超自然的实在和超越自然时空、社会时空限制的'网络社会'和文化世界，并将现实生活虚拟成网络空间的生存方式"③。

---

① 林瑞青：《生命叙事·生命省思·生命践行——基于生命体验视阈的主体性德育路径之建构》，载于《扬州大学学报》2009年第2期，第44-47页。
② 洪汉鼎：《理解的真理》，山东人民出版社2001年版，第59页。
③ 林瑞青：《责任生存：大学生虚拟生存的伦理范式》，载于《当代教育科学》2017年第4期，第88-92页。

　　然而，"人们对物质、能量以及感知和情感的需求还是要到现实空间才能获得满足，人们从网络上习得的知识、技能、道德和规范必须经由现实生活的检验"①。毫无疑问，网络社会的虚拟性与人自身的现实实在性，决定着大学生的虚拟生存与现实生存之间永远不可能割裂。大学生在网络社会与现实社会之间处于自由穿梭、自由切换的胶着状态，其德性成长便在虚与实之间交互融通、彼此促进。在更多情形下，"人们'虚拟'地学习事物可以比'现实'地学习事物更有效；人们'虚拟'地实践某事情可以比'实际'地实践某事情更有意义"②。显然，信息技术的迅猛发展，已使大学生的网络社会责任生成无法在虚拟生存与现实生存之间简单取舍，二者已不可或缺，亦无法割裂开来。换言之，纯粹依赖虚拟生存体验或纯粹依赖现实生存体验，均无法有效地、完整地促进大学生的社会责任生成，也是不现实的。毫无疑问，作为自然存在物，回归并立足现实社会是大学生的虚拟生存之必然与应然。它使得大学生以现实生存作为基石，以虚拟生存为延伸，在虚实交互融通中得到深刻体悟，进而生成网络社会责任。

第四节　虚实互塑：交互融通的社会责任发生系统

　　网络社会的虚拟现实性，以及网络社会与现实社会的不可割裂性，既决定了大学生得以在网络空间进行生存体验，并在现实的人身上产生真实情感而生成社会责任；也决定了大学生得以在现实社会和网络社会之间穿梭体验，并在虚与实之间互塑而更好地生成社会责任；还决定了网络社会与现实社会一样，不仅存在假丑恶现象，也存在真善美现象。因此，大学生社会责任的生成过程，也就必然是一个虚实互塑、善恶博弈的复杂的发生系统。

一、责任生存："虚拟的人"迈向生命超然

　　在网络社会，虚拟生存是"虚拟的人"承担社会责任的实践形式，大学生（现实的人）是社会责任生成的主体，他/她以责任生存的方式实现生命超然。

---

　　①　王晓春：《论网络技术对个人社会化的影响》，载于《东北大学学报》1999 年第 3 期，第 47 - 49 页。

　　②　贾英健：《虚拟生存论》，人民出版社 2011 年版，第 189 页。

诚然，每一个"虚拟的人"背后都指向一个现实的人（大学生），"虚拟的人"仅作为现实的人之"影子"而存在并受现实的人所支配。那么，大学生通过支配网络社会的"虚拟的人"在网络社会实施的虚拟生存行为，存在两种可能性：一是责任生存，二是非责任生存。

大学生在网络社会的责任生存，体现为大学生在网络空间的虚拟生存实践活动中，时刻恪守社会责任的价值取向，为促进"虚拟的人"与现实的人之自由全面发展，维护网络社会生态化，而自觉履行应有之社会责任的虚拟生存行为。相反，则称之为非责任生存。"虚拟的人"在网络社会中的责任生存，将产生融通性责任担当，即现实的人凭借"虚拟的人"始终处于网络社会的一定"社会关系"之中，对包括自身在内的整个关系世界产生充满价值判断的融通性体悟。现实的人对网络社会中周围关系世界的融通性越强，其关照周遭人与事之责任意识越强烈、社会责任行为越突出，在网络社会直接创造真善美，这种责任自觉之德性完满正是大学生通过网络社会所实现的生命超然。

当然，从大学生的社会责任生成角度看，它必然经历这样一个过程：大学生通过支配"虚拟的人"在网络社会进行责任生存实践，在网络社会的"社会关系"互动中，相关信息反馈到现实的人，进而经由现实的人之内心而产生丰富的责任情感，发生真善美体验，形成责任认同，从而内化构建社会责任心理图式，大学生的社会责任至此生成。社会责任一旦生成，必然促使现实的人有效支配"虚拟的人"习惯性地进行责任生存实践、创造真善美，推动现实的人不断实现生命超越。

二、非责任生存："虚拟的人"走向生命黯然

现实的人支配"虚拟的人"进行非责任生存实践，必然破坏网络生态，无益于现实的人之全面发展。在"虚拟的人"的非责任生存中，由于诸多因素干扰，大学生对网络社会的关系世界之体悟时常遭受遮蔽，仅以有限之逻辑推理去领悟无限多样的网络社会，是故仅关注自身及与自身关系密切的人与物之存在意义，而无视乃至否定他人、他物及与自身关系不甚密切的人与物之存在意义，社会责任践行由此被限定，以至于与周遭的人与物出现关系紧张的不和谐局面，降低了大学生的虚拟生存质量，形成"遮蔽性社会责任消解"状态（即网络社会责任丧失）。由此使大学生必然支配"虚拟的人"在网络社会践行假丑恶行为，这种责任消解也正是大学生通过网络社会所呈现的生命黯然。

而基于大学生的社会责任生成视角，大学生支配"虚拟的人"实施非责任生存行为，在网络社会有限的"社会关系"互动中，相关信息反馈到现实的人，经由现实的人之内心而产生非责任之情感，发生假丑恶体验。在这一环节上，若及时加以导引，就有可能将大学生引向真善美体验。否则，将使大学生产生责任消解，从而内化构建非社会责任心理图式，大学生的社会责任感至此无法生成。由此必然促使大学生支配"虚拟的人"实施非责任生存行为，践行假丑恶，促使其自身不断走向生命黯然。

三、虚实互塑：大学生网络社会责任生成系统

在网络时代，大学生社会责任生成以虚实耦合为基本原理，以交互融通为必要路径，以"虚拟的人"之社会责任生成为表征，以现实的人之社会责任生成为实质。从发生过程上看，大学生的社会责任生成是在网络社会和现实社会二度空间的穿梭、互塑中完成的。尽管大学生得以在两个空间穿梭，但人的现实存在性决定了虚实耦合作用的落脚点和归宿点毫无疑问地落在现实的人身上。

大学生在现实社会的良好社会责任感引领其在网络社会展开饱含德性的责任生存实践，而网络社会责任生存所获得的道德满足感反过来促进大学生在现实社会的责任生存，因此这是一个基于耦合原理的虚实互塑的过程。其实，谁都清楚，"虚拟的人"只是网络社会里的一个不具有任何现实生命力的数字符号，其所谓社会责任生成，只是现实的人之社会责任状况在网络社会上的一个表征，其实质是现实的人的社会责任生成。换言之，在网络社会，纯粹的"虚拟的人"的社会责任生成是没有任何意义的，唯有现实的人之社会责任生成才真正体现着人类社会的文明进步。所以，美国学者马克·斯劳卡认为："自由仅仅存在于某种限制之内，道德仅仅在现实社会中才有意义。"① 由此可见，虚拟生存之体验必须反作用于现实的人之内心，促进现实的人之社会责任生存，使大学生在虚实二度空间中均以责任自觉而实现其生命超然，以成为优质的现实的人。

由此可见，大学生虚拟生存与现实生存交互融通的社会责任生成，可以用图5.2来展示其虚实互塑的、对接完整的发生系统。

---

① ［美］马克·斯劳卡. 大冲突：《赛博空间和高科技对现实的威胁》，汪明杰译，江西教育出版社1999年版，第71页。

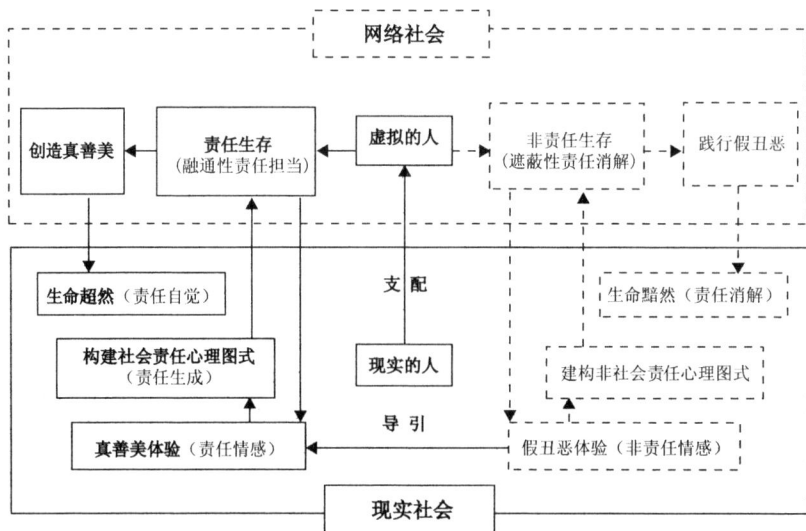

图 5.2　虚实交互融通的社会责任生发系统示意图

第五节　自我管控：网络社会责任的内生育成机制

大学生在网络社会的自我管控，是其社会责任生成的内生机制。这种自我管控源自两方面的内在力量，一是对"虚拟的人"形象的自我重塑愿望，旨在塑造富有德性的虚拟主体之人格魅力；二是对网络社会虚拟发展的内在诉求，旨在利用网络实现自身的自由全面发展。

一、主体重塑：类我与自我的协同与超越

"虚拟的人"（类我）是网络社会的虚拟主体，但类我的"影子"特质决定了现实的人（自我）才是虚拟生存的真正主体（现实主体）。大学生在网络社会通常伪装成多个"虚拟的人"（拥有不同的身份或角色），即有多个虚拟主体，但均指向一个现实主体——只有自我才能真切感受和支配情感、想法和欲望，并合理支配和控制类我的行为。类我若要在网络社会确证其存在性，就必然彰显其整体性、独立性、目的性、能动性等特质。故当类我与自我处于分裂状态时，现实主体就在网络社会操纵众多虚拟主体而呈现多重人格特征，有多

少个虚拟主体就可能呈现多少重人格，这是大学生在网络社会的生存常态。

诚然，基于健全人格之考量，可以教育引导大学生进行主体重塑：首先，实现类我与自我协同。一方面，应引导学生将众多类我与自我在人格上趋于一致，以避免主体的人格分裂；另一方面，主体的虚拟生存行为与现实生存行为在价值取向上要达至统一，保持自我的一贯风格，不至于发生现实生存行为与虚拟生存行为缺乏延续性或出现不符，甚至相悖、判若两人。此中之关键，是戳穿"虚拟的人"的面具，摆脱面具庇护下的平庸之恶，树立"虚拟的人"与现实的人之责任共同体意识，完善"虚拟的人"之虚拟生存行为对现实的人之法律责任追究机制，通过法律责任承担而促进社会责任生成。显然，类我与自我的协同，使虚拟生存的超越性体验与现实生存的真实性体验，能同向统一地促进大学生人格精神的有效互塑，促进其自由全面发展。

其次，实现类我对自我的超越。网络社会的超越性决定了虚拟主体必须实现对现实主体的三重超越：一是选择能力超越。网络社会涌现海量信息，良莠不齐、鱼龙混杂，要学会辨别是非、善恶、真假、美丑，而后择善从之、为我所用。二是律己能力超越。网络社会充满陷阱诱惑，极易迷失自我，要在匿名状态下涵养慎独品格，控制好主体的情绪和欲望，保持内心的良知良能。三是律他能力超越。互联网技术为抵制不良信息行为提供了便利，大学生应培育网络社会责任意识，自觉加入网络"清道夫"行列，随时举报网络假丑恶行为，共同维护网络生态和谐。

二、虚拟发展：确证虚拟生存的生命意义

互联网技术为大学生提供了对现实生存的现实性虚拟和超越生存现实的可能性虚拟，为大学生认识和改造世界开辟了更便利、更优质的全新空间。大学生得以利用这一工具拓展自身的实践能力和认识能力，并改造着自己而实现自身发展。正如麦克卢汉所言："人的任何一种延伸，无论是皮肤的、手的还是脚的延伸，对整个心理和社会的复合体都产生影响。"[①] 毫无疑问，虚拟生存对大学生的身心之影响全面而深刻，大学生的虚拟发展已成为促进其自由全面发展不可或缺的重要部分。正是在这一意义上，大学生网络责任生存的第一要义，应是践行网络空间的自我责任，即确证虚拟生存的生命意义与实现人生价值，

[①] ［加］马歇尔·麦克卢汉：《理解媒介：论人的延伸》，何道宽译，商务印书馆 2000 年版，第 21 页。

以虚拟发展丰富大学生的自由全面发展。

就虚拟生存与虚拟发展之关系而言，虚拟生存是大学生虚拟发展的前提和基础。而且，大学生在网络社会如何生存，在很大程度上决定着其虚拟发展的可能性限度。而大学生的虚拟发展，是其虚拟生存的提升，最终是要更好地实现其虚拟生存。正如马克思所言："个人怎样表现自己的生活，他们自己就是怎样。因此，他们是什么样的，这同他们的生产是一致的——既和他们生产什么一致，又和他们怎样生产一致。"① 遵循马克思这一观点，可以认为，大学生在网络社会怎样表现自己的虚拟生存，他们自己就将成为怎样的虚拟存在。换言之，大学生在网络社会经由"虚拟的人"所呈现的人格形象，必然与之在网络社会里实施了什么行为，以及采取怎样的方式方法实施这些行为密切相关。那么，依据网络影响作用于现实的人之社会责任发生机制，要使"虚拟的人"在虚拟生存上成为一个有道德价值的"人"，并将这种道德价值作用于现实的人，就必须在网络社会实施富有责任的道德行为——这是现实的人在网络社会追求道德圆满的内在诉求。唯有如此，网络社会方可为我们提供一个安全的空间，"当我们使用它的时候，会觉得心情愉悦、心地善良和精神健康"②。

---

① 马克思、恩格斯：《马克思恩格斯全集》（第 1 卷），人民出版社 1995 年版，第 67 - 68 页。

② ［美］帕特·华莱士：《互联网心理学》，谢影等译，中国轻工业出版社 2000 年版，第 146 页。

第六章

价值重塑：大学生虚拟生存的社会责任之引领路径

在网络社会，大学生要想成为在道德上有价值的"人"（虚拟的人），其网络行为就必须具有一定的价值合理性，即在网络社会实施价值合理性行为，体现一种善的行为动机。这种价值合理性行为，必须经由现实的人有意识地对自身一系列网络行为的无条件的价值信仰而产生。实际上，这就是从满足网络社会（乃至现实社会）需要出发，使现实的人在实施网络行为时，在内在精神层面上通过反观己身而陶冶、涵养人的整体精神，从而将现实的人之心灵提升到普遍性状态。此时，现实的人的网络行为就变得合宜、合理，其在文化追求和道德追求上，就体现为一种价值合理性。显然，在网络文化异化境遇下，大学生在网络社会的虚拟生存，亟待以社会主义核心价值观为引领，在道德追求层面进行网络行为的价值预设和遵循，使之经由自我教化而形成特别重视价值合理性的优质化行为特征，而后方能更好地践行网络社会责任。

第一节　虚拟认同：凝聚大学生虚拟生存的价值共识

互联网技术为人类所开辟的崭新世界——网络社会，极大地影响着当代大学生的学习生活和精神生产，虚拟生存作为一种全新的生存方式由此诞生，大学生已经把现实生存中的一些社会关系主动地或者被动地转到了网络空间。而随着这种新的生存方式的形成和迅猛发展，虚拟生存在一定程度上将瓦解大学生已有的认同模式而产生现实生存认同危机，也会对网络文化生产造成认同危机，因此要求有与之相适应的认同理念、认同机制和模式以保证虚拟生存的有序进行。当前，必须对虚拟生存方式的基础、机制、后果等进行一番冷思考，探讨基于如何适应、如何共建、如何共治、如何共享等一系列生存方式的虚拟认同问题。不仅要探索虚拟认同本身，也要探索虚拟认同的风险，更要探索如何在虚拟认同中凝聚大学生虚拟生存的价值共识。

一、虚拟认同的内涵界定

所谓虚拟认同，是指大学生对基于互联网技术的虚拟生存方式的认同。也就是大学生对互联网技术之发展所创造的人的虚拟生存活动及其特性所持有的态度以及行为选择，而非对互联网技术本身的功能性认同。虚拟认同意味着大学生对网络环境中作为身体不在场的符号化主体在具有虚拟性、匿名性、超越性等特征的数字化空间活动的一种承认和接纳，并乐于将之融入自身学习生活和精神生产过程的一种积极精神状态。

大学生是否认同虚拟生存方式，或者在多大程度上认同虚拟生存方式，可以从两个方面进行考量：一是大学生在网络空间的自我价值定位与自我认知。大学生虚拟个体或者虚拟组织在网络空间的符号化存在，必然要通过相互的虚拟交往而在观念上形成自身在网络社会的自我价值定位和清晰的自我认知。如果其对自身在网络空间的符号化主体的虚拟生存功能发生了扭曲，实际上是虚拟生存的自我价值相对于现实生存的自我价值产生了一定程度的偏离，形成了自我价值定位的偏差和网络空间认知上的自我否定，实质就是虚拟认同程度不高，甚至是对虚拟生存方式的否定，以试图通过网络社会的缺场性、虚拟性和匿名性来损害他人利益以达至不可告人之目的。二是大学生在网络空间对网络社会价值规范的自觉接受与遵循。网络社会与现实社会一样，其社会成员必须接受和遵循共同的价值规范，既包括与现实生存相同的道德规范和法律规范，也包括网络社会特有的道德规范与法律规范。大学生必须通过不断改变自身的价值结构，以网络空间的符号化主体来顺应网络社会的价值规范，体现出对网络社会价值规范的自觉接受与遵循的主观态度。

而事实上，大学生不论是在网络空间的自我价值定位与自我认知，抑或是对网络社会价值规范的接受与遵循，又应该从两个层面来理解。一是从虚拟组织层面看，虚拟空间的建构是大学生虚拟主体共同的价值追求，并为其所共同接受和遵循的，是一种具有普遍自我约束性的共同认同，这种虚拟认同具有一致性，它与虚拟组织的意旨之善恶美丑直接相关。二是从虚拟个体层面看，网络社会必然存在一种主导认同，因此存在一个多层次、多样性的虚拟认同体系。当然这种主导认同既可能是正向的，也可能是负向的，其中具有正向导向性的主导认同依赖于网络先进文化引领和社会主义核心价值观的嵌入。换言之，虚拟个体的虚拟认同是有差异性的。但不论哪个层面的虚拟认同，大学生总是在个体的虚拟生存实践中以某种主导的价值观念来约束自己的网络虚拟行为，或者以某种共同的旨趣、原则、规约为尺度，并自觉将之内化为个体的认同取向。它既体现为大学生对虚拟生存方式和观念的理解和自觉运用，更体现为将虚拟生存方式和观念融入大学生自身的虚拟实践活动而表现出一定的行为认可与选择。

二、虚拟认同的实践价值

事实上，大学生对虚拟生存方式是高度认同的。而其一旦认同了虚拟生存这种全新的方式，就必然表现出对这种生存方式的积极参与，并通过这种参与不断拓展人的生存时空，在现实生存与虚拟生存的交互融通中实现个体的虚拟生存目的。显然，大学生高度的虚拟认同，必然会促进网络社会文明的高质量发展，具有非常重要的实践价值。

首先，培育高素质的网络社会虚拟主体。大学生接受着高等教育，不仅在文化知识上，还在思想道德修养上，抑或在法治素养上，都体现出了新时代社会公民的良好素质，必然成为网络社会高素质的虚拟主体，为网络社会的共建、共治、共享提供了主力军。

其次，推进新时代网络文化的高质量生产。网络社会要得到人民更高程度的虚拟认同，网络文化的品位是关键。从中国特色社会主义的视角看，网络文化必须体现出党性与人民性的高度统一，是科学性、政治性、思想性、道德性、法治性、人民性相统一的精神产品。是真的不应是假的，是善的不应是恶的，是美的不应是丑的。但毋庸置疑，网络文化之异化却是当前网络社会的一个顽疾，亟待重拳治理，而高素质的虚拟主体入驻网络社会是一个重要的渠道。我们要积极引导大学生进行高质量的网络文化生产和传播，创造先进文化以净化、引领网络文化。

其三，助推网络社会虚拟生存的高品质实践。网络社会的高品质实践，无疑是互联网技术作为现实的人的一种现代化生存工具的应有之义。所谓高品质，回归到本质，必然体现为网络社会是大学生拓展其发展空间的新渠道，而不是消耗青春的"魔盒"。因此，大学生的虚拟生产更多地体现为精神生产、信息搜集、工作学习、便利生活等具有积极意义的新方式。

其四，促进网络社会虚拟生存的有序化。无序的虚拟生存对人民的现实生存而言是毫无意义的。而大学生不仅有较强的网络社会责任担当，也有较强的法治精神和规则意识，更有强烈的网络公共参与诉求，因此，以其对虚拟生存方式的认同为基础，必将乐于通过规范来使虚拟生存活动趋于有序化，以利于维护网络社会的公平正义。

其五，有利于大学生自我价值的虚拟真实现。虚拟不是虚无，而是一种依赖于互联网技术的特殊存在，我们可以称之为"虚拟现实"，作为物质存在的又一种形式，它发挥着人们建构社会关系的中介系统作用，必然使人们在网络社会中得以虚拟真实现。一方面，大学生在现实生存中无以充分展现的个体价值观念和个性，在网络社会上通过建立共同价值取向的网络群体和虚拟社区而得到了有效地张扬；另一方面，大学生对现实生存中的缺憾，在网络社会通过虚拟形象的虚拟活动，当其虚拟交往被虚拟相对人认可和接纳时，其便获得在现实生存中得不到的美好感受和体验，从而使个体虚拟价值得以实现。

三、虚拟认同的文化风险

高技术社会往往也是一个高风险社会。互联网技术的发展为人类生存方式带来巨大而积极变革，极大丰富了大学生的精神生活，带来了工作、学习、生活、交往等方面的诸多便利，但同时也可能带来一系列的风险。从文化视角看，在虚拟认同与现实认同的各种矛盾中也可能从各个层面催生并在一定程度上异化着网络文化。

首先，虚拟认同与现实认同的多向冲突与彼此割裂，催化网络文化的异化生产。在网络社会，人们以虚拟主体而存在，而且一个现实的人在网络社会往往不止一个虚拟主体，而是两个以上甚至若干个虚拟主体。由于主体的缺场性、虚拟性、匿名性和自由性，大学生可以摆脱现实认同中的种种规约和顾虑而得以自由表达，于是每个虚拟主体在现实的人的虚拟自我认同中是有明显差异、甚至是相矛盾的，由此导致同一现实的人对自己在网络社会的不同虚拟主体产生彼此冲突的虚拟认同。同时，对不同虚拟主体所产生的不同的虚拟认同与现实认同之间也存在着矛盾。因此就产生了虚拟认同与现实认同之间的多向冲突（如图6.1所示），这些冲突的后果就是虚拟主体之间、虚拟主体与现实主体之间的彼此割裂与对立。最终是虚拟自我在网络空间被恣意肢解和碎片化，其自身应有的与现实认同相吻合的整体性和稳定性被打破，形成了变动性的认同状态而丧失了一致性的自我认同，一种冲突、割裂的"自我"已经失去了"真我"的同一性支配。自我的多重性、冲突性和碎片化，善恶美丑是非对错鱼龙混杂，统一的自我观念无法形成，必然导致虚拟主体对网络文化的无序生产与异化生产。

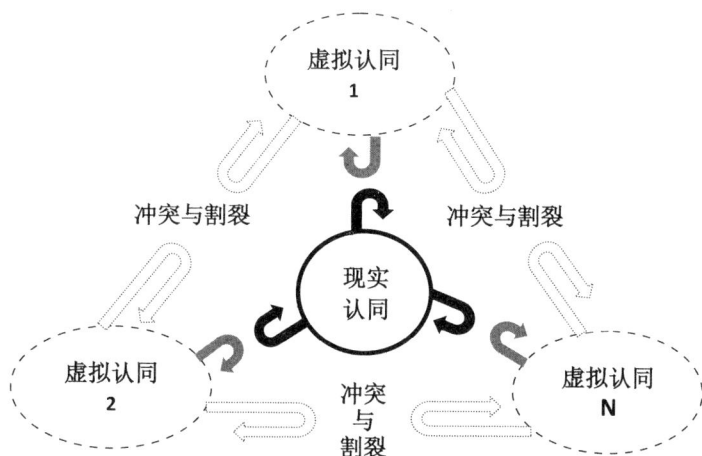

虚拟认同
1

冲突与割裂　　　　　　冲突与割裂

现实
认同

虚拟认同
2　　　　冲突
与
割裂　　　虚拟认同
N

图 6.1　虚拟认同与现实认同的多向冲突与彼此割裂图

其次，虚拟认同与现实认同的相互僭越与彼此否定，产生网络文化理想精神的迷失。事实上，这种僭越与否定是基于对二者认同程度的强弱而形成的。一方面，网络社会所虚拟的价值规范、生存环境和人际互动往往在现实生存中是难以完全实现的或者根本不存在的，而恰恰是这种现实生存中无法实现的"自我价值"，大学生在网络社会通过虚拟方式实现了这一"价值"，由此使之在心理层面产生了极大的成就感和满足感，继而产生了强烈的虚拟认同并相应地弱化了现实认同，甚至对现实生存予以了不同程度的僭越与否定。如此之后果就是，大学生会将这种精神需求固化为自我认同的重要部分，继而将虚拟生存作为主要的生存方式而拒斥现实生存，使其虚拟人格与现实人格分离，最终沉溺于网络虚拟环境而在现实生存中将自身孤立起来、封闭起来，在现实生存中失去了自我。其在网络文化生产上的风险，就是为了持续在网络社会获得虚拟的成就感和满足感，将不断生产出空幻、虚假、媚俗、反现实的不良网络文化。另一方面，由于网络社会主体的缺场性、虚拟性、匿名性和自由性，现实主体对某些虚拟生存行为在一定程度上产生警惕性、不信任性的同时，也放任了自身的虚拟生存行为，由此产生了负向的虚拟认同或者称之为虚拟认同的弱化，其实质是对虚拟认同的否定。而这种弱化的虚拟认同，导致了其在虚拟生存中可能陷入自由放任的极端自由主义泥潭，在网络空间无视共同价值规范甚至藐视法律规则而为所欲为，由此导致诸如色情暴力、庸俗谄媚、扭曲价值、消解理想、歪曲历史、造谣传谣、尔虞我诈、违法犯罪等一系列假丑恶、混淆是非的异化文化充斥网络社会而屡禁不止，网络文化的价值性、理想性精神家园难以构建。

其三，个体认同与共同体认同的主动疏离与无序游弋，助推非主流文化的网络传播。个体认同是大学生对网络社会中自我价值实现方式的认同；共同体认同是网络空间作为一个虚拟的"类社会"存在而对共同价值实现方式的认同。显然，个体认同与共同体认同可以趋向一致性，也可能走向疏离。当大学生在网络空间产生自我价值强认同与网络社会价值规范弱认同的偏差时，个体认同可能会主动疏离共同体认同，使网络虚拟主体侧重以个人价值实现为中心而弱化网络社会价值实现。于是，网络优势文化就失去了"强中心"的教化功能，随之而来的是网络文化的"无权威"态势和"多中心"裂变。而在经济利益追逐、个体价值诉求和主体个性张扬的驱使下，市场规则、功利主义和个人主义渗透于网络文化，极大地推动了网络世俗文化、灰色文化的蓬勃发展，出现了"人人都有麦克风、个个都是广播站"的多元文化生产态势，非主流的消费主义文化得以野蛮生产和恣意传播，并不断削弱着网络理想主义文化中道德性、审美价值和思想深度，从而使理想主义文化日益被侵蚀乃至被淹没。而且，个体认同疏离共同体认同而在网络社会无序游弋，也形成了网络文化评价尺度的多样性、易变性和冲突性，个体价值的契合性俨然成为衡量网络文化价值的至上标准。而网络文化价值客观标准的认同困难，使虚拟主体在虚拟生存路径和方式的抉择中，面临着极大的困惑与无助，因此凝聚虚拟生存的价值共识就显得尤为迫切。

四、构建命运共同体以强化虚拟认同

当前，网络社会规则不健全、秩序欠合理、价值无共识，世俗文化、灰色文化大行其道，网络优势文化、理想主义文化难以充分发挥主导作用。如此极不利于网络社会的健康发展，势必让人们在虚拟生存中产生不良体验，从而弱化对虚拟生存方式的认同，最终将阻碍互联网技术的迅猛发展。而要强化人们对虚拟生存方式的认同，关键要建设好网络社会这个人类共同的生活家园，凝

聚网络空间虚拟生存的价值共识。对此，我们认为，构建"网络空间命运共同体"，是当下强化虚拟认同最为有效的路径。

2014 年，习近平同志在致首届世界互联网大会的贺词中提出了"网络命运共同体"概念，认为互联网让世界变成了地球村，让国际社会越来越成为你中有我、我中有你的"命运共同体"①。在 2015 年第二届世界互联网大会上，习近平同志全面阐述了共建"网络空间命运共同体"的构想②。尽管这是针对国际社会或者说是针对国家而提出的，但这种价值观念对网络空间虚拟主体如何共建、共治、共享网络空间同样具有很强的指导意义。从虚拟主体③角度看，所谓"网络空间命运共同体"，是指在网络社会中，虚拟主体基于彼此之间互联互通、互信互利、互依互助之需要而形成的，以文化共建、秩序共治、价值共享为特征的，共同掌握网络发展前途命运的虚拟联合体。因此，我们可以从平等尊重、共荣创新、安全有序、互利共享等四重价值维度来构建"网络空间命运共同体"，以强化人们对虚拟生存方式的认同。

平等尊重，是构建网络空间命运共同体、强化虚拟认同的基本前提。平等是网络空间虚拟主体之间建立社会关系的基本准则。美国学者查尔斯说："每个人在线上都是平等的，不分年龄、性别、种族和国籍。"④ 事实上，不论是虚拟个体还是虚拟组织，都跟现实社会一样，其在网络社会的人格地位和法律地位都是平等的，其在网络空间的权利和义务也是平等的。因此，每个虚拟主体都有独立自主选择虚拟生存方式的权利，并相应地承担义务。当然，虚拟主体地位的平等，意味着应当彼此得到尊重。而虚拟主体之间的相互尊重，应体现为不生产和传播世俗文化、灰色文化等负能量信息，不搞网络霸凌、不充当网络"水军""打手"，不从事、纵容或支持危害或可能危害其他虚拟主体安全的网络活动。只有在平等尊重的前提下，才有利于推动网络社会的共建、共治，才能更好地共同构建互信、安全、有序、合作、共享的网络空间。

共荣创新，是构建网络空间命运共同体、强化虚拟认同的动力源泉。虚拟主体在网络社会的虚拟生存和发展必须是共荣的。这种共荣，是虚拟主体基于

---

① 习近平：《致首届世界互联网大会贺词》，2014 年 11 月 19 日。

② 《习近平谈治国理政》（第 2 卷），外文出版社 2017 年版，第 534 页。

③ 虚拟主体包括虚拟个体和虚拟组织，前者主要指"虚拟的人"，后者主要指虚拟的组织、群体。

④ ［美］查尔斯·普拉特：《混乱的联线——因特网上的冲突与秩序》，郭立峰译，河北大学出版社 1998 年版，第 16 页。

价值共识而联合起来共同努力，进而形成"你好，我好，大家好"的繁荣发展态势。而共荣的路径就是共建、共治为特征的合作。虚拟主体应主动"搭建更多沟通合作平台，创造更多利益契合点、合作增长点、共赢新亮点，推动彼此在网络空间优势互补、共同发展"①。在网络文化生产上，虚拟主体必须凝聚正能量、产生正价值，发展积极向上的网络优势文化和理想主义文化，共同建构先进文化的话语权，发挥其主导作用；在网络秩序维护上，必须强化网络共同价值规范共识，虚拟主体联合起来共同治理并自觉遵守网络公共秩序，共同建构全员、民主、平等、透明的网络空间治理体系。同时，虚拟主体要自觉联合起来，致力于通过创新活动挖潜网络发展要素，找寻新的增长点，以更好做大网络社会的"价值蛋糕"。而要创新，就必须走出网络文化异化的泥潭，杜绝以山寨复制精品、以戏仿剽窃创意，不能走损害原创者利益而挫伤创新积极性的邪路。

安全有序，是构建网络空间命运共同体、强化虚拟认同的可靠保障。一方面，安全是有序之目的，网络社会要以高效安全来强化虚拟主体的认同。然而，当前的网络社会"侵害个人隐私，侵犯知识产权，网络犯罪等时有发生，网络监听、网络攻击、网络恐怖主义活动等成为全球公害"②。网络安全问题的凸显，意味着一旦进入网络空间就可能面临着这样或者那样的安全威胁，任何一个虚拟主体均无法置身事外、独善其身。虚拟主体要想在网络社会获得更多的认同感和安全感，就必须义不容辞地承担起创建安全有序的网络空间命运共同体的责任。另一方面，有序是安全之前提，网络社会要以健康有序来提升虚拟生存的美好体验。网络社会和现实社会一样，既要提倡自由，也要保持秩序。网络社会在充分尊重每一个虚拟主体交流思想、表达意愿的权利之同时，更要依法构建良好的网络虚拟生存秩序，以利于有效保障广大虚拟主体的合法权益。既要坚持政府依法治网、社会依法办网、网民依法上网，让网络社会在法治轨道上行稳致远，也要加强网络伦理、网络文明建设，发挥先进文化对虚拟主体的引导教化作用，以修复网络生态，让网络社会在文明轨道上增添异彩。

互利共享，是构建网络空间命运共同体、强化虚拟认同的终极目标。互信、互利、互助，是虚拟生存的应有之义。其中，互信是基础、互利是核心、互助是互利的特殊表现形式。显然，互联网技术为人类所开拓的全新的网络社会，

---

① 《习近平谈治国理政》（第 2 卷），外文出版社 2017 年版，第 533 页。
② 《习近平谈治国理政》（第 2 卷），外文出版社 2017 年版，第 532 页。

是你、我、他共同生活和共同成长的网络社会，任何虚拟主体在网络空间都不应有过分的利益诉求和过度的利益索取，不能一个虚拟主体获得利益而其他虚拟主体损失利益，一部分虚拟主体获得利益而另一部分虚拟主体损失利益，更不能以牺牲其他虚拟主体的利益而追逐自身的所谓绝对利益。同时，网络空间是传播人类优秀文化、弘扬正能量的"类社会"生存载体，也是网络文明交流、互鉴、共享的最为便捷的渠道。虚拟主体应该通过传播传统优秀文化，创造先进文化，推动优势文化交流互鉴，深化虚拟主体的情感交流、心灵沟通，以共同推动网络文化繁荣发展，实现网络文明共享，丰富虚拟主体的精神世界，促进网络社会文明的长足进步。

诚然，构建"网络空间命运共同体"之所以能够强化人们对虚拟生存方式的认同，关键在于它彰显了网络社会虚拟主体的共同福祉。一方面，构建网络空间命运共同体契合了人们对虚拟生存的安全发展需要。人们如何能持续保持对虚拟生存的兴奋？答案是网络安全。网络社会的缺场性、虚拟性、匿名性和易变性，已给虚拟主体带来一定的不安全感，加之网络空间灰色文化盛行、信息泄露防不胜防、违法犯罪行为时有发生，更进一步强化了人们对网络社会的不信任感，而构建网络空间命运共同体恰恰能逐步解决这一系列不安全问题，因此必然能逐渐增强人们对虚拟生存方式的认同。另一方面，构建网络空间命运共同体因应了人们对网络社会可持续发展的共同诉求。网络空间命运共同体理念强调要充分发挥国家、社会和公民在网络社会的共治作用，尤其是发挥虚拟主体的能动作用，逐步形成更加公正合理、能够平衡地反映虚拟主体意愿和利益的网络社会共同价值规则，从而推动网络社会健康可持续发展，使人们能长久地在公平正义的网络社会更好地生存和发展。以上正是构建网络空间命运共同体在强化虚拟认同问题上的积极意义所在。

第二节 利他关怀：培育集体主义为内核的公共精神

随着互联网技术的迅猛发展，网络社会已经成了人们尤其是大学生不可或缺的公共生活空间。虚拟主体在网络社会的私人空间非常狭窄，而更多地体现为虚拟主体与网络公共生活之间的关系。那么，彰显公共秩序、公共价值、公共利益和利他行为的公共精神就显得越来越重要，并被逐渐重视起来。公共精神突出强调虚拟主体应以集体主义为原则、以利他关怀为特征，全面观照和捍卫网络社会的公共利益，这是大学生在网络社会公共领域中必须具备的基本精神，因此成为衡量网民素质高低的基本标尺。事实上，培育大学生以集体主义为内核的网络社会公共精神，对提升虚拟主体素质、构建和谐网络社会、推动网络社会健康发展之意义极其重要。

一、利他关怀视域下的集体主义选择

在网络社会，利益平衡是公平正义的基础，也是建立一切网络社会关系的纽带。当前，在虚拟主体之间的利益平衡中，从利他或者利己的行为特征看，至少存在着四种倾向：一是利益倾向于虚拟个体或小部分虚拟主体，以合理手段来满足虚拟个体利益，由此表现为个人主义，以利己行为为表征；二是利益虽也倾向于虚拟个体或小部分虚拟主体，但以不惜一切代价的极端手段来满足虚拟个体利益，由此表现为极端个人主义，此亦以利己行为为表征；三是利益倾向于其他虚拟主体或者网络社会共同体，甚至以牺牲虚拟个体利益来满足网络社会共同体利益，由此表现为利他主义，以利他行为为表征；四是利益倾向于虚拟组织、网络社会共同体的同时合理兼顾虚拟个体，但虚拟个体利益从属于网络社会共同体利益，从而实现了网络社会共同体利益和虚拟个体利益的有机统一，由此表现为集体主义①，此亦以利他行为为表征。

网络个人主义，强调一切价值以虚拟主体为中心，虚拟个体本身具有最高价值，并以虚拟个体为中心来看待网络社会和网络社会关系，一味追求个人自由和个人利益在虚拟生存中的有效实现。从表面上看，网络个人主义似乎对其他虚拟主体和网络社会共同体利益并未构成直接危害或者威胁，故有人称之为温和的利己主义。但从本质上看，个人主义过于追求虚拟主体在网络社会的自由，尤其重视自我支配、自我控制，强调对虚拟个体的尊重尤其是对其虚拟生存方式方法的尊重，且反对权威和对虚拟主体的各种约束、支配，因此容易滑向网络自由主义的泥潭。当前，网络自媒体野蛮成长，网络论坛无序发展，网

---

① 这里，要将集体主义与利己的利他主义区分开来。前者是以利他、利己相统一为基础的，其实质是从利他主义出发的无产阶级的道德观念，但马克思主义伦理学中的集体主义的道德原则已经包含并远远超过了利他主义的道德内涵，所以倾向于讨论集体主义问题；后者是以利己为基础的，其实质是从利己主义出发的资产阶级所谓的道德观念。

络世俗文化、灰色文化大行其道，不能不说是网络个人主义盛行的后果。可见，网络个人主义是必须予以及时纠正的不良观念和行为原则。

而网络极端个人主义，显然把网络个人主义各项特征膨胀到了极点，在一切虚拟生存活动中都把虚拟个体之私利与目的置于首位，丝毫不顾其他虚拟主体利益和网络社会共同体利益，甚至不择手段、不惜代价、无视天良和基本道德准则，旨在实现虚拟主体或小团体的局部私利，因此可以称之为极端的利己主义。当前，网络社会所出现的，诸如侵害个人隐私、侵犯知识产权、网络犯罪，以及网络监听、网络攻击、网络恐怖主义活动等危害网络社会虚拟主体安全和网络社会总体安全的各种现象，无疑是网络极端个人主义者所为。因此，网络极端个人主义观念和行为原则，必然是网络社会所不允许而必须下大力气予以治理的。

至于网络利他主义，特指从人的本性出发，将其他虚拟主体利益、虚拟组织利益、网络社会共同体利益置于虚拟个体利益之上的生产生活观念和行为原则。持有这种观念和原则的人通常具有无限的奉献精神，为人处事上较少考虑个人利益得失。所以，网络利他主义有几个特征：一是以帮助其他虚拟主体或维护网络社会共同体利益为目的；二是不期望有精神或者物质之褒奖；三是自主自愿地利他；四是利他者之利益可能会有所损失。但事实上，虚拟主体利他行为之动机很少能做到如此纯粹，故通常的利他主义也在一定程度上隐含着利己主义的因素。换言之，虚拟主体的利他行为可能存在不同的动机，或者是以利他为手段、以利己为目的，或者是有着微妙的利己主义因素。所以，网络利他主义实质是利己主义的另一种表现形式，是隐蔽的个人主义，其仍局限在虚拟生存行为是利他抑或利己的人性善恶之自然属性问题上。

对此，马克思主义伦理学不从人的自然属性视角来探讨利他或者利己问题，而倾向于从社会属性视角来揭示人与人之间、个人与社会之间的利益关系问题，这就有了共产主义道德中的集体主义原则。集体主义所提倡的毫不利己、专门利人和大公无私的奉献精神，显然不是从资产阶级道德观念的仁爱心或者利他心所引申出来的，而是基于无产阶级社会生活的内在要求而提出来的。集体主义俨然是一种社会规范，是社会存在发展的客观要求，也是人类自身生存发展的主体需求。正如马克思所指出的，"作为确定的人，现实的人，你就有规定，就有使命，就有任务"，而"这个任务是由于你的需要及其与现存世界的联系而产生的"①。

---

① 马克思、恩格斯：《马克思恩格斯全集》（第 3 卷），人民出版社 1960 年版，第 329 页。

换言之，集体主义是人作为现实的人、社会的人的内在规定，不以人的意志为转移。其作为人在现实生存中的内在规范性约束，体现在网络社会，在面临一切网络社会关系所蕴含的各种各样的利益关系时，必然要使虚拟个体从属于虚拟组织和网络社会，也必然要使虚拟个体利益服从虚拟组织、网络社会共同体利益，当然也包括服从网络社会意识形态层面的集体和国家利益。显然，网络集体主义，更强调虚拟主体作为网络社会"社会人"的既抽象又具体的存在，在网络交往关系中，有义务处理好虚拟个体之间、虚拟个体与虚拟组织或者网络社会共同体之间的利益关系。它从网络社会最广大虚拟主体的根本利益出发，处理虚拟个体与虚拟组织、网络社会共同体之间的关系，强调网络社会共同体利益高于虚拟个体利益，要求虚拟个体利益服从网络社会共同体利益、网络眼前利益服从网络发展长远利益、网络局部利益服从网络全局利益。可见，集体主义原则将利他行为和利己行为统一起来了、一致起来了。

综上所述，网络社会的个人主义、极端个人主义和利他主义，从本质上讲都是个人主义和利己主义不同程度相结合的具体表现形式，即便是利他主义也隐蔽着利己动机，均对网络社会的总体安全构成不同程度的威胁，阻碍着网络社会的生态化构建和网络社会的可持续发展。而网络集体主义不同，它不是从人的本性出发，而是从人的社会属性出发，强调虚拟个体利益服从虚拟组织和网络社会共同体利益的义务性和客观性，从而摒除了网络空间利他行为的主观色彩和自然属性。因此，集体主义必然成为网络社会利他行为的思想之源和动力之源。

二、集体主义与网络社会公共精神的张扬

集体主义作为网络社会道德的基本原则，是处理虚拟个体利益和网络社会共同体利益的根本准则，是调整网络社会虚拟主体相互关系的各种规范要求的最基本的出发点与指导原则。一方面，它强调维护虚拟组织和网络社会共同体利益，包括网络意识形态层面的集体和国家利益，外显为利他行为；另一方面，它强调虚拟组织、网络社会共同体和虚拟个体三者之间的利益，从根本上说是统一的、一致的，因此利他与利己因素也被有机统一起来了。在这一原则下，虚拟组织和网络社会共同体利益是通过每个虚拟主体的共同努力来实现的，而虚拟组织和网络社会共同体利益的整体性存在，又是虚拟个体利益得以实现的最可靠保证，只有在一个个虚拟主体形成的共同体中，虚拟个体才得以虚拟生

存与自由发展。换言之，自觉自愿地维护网络社会共同体利益是网络集体主义的首要要求，而集体主义也要使虚拟个体的个人需求得到一定的满足，具体体现为虚拟个体在为网络社会共同体所做的努力中惠及自身利益的实现。毫无疑问，这也就是网络社会公共精神之内核。

所谓网络社会公共精神，是指虚拟主体积极参与网络社会公共事务和促进网络社会共同体利益的责任意识与行为态度。网络社会公共精神以集体主义为内核、以公共责任担当为实质、以利他行为为表征。对此，可以从五个方面来理解：一是网络公共利益之维护，公共精神首先体现为自觉维护虚拟组织和网络社会共同体利益，并以集体主义原则来正确处理公共利益和虚拟个体利益之关系；二是网络公共责任之担当，公共精神的本质是虚拟主体为了维护网络社会共同体利益而自主自愿地担当公共责任，当然这依然尊重和承认虚拟个体的正当利益，只在二者出现冲突时主张勇于牺牲个体利益以维护公共利益；三是网络公共伦理之遵循，公共精神饱含着虚拟个体对网络社会共同价值与伦理观念的认同和对公共秩序规则的尊重与维护，并自觉使虚拟个体的伦理道德向网络社会的伦理共识看齐而体现于个体虚拟生存行为上的遵循与维护；四是网络公共理性之把握，理性意味着自愿、自觉和自制，公共精神以虚拟个体利益与网络社会共同体利益的统一性认知为基础，虚拟主体进入网络社会公共领域参与公共事务时，必然放弃了个体狭隘与偏见并对个人利益与公共利益之关系处理有了基本的可接受性考量；五是公共参与之实践，将集体主义原则付诸实践是公共精神的出发点与落脚点，唯有此公共精神才得以从善的意识转化为美的行为，切实改善网络社会的公共生活，推动网络生态化发展。

在网络社会条件下，一个个虚拟个体构成了网络社会共同体，虚拟个体利益只有在特定环境下和网络共同体条件下才能得以实现，任何基于个人主义或者违背公平正义而破坏这种局部和整体利益关系的行为，都终将使虚拟个体利益无法得以实现，网络社会共同体利益的整体性也不复存在。如此不仅背离了集体主义，也丧失了公共精神。而集体主义，显然涵盖了公共精神的基本内涵。所不同的是，集体主义作为一种共产主义道德原则，侧重从正确处理利益关系的角度来发挥其对虚拟主体虚拟生存行为的道德性的评判和规约作用；而公共精神作为一种引导公民公共参与的行为准则，侧重于从维护公平正义的角度来引领虚拟主体在网络社会公共领域通过积极实践而彰显集体主义。而公平正义的本质，也就是正确处理虚拟个体与网络社会共同体利益之关系。因此，网络社会中必然要确立以集体主义为内核的公共精神，而网络集体主义的彰显必然是公共精神的张扬，这是由虚拟个体作为具有道德性而处于网络社会共同体中的"虚拟的人"本身的社会性所决定的。二者结合，就形成了如下三个基本原则：一是利益统一原则，必须把网络社会共同体、虚拟组织和虚拟个体三者利益统一起来、一致起来；二是利益顺位原则，突出强调网络社会共同体、虚拟组织利益至上，也充分尊重虚拟个体利益，但当三者产生矛盾时，虚拟个体利益应服从网络社会共同体、虚拟组织的利益；三是利益捍卫原则，行动性是网络公共精神的外在特征，虚拟个体在虚拟生存中，基于对网络社会公共秩序、公共价值（公共道德）、公共利益的正义性捍卫，自觉自愿承担公共责任，而实施一系列网络利他行为，推动网络社会生态化健康发展和公平正义的实现。

三、利他关怀：以集体主义为内核的公共精神培育

尽管集体主义不从人的本性善恶视角探讨利他或者利己问题，但从行为的外在特征看，虚拟主体在网络社会的一切虚拟生存行为必然表现为利他或者利己的行为。人们的利他行为主要是一种后天习得的行为，因此要坚持以共建共治共享为行动理念、以集体主义为道德原则，以利他关怀为行为特征，通过一定的方法来培育大学生的网络公共精神。

第一，增强大学生对网络社会公共利益至上的理性认知。新时代，集体主义绽放着新的活力。在网络社会，集体主义从网络社会共同体利益出发，实现着共同体利益与虚拟个体利益的共同满足。大学生应该清醒认识到，提倡网络社会共同体利益至上，并不否认和漠视虚拟个体利益。其可从三方面来理解：一方面，网络社会共同体利益是保障，网络社会作为一个由一个个虚拟个体联合起来的命运共同体，其公共利益是每个网络社会成员的共同利益，网络社会共同体利益的整体性实现能够为每个虚拟个体利益的最大化提供有利条件，在最大程度上扫除了虚拟个体在虚拟生存中无法克服的障碍；另一方面，网络社会共同体利益和虚拟个体利益具有一致性，网络社会共同体利益体现为虚拟主体的共同利益，包含着虚拟个体的部分乃至全部利益，从网络社会共同体利益出发才能实现虚拟主体共同利益的最大化和最优化，在网络社会的生态化健康发展中才能实现虚拟个体利益，而对共同体利益的损害意味着也损害了虚拟个体利益；再一方面，网络社会共同体利益与虚拟个体利益休戚与共、相辅相成，没有虚拟个体利益将使网络社会共同体利益成为无本之木，没有网络社会共同

体利益将使虚拟个体利益成为海市蜃楼。

第二，强化共同价值规范对大学生利他行为的规引。与现实社会一样，网络社会的共同价值规范，包括网络公共秩序、公共价值、公共伦理（道德）等形成的网络社会行为、态度和信仰模式，必然要通过政府、网络社会组织以正式或非正式的方式逐步建立起来，以形成适当的网络社会虚拟生存行为准则。而这些行为准则有刚性的（如网络行为规范性法律法规）、也有柔性的（如网络伦理道德规范、虚拟组织规约等），不管如何，虚拟个体必须有一种敬畏之心，自觉遵守这些共同价值规范。政府和网络社会组织对虚拟个体违背了这些价值规范，就应该及时通过适当方式予以排斥或施以必要的惩戒，而对自觉恪守网络社会共同价值规范、勇于承担公共责任、捍卫网络社会公平正义的虚拟个体，应该采取适当的褒扬方式予以鼓励。

第三，培养大学生移情能力以激发利他行为。网络社会的集体主义和公共精神的激发，亟待培养大学生的移情能力。但是，较之现实社会，由于网络社会的缺场性、匿名性、虚拟性和变动性，移情的情感发生在一定程度上缺乏实在性和感同身受性，由此导致移情能力培养具有较大难度。但大学生要意识到，互联网技术作为现实的人现实生存的工具，虚拟主体作为网络社会"虚拟的人"，其本质是现实的人的"影子"，是故对虚拟主体利益的损害，实际上是对相对应的现实的人的利益损害。一旦有了这样的认知，大学生就能设身处地考虑虚拟主体所对应的现实的人的感情，并作出相应的情感反应。而当大学生看到网络社会有人需要帮助时，就有可能产生专注于自我的内心焦虑，也有可能产生专注于他人的同情情绪。基于前者的移情体验，虚拟主体为了减轻内心的紧张和不安，就会在网络社会实施助人行为，从而使虚拟个体获得自我良心之抚慰，也体会到一种自我服务实现的安宁感和幸福感。而基于后者的移情体验，虚拟个体看到其他虚拟主体处于困境而产生移情，于是实施助人行为以减轻他人之痛楚，从而使虚拟个体感到自身有力量，也体会到一种自我价值实现的满足感和成就感。

第四，正确处理自我牺牲问题以激发大学生利他行为。以集体主义为内核的公共精神，必然面临一个问题，就是当虚拟个体利益与虚拟组织和网络社会共同体利益发生冲突时，个体利益要服从公共利益，也就是虚拟个体的自我牺牲问题。诚然，在特定条件下，个体利益与公共利益在冲突中若没有一定的自我牺牲，就不可能有虚拟个体利益和网络社会共同体利益的实现——但也不可能让虚拟个体超出必要限度而牺牲其全部利益，否则公共利益的代表性和科学性是值得怀疑的。所以，尽管需要作出自我牺牲的可能是特定的一个或一部分虚拟个体，也可能是不特定的虚拟个体，但为了维护网络社会的公平正义，也为了激发虚拟主体自愿作出自我牺牲，必须处理好下列三个关系：一是衡平虚拟个体自我牺牲的利益损失与网络社会共同体利益实现的价值关系，也就是说，虚拟个体一定的自我牺牲必然要体现为在更大程度上维护了网络社会共同体利益，否则不需要作出自我牺牲；二是衡平虚拟个体自我牺牲责任与网络社会共同体义务的对等关系，不能一味地、简单粗暴地要求虚拟个体承担自我牺牲责任，虚拟组织和网络社会必须在利益平衡上承担必要的义务，在虚拟个体利益与网络社会共同体利益的衡平中，尽可能使自我牺牲的限度、时限、内容、形式等要素最优化；三是衡平虚拟个体自我牺牲损失与网络社会共同体利益补偿的补偿关系。虚拟个体的自我牺牲不应成为网络社会集体主义的常态，而且在虚拟个体作出一定牺牲时，必须得到极大的尊重，并使之及时获得包括精神的和物质的必要补偿和社会承认。

第三节 责任担当：激励大学生网络空间的责任行为

网络社会必然要讲网络道德。而按照黑格尔的说法，"道德之所以是道德，全在于具有知道自己履行了责任这样一种意识"[1]，换言之，所谓网络道德必然体现为自觉履行网络责任。是故，"每一个在道德上有价值的人，都要有所承担，不负任何责任的东西，不是人而是物"[2]。由此可见，责任担当是大学生网络道德素质之根本，我们绝不能撇开网络责任而谈网络道德。而所谓网络责任，体现为虚拟个体基于对自身网络社会角色之认知，自觉践行符合网络社会公共道德诉求的道德行为及其对虚拟个体虚拟生存行为后果的自觉担当。它强调虚拟个体对其他虚拟个体、虚拟组织乃至网络社会共同体所应尽的必然义务。事实上，"社会的每一个成员在其职业、文化、结社和消费活动中，每天都应承担

---

[1] ［德］黑格尔：《精神现象学》（下卷），贺麟等译，商务印书馆1979年版，第157页。
[2] 姜丕之，汝信：《康德黑格尔研究》（第一辑），上海人民出版社1986年版，第10页。

自己对他人的责任"①。西塞罗也曾断言，任何一种生活均不可能没有责任，"生活中一切有德之事均由履行这种责任而出，而一切无德之事皆因忽视这种责任所致"②。那么，大学生在网络社会如何才能更好地履行这种规定性的义务呢？

一、共生共存：凝聚责任担当的价值共识

网络责任之存在，显然不以虚拟个体之意志为转移，既不因虚拟个体对网络责任之逃避、拒斥与麻木而消解，也不因虚拟个体对网络责任认知之强弱而改变，由此决定了虚拟个体必须担当一定责任而成为一种责任存在，并以责任生存方式作为其虚拟生存的基本范式。而且，"我的责任是不可转移的，没有人能够代替我。事实上，就是说我作为人的身份开始于我的责任……责任是我单独负有的，是我在人类的范围内所不能拒绝的。这种责任是惟一的最高的尊严。在惟一的标准上，我是我，这个标准就是：我是负责任的，不可替换的我，我能够用我自己代替任何人，但是没有人能够用他自己代替我"③。可见，网络责任是虚拟个体之虚拟发展的内在诉求，虚拟个体唯有自觉担当应有的网络责任，其虚拟发展才有了道德基础。诚然，虚拟个体的网络责任担当必然有一个"度"，它必然以利于虚拟主体在网络社会的共生共存为价值标准。所谓共生共存，是指虚拟个体在虚拟生存实践中，彼此关心负责、共同生存发展，保持与其他虚拟个体、虚拟组织、网络社会共同体和谐共进的一种生存价值取向。

为此，网络社会要凝聚共生共存之价值共识。而这种共识的形成，体现为虚拟主体在对网络责任所蕴涵的道德价值与网络社会价值有了深刻认知之后，将之自主内化建构为虚拟个体自身的道德心理图式，由此产生由内而外的、自觉承担网络责任之虚拟生存模式。而当虚拟主体以共生共存理念来规引自身之言行时，就能逐渐形成共生共存的网络社会公共秩序，并积极滋养共生共存的网络文化，从而全面弘扬和谐共生、相依共存、协调共进的责任精神。而虚拟主体一旦经由教育及其自身的网络道德实践而逐渐相信共生共存的巨大社会价

---

① 国际 21 世纪教育委员会：《教育——财富蕴藏其中》，联合国教科文组织总部中文科译，教育科学出版社 1996 年版，第 47 页。
② ［罗马］西塞罗：《西塞罗三论》，徐奕春译，商务印书馆 1998 年版，第 91 页。
③ ［波兰］齐格蒙特·鲍曼：《后现代伦理学》，张成岗译，江苏人民出版社 2003 年版，第 90 页。

值，就会乐于并习惯于遵守网络社会的法律规则与道德规则。此时，虚拟主体对网络责任之承担已无须依赖法律规范为外力强制，法律规则或者道德规则的主要功能已成为非强制惩戒或者精神规约，而仅为虚拟个体与其他虚拟个体、虚拟组织及网络社会共生共存之规则性安排罢了，以共生共存为特征的网络责任无疑已不经意间达成高度的价值共识继而形成一种道德信仰。

而当前，在物欲横流的网络社会里，要想以共生共存理念来有效凝聚责任担当的价值共识，必须解决虚拟主体虚拟生存的内在利益需求问题，如自觉承担这样或那样的网络责任会有何益处？而不承担应有的网络责任又会有何坏处（不利影响）？若无明显之益处亦无特别之坏处，便不足以凝聚责任担当之共识，虚拟主体的网络责任担当也就失去了基本动力。诚然，除了虚拟主体基于追求自身德性圆满而自觉履行共生共存规则之外，还应有两条基于外部因素的进路：一是建立利益驱动机制以激励共生共存的责任担当行为。对大多数虚拟主体而言，共生共存行为并无自觉自愿之动力，它往往依赖于一定的利益驱动，这种利益可以是物质上的、精神上的或者政治上的。政府部门、社会及虚拟主体应配合建构这样的利益驱动机制，即当虚拟个体较好地为共生共存而履行网络责任时，应及时有效地予以必要的利益补偿，譬如政府部门予以授荣奖励、解决困难，社会各方报以赞扬、恤问、鼓励，等等。二是完善利益侵害惩戒机制以形成共生共存行为习惯。政府、社会和虚拟共同体应尽可能地将共生共存价值明确化、规则化乃至制度化、法律化，使虚拟主体的责任承担行为有"章"可依。在此基础上，对违背共生共存规则的利益多占、利益滥用、利益侵害行为，及时予以曝光、谴责、告诫、惩罚甚至法律制裁，以强制力约束虚拟主体回归共生共存的责任行为模式上来。

二、责任人格：类我与自我的协同与超越

人格高尚，责任第一。一个人格高尚的人，必然是一个责任心极强的人。此所谓责任人格，是指虚拟个体在虚拟生存实践中，通过对网络责任之认知与感受，表现为自觉履行网络责任之态度与行动，并不断在虚拟生存实践中内化建构自我认同。毫无疑问，责任心是网络社会虚拟主体人格的升华。但这种升华，应该作为主体的整体性的、健全的人格提升，而不能处于分裂化、碎片化或者冲突化的扭曲状态。而网络社会虚拟主体（"虚拟的人"）与现实社会现实的人之间的分离性、匿名性和缺场性，使主体的人格发展面临着挑战。

我们知道,网络社会是由一个个虚拟主体("虚拟的人")组成的共同体,每一个"虚拟的人",在现实生存中必然有一个对应的现实的人,但一个现实的人可能对应着多个乃至若干个"虚拟的人"。在网络社会,"虚拟的人"是网络责任担当的主体,其实质是现实的人所操控的"影子",故可称之为类我;而类我的"影子"特质决定了现实的人才是虚拟生存的真正主体(现实主体),故对现实的人可称之为自我。而大学生在网络社会通常伪装成多个"虚拟的人"(拥有不同的身份或角色),即有多个虚拟主体,但均指向一个现实主体——只有自我才能真切感受和支配情感、想法和欲望,并合理支配和控制类我的行为。类我若要在网络社会确证其存在性,就必然彰显其整体性、独立性、目的性、能动性等特质。故当类我与自我处于分裂状态时,现实主体就在网络社会操纵众多虚拟主体而呈现多重人格特征,有多少个虚拟主体就可能呈现多少重人格,这就是大学生在网络社会的生存常态。诚然,基于健全责任人格之考量,应教育引导大学生进行主体重塑。

第一,实现网络社会之类我与现实社会之自我的责任人格协同。一方面,应引导大学生将众多类我与自我在责任人格上趋于一致,以避免主体的人格分裂。另一方面,主体的虚拟生存实践行为与现实生存实践行为要达至统一,保持自我的一贯风格,不至于发生现实生存实践行为与虚拟生存实践行为缺乏延续性或出现不符,甚至相悖而判若两人。此中之关键,是戳穿"虚拟的人"的面具,摆脱面具庇护下的平庸之恶,树立"虚拟的人"与现实的人之责任共同体意识,完善"虚拟的人"之虚拟生存实践行为对现实的人之法律责任追究机制,通过法律责任承担而促进道德责任生成。显然,类我与自我的协同,使虚拟生存的超越性体验与现实生存的真实性体验,能同向统一地促进大学生人格精神的有效互塑,促进其自由全面发展。

第二,实现网络社会之类我对现实社会之自我的责任人格超越。网络社会对现实社会的超越性,决定了虚拟主体必须实现对现实主体的三重超越。一是虚拟主体选择能力的超越。网络社会涌现海量信息,良莠不齐、鱼龙混杂,虚拟主体要学会辨别是非、善恶、真假、美丑,而后择善从之、为我所用。二是虚拟主体律己能力的超越。网络社会充满陷阱诱惑,极易迷失自我,要在匿名状态下涵养慎独品格,控制好主体的情绪和欲望,保持内心的良知良能。三是虚拟主体律他能力的超越。互联网技术为抵制不良信息行为提供了便利,大学生应培育网络社会责任意识,自觉加入网络"清道夫"行列,随时举报网络假丑恶行为，共同维护网络社会生态和谐。

三、角色责任：网络责任的具体化与主体化担当

莎士比亚曾指出："整个世界是一个大舞台，所有的男男女女都是演员，他们有时上台有时下台，每个人在一生中扮演着许多不同的角色。"① 事实上，在网络社会，任何虚拟主体无论如何总扮演着一定的角色。只不过，网络社会的虚拟角色与戏剧里的角色不同，后者之言行全由编剧者设计；而前者之言行均受角色规范（伦理）所制约。此所谓角色，是指大学生在虚拟生存实践中某一时空所处网络社会关系上的某一网络社会地位的"人"之身份标识，其本质为网络社会中虚拟的"社会角色"。大学生虚拟生存实践越活跃，网络社会关系越丰富，虚拟角色就越多，这些角色均彰显着虚拟个体在网络社会上的身份与地位。但是，这些虚拟的"角色并不是'自我'——只是在我们工作期间穿上的工作服，当下班后，我们就又会把它脱下来"②。可见，虚拟主体有多少网络社会关系，便有多少个角色依附于虚拟主体之上。显然，不同的虚拟角色，恰恰依相应的角色规范而明确了虚拟个体之间的行为差异，这些差异源于不同的角色责任——这恰恰是网络责任精神的主要内容。而要有效激励大学生的网络责任担当行为，就必须强化虚拟主体对虚拟角色责任之认同与履行，网络责任教育也只有从角色责任切入才更为具体可行。

毫无疑问，大学生在复杂的网络社会关系中，无时无刻不在扮演着一个以上的虚拟角色，它是大学生在网络社会关系中的身份标识，其所期望的任何权利或应承担的网络责任也都附着于虚拟个体所扮演的某个或某些虚拟角色上。而在虚拟生存实践中，大学生在此时此地抑或彼时彼地应选择怎样的责任行为或者说道德行为模式，均取决于其当时所扮演的某个虚拟角色。正如齐格蒙特所言："责任依赖于角色，而不是依赖于完成任务的人。"③ 故透过"虚拟的人"在网络社会所扮演之社会角色，均可看到其背后所对应之网络责任，即角色责任。网络责任与虚拟角色如影随形、相伴共生，有虚拟角色便有网络责任，虚拟角色消除网络责任亦解除。二者为名与实、表与里、形式与内容之关系。所

---

① 邱德亮：《论社会角色责任与角色道德建设》，东北师范大学 2007 年博士学位论文，第3 页。
② ［英］齐格蒙特·鲍曼：《后现代伦理学》，江苏人民出版社 2003 年版，第 22 页。
③ ［英］齐格蒙特·鲍曼：《后现代伦理学》，江苏人民出版社 2003 年版，第 22 页。

以，虚拟角色一旦剥离了网络责任就名不符实，网络责任远离了虚拟角色则名不正而言不顺。是故，虚拟主体网络责任之大小多寡全系于虚拟角色之大小多寡之中，而虚拟角色之崇高则全赖于其相应网络责任之有效履行而得以彰显。

而据责任来源与内容之差异，可将网络责任一分为二：一是虚拟个体作为网络社会的"社会的人"角色之共性责任，即网络共同责任；二是与某一虚拟角色对应之责任，即虚拟角色责任。二者为共性与个性之关系。前者是虚拟主体之作为"社会人"的内在规定性责任，即虚拟主体在网络社会享有平等之权利，并相应地赋有平等之义务与责任，故虚拟主体应有"一种与自然的安排相一致的行动"①。当下的网络社会公民教育之本质乃共同责任之教育，旨在激发虚拟主体之主体意识与责任行为，强调其在虚拟发展之基础上为网络社会承担应有的责任。正所谓"天下兴亡，匹夫有责"，乃至"人人有责"。不过，共同责任的崇高性、抽象性与社会本位性，却使之在一定程度上远离了实际。因此，"人人有责"这种泛化责任的落地必须找到一个支点，否则最终可能沦为"人人无责"，而把责任担当寄托于他者身上，从而使网络社会出现了一定程度的无序化。而唯有将崇高的共同责任具体化，直接明确地分解落实到具体的虚拟角色上，使之成为角色责任时，方使网络责任之履行成为可能。换言之，虚拟角色责任源于网络共同责任，却是网络共同责任的落脚点，并使之得以具体化与主体化。

诚然，"道德从一开始起，最根本的目的，就是要求个人把自己的生存、发展和完善的需要，汇入社会整体或社会大多数成员共同的生存、发展和完善的需要这个大需要系统中去"②。所以，为保证虚拟个体均能更好地享受到网络资源这个"蛋糕"，并保障网络资源这个"蛋糕"越做越大，虚拟主体必然肩负越来越多、越来越重的虚拟角色责任，乃至以网络社会公民的角色行为不断修成个体德性。其中之路径至少有三条：

一是增强虚拟角色意识与虚拟角色认同，这是网络责任担当的内在逻辑起点。教育首先要让大学生知晓在网络社会中正在扮演、必须扮演或选择扮演何种虚拟角色，使之明确虚拟个体的社会关系定位，以回应"我是谁"与"为谁而活"之诘问；其次是引导大学生如何扮演好此等虚拟角色，有效履行虚拟角色责任，不断端正虚拟生存态度与塑造优质的自我，以解决"如何活着"的难

---

① 崔延强：《通向宁静之路》，载于《哲学研究》2000年第7期，第48－55页。
② 夏伟东：《道德本质论》，中国人民大学出版社1991年版，第40页。

题。而虚拟角色意识之核心是虚拟角色认同，故应引导大学生对所扮演虚拟角色尤其是不可抛弃的他赋角色予以认可与接纳，这也是对其自身所在网络社会关系产生发自内心的确认。虚拟角色认同又是虚拟角色责任认同的前提，是虚拟角色行为（履行虚拟角色责任）的开始。任何虚拟角色责任的有效履行与大学生的网络责任能力生成，都离不开其对应扮演或选择扮演的虚拟角色之有效认同；只有当其对此等虚拟角色有较高的认同感，才会依据自身的资格和能力产生相应的虚拟责任认同，而二者之认同程度越高，因之主动履行相应角色责任的动力就越大。

二是强化虚拟角色扮演与虚拟角色充当，让网络责任行为在虚拟体验中自主养成。大学生在网络社会必将扮演诸多虚拟角色，不同的虚拟角色均在一定程度上联结着虚拟个体与其他虚拟主体、虚拟组织乃至网络社会共同体的利益，也都必然地被赋予了相应的虚拟角色责任。大学生所扮演的虚拟角色越多、角色地位越高、角色权力越大，则其相应的网络责任自然也就越多越大。而虚拟角色责任履行越到位有效，则大学生的网络责任能力就越强，是故要积极引导大学生参与尽可能多的虚拟角色扮演。尽管此中有些虚拟角色是非自愿的，但多元化的虚拟角色扮演无疑给大学生提供了足够多的网络责任能力提升机会。而虚拟角色充当或虚拟角色互换是虚拟角色扮演的特殊形式，即以换位体验的方式，通过扮演他人（尤其是相对方）角色来体验角色责任或反观自身角色的应然责任，从而更好地履行自身角色之责任，不断优化自身的角色行为，以维系各种网络社会关系的良性发展。较之自身角色之扮演，虚拟角色互换与充当更具情感性、体验性和深刻性。

三是赋予虚拟角色选择与虚拟角色约束，让网络责任能力在自律与他律中提升。网络责任能力还有赖于大学生对虚拟角色的自由选择来自主培育。事实上，除了无可抛弃的他赋角色外，网络社会的虚拟角色具有比现实社会更大的自由选择性。自由选择虚拟角色之本质乃网络责任认同之自由与道德选择之自由，它使大学生能最大限度地民主参与责任生成与德性修成实践。这种自由包括外在自由与内在自由，前者指网络社会为大学生的虚拟角色选择及网络责任选择性生成提供诸多可能，选择的可能性越大，其外在自由就越大；而后者则彰显了大学生基于虚拟角色扮演的网络责任生成之能动性，它使之在虚拟角色选择可能性面前，能够以自我意志去遵循自身的需要、理想、信念和条件等因素予以价值判断和选择。当然，虚拟角色选择之自由还体现为虚拟角色期待和虚拟角色抛弃，前者旨在获取符合自身价值取向的新角色，后者旨在解除不符合自身价值取向的旧角色以更好地获取新角色，二者均应成为积极的虚拟角色选择。而大学生一旦自由作出虚拟角色选择，便意识到其应做此事，亦当然地选择了该虚拟角色之责任。故必使之在民主参与虚拟角色扮演中生成责任，自主内化建构符合主流价值取向却不失个性化的德性。诚然，虚拟角色选择自由具有相对性与有限性，因为事实上存在无可选择、不可抛弃的他赋角色，且自由选择的虚拟角色在角色责任履行上同样具有不自由性，所以虚拟角色约束是必然存在的。教育一方面要引导大学生正视人生必须扮演的他赋角色所固有的虚拟角色约束，有效履行此等虚拟角色所承载之网络责任。另一方面，应尽可能对大学生所扮演的一些虚拟角色课以必要的角色义务，并予以虚拟角色约束，从而使之增强责任意识，逐渐养成自觉承担责任的习惯。同时要建立虚拟角色评价和激励机制，对增加了虚拟角色约束的虚拟角色扮演予以公正的角色责任绩效评价，这是大学生在义务承担中体验网络责任和生成网络责任能力的强制性他律路径。

四、虚拟发展：以自我责任行为确证虚拟生存的生命意义

互联网技术为大学生提供了对现实生存的现实性虚拟和超越生存现实的可能性虚拟，为大学生认识和改造世界开辟了自由便捷的、超越时空的全新视界。大学生得以利用这一工具通过网络社会虚拟生存实践而拓展自身的实践能力和认识能力，并不断改造着自己而实现自身发展。正如麦克卢汉所言："人的任何一种延伸，无论是皮肤的、手的还是脚的延伸，对整个心理和社会的复合体都产生影响。"[1] 毫无疑问，虚拟生存对大学生的身心之影响全面而深刻，大学生的虚拟发展已成为促进其自由全面发展不可或缺的重要部分。正是在这一意义上，大学生网络社会虚拟生存的第一要义，必然是践行网络社会的自我责任，即确证虚拟生存的生命意义与实现人生价值，以虚拟发展丰富和助推大学生的自由全面发展。

就虚拟生存与虚拟发展之关系而言，虚拟生存是大学生虚拟发展的前提和基础。而且，大学生在网络社会如何虚拟生存，在很大程度上决定着其虚拟发展的可能性限度。而大学生的虚拟发展，是其虚拟生存的提升，最终是要更好

---

① ［加］马歇尔·麦克卢汉：《理解媒介：论人的延伸》，何道宽译，商务印书馆2000年版，第21页。

地实现其虚拟生存。正如马克思所言："个人怎样表现自己的生活，他们自己就是怎样。因此，他们是什么样的，这同他们的生产是一致的——既和他们生产什么一致，又和他们怎样生产一致①。"遵循马克思这一观点，可以认为，大学生在网络社会怎样表现自己的虚拟生存，他们自己就将成为怎样的虚拟存在。换言之，大学生在网络社会经由"虚拟的人"所呈现的人格形象，必然与之在网络社会里实施了什么行为，以及采取怎样的方式方法实施这些行为密切相关。那么，依据网络影响作用于现实的人之道德责任发生机制，要使"虚拟的人"在虚拟生存上成为一个有道德价值的"人"，并将这种道德价值作用于现实的人，就必须在网络社会实施富有责任的道德行为——这是现实的人在网络社会追求道德圆满的内在诉求。唯有如此，网络社会方可为大学生提供一个安全的、有助于主体发展的美好空间，"当我们使用它的时候，会变得心情愉悦、心地善良和精神健康"②。

第四节　平等守信：培育大学生的网络社会契约精神

社会契约理论的主要代表人物卢梭曾指出："人是生而自由的，但却无往不在枷锁之中③。"的确，人生而自由、平等，但作为社会的人、现实的人，出于人类整体生存与发展的需要，必然要建立并共同遵守一定的公共规则，这就是其中的一副"枷锁"。关键在于这是一副什么性质的"枷锁"，又是怎样形成的。在卢梭看来，这个"枷锁"不是源于政治权威，而是源于人们自身对天然自由之放弃而共同建立起来的契约自由。因此，一个理想的社会，必须建立于人与人之间而不是人与政府之间的契约关系上④。换言之，人们之所以自愿选择契约自由这个自制"枷锁"，其根本原因在于天然自由导致了社会的无序化发展，极大阻碍了人类的整体生存与发展。

对网络社会而言，互联网设计之初衷，显然是建立一个没有立场的、和平

---

① 马克思、恩格斯：《马克思恩格斯全集》（第 1 卷），人民出版社 1995 年版，第 67 - 68 页。

② ［美］帕特·华莱士：《互联网心理学》，谢影等译，中国轻工业出版社 2000 年版，第 146 页。

③ ［法］卢梭：《社会契约论》戴光年译，武汉出版社 2012 年版，第 5 页。

④ 是故，卢梭的《社会契约论》（法文：Du Contrat Social），又被译为《民约论》。

的纯粹平台，让全人类彼此连接、相互沟通。但发展到今天，网络空间已出现了一定程度的无序化、污浊化、陷阱化、政治化等倾向，虚假信息、侵犯个人隐私、网络暴力、网络犯罪、政治操纵等网络安全问题充斥网络社会，已经严重威胁着虚拟个体、虚拟组织和网络社会公共利益。因此，网络社会亟待人们从天然自由状态转向契约自由状态，以契约精神维系网络社会的公共秩序，以保障网络社会的良序化发展。但是，对网络社会虚拟生存行为的有效规约，显然不是依赖纯粹卢梭式的社会契约模式所能解决的，它必然要超越"民约"范畴而将道德软约束与法治硬约束有机结合起来，因此政府、社会和虚拟主体就成了网络社会的契约自由的责任主体。而大学生作为虚拟生存最为活跃的群体，培育其网络社会契约精神，引导其建立网络社会诚信意识、规则意识，对促进网络社会生态化发展，有着十分重要的积极意义。

一、网络社会的契约精神

网络社会的公共秩序显然不是与生俱来的，而是人为的。网络社会发展到今天，纯粹的人与人之间的"民约"显然已难以促成良好秩序，而必须依靠网络社会的利益相关者来共同维护，也就必然以虚拟主体、社会和政府的共同契约为基础。故所谓网络社会契约精神，是指大学生为维护网络社会公共秩序，保障虚拟个体、虚拟组织和网络社会共同体利益，虚拟主体、虚拟组织乃至现实社会组织、政府，以自由平等为基础，达成各方利益最大化的契约关系而形成的守信态度。毫无疑问，当前网络社会的契约精神，已从纯粹的私法领域的契约自由，转向以公、私法相结合的契约自由。换言之，网络社会不仅需要私法意义的契约自由，也需要公法意义的契约自由。从私法角度看，契约自由存在于虚拟主体之间，旨在实现网络空间生存、交易、合作的便利化与自由化；从公法角度看，契约自由存在于虚拟主体与公权力之间，一方面强调公权力的有限性，即要限制公权力随意干涉以保证虚拟主体在网络社会的自由生存与发展，另一方面突出公权力的保障性，即要以公权力约束虚拟主体违背公序良俗、损害其他虚拟主体及网络社会共同体利益的行为。当然，公权力在网络社会是中立角色，它基于公共利益考量而从宏观上对网络社会公共秩序进行调控，以引导、支持、保护网络社会生态化发展，最终以利于包括生存安全、交易安全、合作安全等在内的总体网络社会安全。

网络社会契约精神是一种集自由、平等、信守、救济于一体的虚拟生存态度。一是契约自由。网络社会的契约建立必然以虚拟主体的自由生存为前提，其最基本的要求是虚拟主体之间在建立契约时能够自由作出选择。虚拟主体可以选择合适的虚拟生存方式在网络社会自由活动，并按共同约定来维护网络社会的正常运行。因此，网络社会的契约精神，具体体现为虚拟主体在选择缔约者、决定缔约内容、选择缔约方式诸方面均可自由为之。二是契约平等。虚拟主体之间在网络社会建立契约关系时，其地位必须是平等的，彼此公平地享有权利并相应履行义务，并互为对等给付，不存在超出契约范围的特权。而为保证实现契约平等，必要时必然要借助公权力，对违约者施以强制性惩戒，而对守约者予以保护性救济。显然，虚拟主体在建立契约时，已自愿共同让渡部分权力给了公权力代为行使，以维护平等、公平而实现网络社会和谐。三是契约信守。基于虚拟生存、交易和合作的安全性考虑，虚拟主体之间之所以愿意建立契约关系，乃源于彼此间之信任。唯当契约之信守精神在网络社会中形成一种约定俗成的良好风气，契约的保障性价值才得以完全实现。这就要求虚拟契约相关者秉承契约守信精神，彼此诚实守信，在订约时不欺诈、不隐瞒真实情况，不恶意缔约、履约时完全履行，并积极履行照管、提醒等附随义务。四是契约救济。虚拟主体建立契约关系之出发点就是为了能够更好地虚拟生存和发展下去，在保护好自身的同时维护好网络社会可持续发展，但虚拟主体利益、虚拟组织利益和网络社会共同体利益总是不可避免地受到损害的，因此利益相关者必然要通过契约来实现对自身损失之救济。

为保障虚拟主体的自由生存和网络社会生态化发展而缔结起来的契约关系，显然可以区分为三个层次：一是虚拟个体之间的契约，如"虚拟的人"之间的契约、"虚拟的人"与虚拟组织之间的契约，以之保证不损害彼此之利益与自由；二是虚拟主体共同形成的契约，或称之为公共契约、网络社会公约，以之保证网络社会成员不损害不特定虚拟个体的利益与自由；三是私主体与公权力之间的契约，以之保证公权力不损害或不随意限制虚拟个体之利益与自由。实际上，不论哪一个层次的契约关系，均要找到一种合适的缔约内容与形式，使之能以虚拟相关方力量或网络社会共同力量来防御和保障每个缔约者的人身安全与财富安全，而这种缔约依然使每一个虚拟个体从本质上讲只不过是在服从自己，因此这种契约自由才是每个虚拟主体自主自愿缔结的。而为了更好履行契约精神，大学生必须厘清两个关系：

一是网络社会契约建立的自由性与稳定性的关系。契约建立的自由性主要体现为缔结过程对缔结对象选择、缔结内容决定、缔结方式选择诸方面必须以虚拟主体的自由自愿为基础，以其意志的自由表达为基础，各自表达意见，寻求共识，以发挥共同力量保证每个虚拟主体的自由和安全。正因为这个契约是其自由选择的，因此虚拟主体必然自愿服从这个自己意志，因此也是愿意对此负责任的。但是，契约一旦建立就具有相对稳定性，未经缔结相关方同意是无法擅自变更的，这也是保障每个虚拟主体利益的基础。如果任由虚拟主体擅自变更或破坏契约，以损坏相关方利益或者网络社会共同体利益来追求虚拟个体之私利，那么就会导致其他虚拟个体争相效仿，契约就会作废或者形同虚设，最终致使网络社会的任何虚拟个体的利益都无法得到有效保障，网络空间也终将变成一个尔虞我诈的陷阱和魔窟。

二是网络社会契约建立的逐利性与公平性的关系。趋利避害是虚拟主体的共性，每个人或者社会组织都希望在网络社会的利益最大化，因此往往利用网络社会的虚拟性、匿名性和易变性，虚拟出若干"虚拟的人"或者利用大数据技术，千方百计试图获得更多利益满足，这本无可厚非。但是，这不得不兼顾一个公平性问题。一方面，契约是由虚拟主体双方或全体共同缔结的，它必定要符合同时缔约的全部虚拟主体之利益；另一方面，一个虚拟主体在某个特定时空希望缔结契约之条件，对该时空后缔结相同类型契约的虚拟个体而言，也应该是一致的。因此，要兼顾公平，就不能出现某一虚拟个体或者某一群虚拟个体在契约中占据主导地位而享有更多权益（包括权力、权利和利益），而另一部分虚拟主体占据服从地位而承担过多义务；也不能出现部分虚拟主体利用技术优势和信息优势，而歧视、损害另一部分缺乏技术和信息优势的善良的虚拟主体之权益。

二、网络社会契约精神的现实审视

在网络社会，因其虚拟性、缺场性、匿名性和易变性特征，使人们误以为"虚拟的人"具有虚假性、隐匿性，道德管不住、法律管不着。于是，不承担虚拟生存行为的责任，也不考虑虚拟生存行为的后果，已然抛弃基本的契约精神，从而导致网络社会生态出现一定程度的恶化。

首先，网络认知扭曲化，体现为网络自由的绝对性与网络契约的虚无性。许多大学生把网络社会与现实社会割裂开来，未看清网络社会是现实社会的虚拟反映，是现实的虚拟或者说是虚拟现实；也未看清网络社会是现实社会的延伸，是现实社会的一部分；更未看清网络社会与现实社会的耦合关系，尤其是网络社会对现实社会的反作用关系。因此，把网络社会视为道德与法律无涉的真空地带，在网络空间为所欲为，放大了网络社会天然自由的绝对性，由此损害了其他虚拟主体、虚拟组织和网络社会共同体利益。而正是由于对网络社会产生虚假、绝对自由的错误认知，大学生将契约精神从网络空间抽离出来，使之虚拟生存行为丧失了契约自由、契约平等、契约信守和契约救济的基本态度，在一定程度上造成了网络社会虚拟行为的失信、无序与混乱。

其次，网络文化虚假化，体现为网络表达的伪善性和网络信息的欺骗性。网络虚假文化生产是违背网络社会公共契约精神而损害其他虚拟个体利益的具体体现。某些虚拟主体为了达到吸睛、引流、逐利等各种目的，乐于充当网络社会的"水军""打手""网托""目击者""抬轿者""代言人"，极力炮制各种虚假的好评、差评、舆论，以及各种关注、点赞、"加粉"、作证、转发等，使不明真相的虚拟主体产生错误判断。同时，利用网络的隐匿性和易变性特点，传播伪科学、"毒鸡汤"，发布假广告、假招聘、假消息、假新闻、假刷单，造谣传谣，误导网民。

其三，网络秩序混乱化，体现为虚拟发展的私利性和网络规则的无视性。虚拟个体虚拟发展的私利性，是网络契约精神缺失下对网络社会群体公利性的侵蚀。当前，各种网络自媒体、博客微博、朋友圈、网络广播、视频直播、电商直播……蜂拥而出、一派生机；高雅的、科学的、世俗的、媚俗的、灰色的、色情的、暴力的……鱼龙混杂、良莠不齐；道德的或者缺德的、美的或者丑的、善的或者恶的、是的或者非的、真的或者假的、合法的或者非法的、积极的或者消极的……混淆难辨、野蛮生长。毫无疑问，这一切都是对网络社会公共秩序规则的极大无视。显然，每一种存在的背后都有一股内力驱动，以私利驱动的虚拟发展俨然超越了以公利驱动的虚拟发展，阻碍了网络社会契约精神的大众化弘扬。

其四，网络安全风险化，体现为网络行为的攻击性和网络渗透的政治性。从网络虚拟行为层面看，网络攻击是虚拟主体主动的、恶意的虚拟生存行为，具有攻击性、危害性，甚至违法性，是对契约精神的严重亵渎。显然，这是拥有技术优势和信息优势或者居心叵测的虚拟主体，全然将其他虚拟主体视为"猎物"而进行的肆意"猎杀"。它具体表现为恶意收集个人信息、窥视侵犯他人隐私、侵犯知识产权、侵害个人财产、盗取网络账号、入侵私人空间、煽动网络舆情、传播网络病毒，以及实施网络绑架、网络欺诈、网络监听、网络暴力、网络犯罪等等。从意识形态层面上看，网络社会充满政治色彩，已成为各国角力的新战场，动用国家力量的网络监听、网络攻击、网络霸权、民族情绪煽动、网络文化殖民、网络主权侵犯、网络恐怖主义活动已经成为网络社会的公害。显然，这已上升到全球网络社会的契约自由问题，必须寻求建立多边、民主、透明的全球互联网治理体系。

三、网络社会契约精神的育成

网络社会与现实社会一样，需要社会契约精神。它具有公共性和规则性两个显著特征。公共性体现为契约的建立必须对虚拟个体的意志进行重构，求得最大公约数，形成网络社会公意，每一个虚拟个体都意识到自己的权利让渡与自由边界。规则性体现为网络社会应该是基于契约自由而形成的共同体，虚拟个体是网络公共规则下的个体，以此规范网络社会的生态化发展。因此，每一个虚拟个体想要在网络社会更加自由生存发展，就必须有强烈的网络社会公共意识和规则意识，养成良好的社会契约精神。

一是在自由秩序中建构契约自由精神。自由生存，是大学生虚拟认同的主要原因，也是网络社会的最大吸引力。在网络社会，虚拟个体可以自由表达意愿、交流思想，可以对不同意见进行抨击，可以对社会丑恶现象进行揭露……而这一切，乃出于大学生自由自愿的选择，是自主参与、自我决定、主动表达的。这种可选择性，给虚拟个体的契约自由精神提供了自主建构的广大空间——因为自由选择乃责任承担之前提，承担责任是对契约自由之捍卫。一如道德哲学家马志尼所言："你们是自由的，因此是负有责任的。"[1] 因为，"只有当一个人能够如他所期望的那样，从一开始就自由地行动时，我们才能对实际上发生的事情追究责任"[2]。所以，当虚拟个体自由自主地选择了某个虚拟生存行为，就意味着他自愿选择了该行为所负担的责任，而责任承担恰恰就是一切契约价值的泉源。显然，"网络空间同现实社会一样，既要提倡自由，也要保持秩序"[3]。因为，规则是对自由的最好保障，秩序是一切权利的基础；所以，网络

① ［意］马志尼：《论人的责任》，吕志士译，商务印书馆 1995 年版，第 101 页。
② ［美］里奇拉克：《发现自由意志与个人责任》，许泽民等译，贵州人民出版社 1991 年版，第 1 页。
③ 《习近平谈治国理政》，外文出版社 2017 年版，第 533 页。

社会必须是讲规则守秩序下的社会，网络自由必须是讲规则守秩序下的自由。而自由与秩序的有机融合，将更好地使大学生内化生成网络社会的契约自由精神。

二是在平等合作中认同契约平等精神。事实上，较之现实社会，虚拟主体作为网络社会的一个数字符号，不辨贫富贵贱、不分男女老少、不明种族身份、不知善恶美丑，更有利于虚拟主体平等参与网络社会活动。因此，每一个虚拟主体都应该以开放合作的精神，坚持同舟共济、平等互利的理念，摈弃强者为王、赢者通吃的旧观念，开拓更多交流合作的新渠道、新模式，挖掘更多虚拟生存的利益契合点，探索更多虚拟发展的合作增长点，找寻更多虚拟合作的共赢新亮点，促成虚拟主体在网络社会平等地互通有无、优势互补、公平协商和协同发展。每一个现实的人在网络空间尽管面对的是不特定的陌生的虚拟主体，但契约平等不应有双重标准或者多重标准，不能一个虚拟主体享受更多权利而其他虚拟主体承担更多义务，也不能一部分虚拟主体享受更多权利而其他虚拟主体承担更多义务，更不能以牺牲其他虚拟主体的权利来谋求自身的所谓绝对权利。网络社会虽然是虚拟的，但是运用互联网技术的主体是现实的，所有主体都应该遵纪守法，明确各方权利义务，在平等合作中认同契约平等精神。

三是在网络诚信中养成契约信守精神。网络诚信作为国家诚信体系的重要组成部分，不仅关乎网络社会和现实社会的长治久安，更关系到每个现实主体的人身与财产安全 。近年来，微信十条、直播新规、网络安全法等相继出台，微博用户实名认证、网站信用评价、网络诚信宣传日活动等不断深入开展，国家积极推进守信联合激励和失信联合惩戒的机制建设，全面加强了网络诚信的正面宣传，加大了诚信正能量的传播，网络诚信建设取得新进展，为虚拟生存营造了越来越诚信的网络环境。实际上，大学生一旦接触互联网就必然离不开协议，而网络社会交易合作的双方共同信守的这种协议的约定，本身就是诚信的表现，而且信守协议也逐渐被大学生所认知和认同。所以，国家、社会、虚拟组织、虚拟个体应该进一步凸显网络诚信理念，加强网络社会虚拟生存行为自律，大力营造依法办网、诚信用网的良好氛围，让诚信真正成为网络社会上的"通行证"。

四是在惩戒救济中育成契约救济精神。网络社会的契约救济是一个法律范畴问题，是对违反契约者的一种惩戒和对信守契约者的一种救济。网络社会的契约救济至少有四个功能：一是威慑功能，这种威慑功能源于网络舆论和一定的法律强制，但功能之发挥还取决于失信者得到应有的及时的唾弃和惩戒、守信者得到应有的及时的道德声援和法律救济；二是规制功能，不论是网络社会公约，还是网络法律法规，抑或是网络交易合作协议，利益相关者都明知权利义务，可据此有效调整自己的行为，自觉遵守契约以免遭受惩戒；三是保护功能，契约救济旨在矫正网络社会秩序、保护虚拟主体和网络共同体利益，每一个虚拟主体都可在虚拟生存中，按照契约实现和保护自身权利，当权利受到侵害时可按照契约维护自身合法权益，从而使虚拟主体得以自由虚拟生存；四是激励功能，契约救济的作用还在于激励虚拟主体有勇气施行为网络社会公约、交易合作者协议和网络法律法规所允许的行为，正如海登博默所说："一个社会制度的成功，在很大程度上取决于它是否能够将人们在经济追求与性追求方面未被耗尽的剩余精力引入合乎社会需要的渠道。"①这种激励，一方面体现为引导虚拟主体有信心在网络社会诚信生存，另一方面体现为引导虚拟主体有勇气积极维护自身合法权益。而这些功能的有效发挥，使虚拟主体在网络社会的失信惩戒、损失救济与守信激励的虚拟体验中，意识到在维护他人权利、保护自身权益时，既使社会契约得以信守，也使网络社会的公平正义得以伸张，从而内化生成契约救济精神。

第五节　慈善引领：凝聚网络社会的慈善心愿共同体

如今，"互联网＋慈善"成了网络社会的一道亮丽风景线。网络慈善事业和慈善行为搭载着慈善文化，以超越时空、全网覆盖、虚实联动、熟人传播的组合模式，使慈善效应成倍放大、慈善效率迅速提高，极为有效地推动了全民公益。显然，网络慈善具有信息可视、传播容易、情感互动、支付便捷、积善高效等特征，畅通了求助者、慈善平台和行善者之间的亲近渠道，增强了慈善体验，更容易形成网络慈善文化。而这种网络慈善文化，可以成为一种引领网络社会多元价值观、具有张力和生命力的价值文化，以凝聚网络社会的价值认同，塑造网络公共慈善精神，凝聚网络社会的慈善心愿共同体，以增进虚拟主体的慈悲心和公益心，让网络社会回归自由、和平、诚信、友善的生态化发展轨道。

---

① ［美］E·博登海默：《法理学：法律哲学与法律方法》，邓正来译，中国政法大学出版社2004年版，第407页。

一、弘扬网络慈善文化

关于慈善，《说文解字》有曰："慈，爱也。"即有慈悲仁爱、关怀他人、富于同情之意。又曰："善，吉也。"即有人品淳厚、行为端正、与人为善之意。所以，网络慈善是网络社会所呈现出的一种崇德向善、乐善好施、扶贫济困的网络责任伦理，它是评判网络社会文明程度的重要标尺。而网络慈善文化，就是虚拟主体于网络社会长期的虚拟生存中所形成的慈善价值观念与慈善行为准则的总和。网络慈善文化作为网络社会的优势文化，它以利他主义为价值取向，是培育网络空间社会主义核心价值观的主要内容。网络慈善文化的繁荣与否是网络慈善是否发达、是否具有鲜明感召力的具体体现。弘扬网络慈善文化，旨在使网络社会形成浓郁的人文关怀氛围，呈现一种和谐有序、互助友善的美好状态。因此，弘扬慈善文化，就是引领大学生在网络社会要常怀仁爱之心、常施友好之行，让友善、关怀、互爱和互助成为虚拟生存的应有之义。这种慈善行为具有鲜明的公益性和志愿性，是"为了公益的志愿行为"①。它志愿于缓解网络社会里与自己无约定或法定权利义务关系的虚拟主体之痛苦，更志愿于提升虚拟生存品质以造福网络社会。

弘扬网络慈善文化，必须凝聚网络慈善价值认同。为了最广泛、最充分地调动网络社会的一切积极因素，不断提升构建网络空间和谐社会的能力，网络慈善义化的发展需要在价值层面被虚拟主体所认可并达成共识，从而内化为自身行为的价值规范和标准。一方面，要形成网络慈善文化理念的价值认同，使网络慈善价值观念经由"虚拟的人"而作用于现实的人之内心德性生成，重构其道德心理图式，从而自觉践行慈善理念，成为崇德向善、乐善好施、扶贫济困的网络社会公民。另一方面，要形成对网络慈善使命、目的和运作机制的价值认同。当前存在的一些违背慈善理念的诸如"诈捐""假捐""炒捐""秀捐""逼捐""强捐"等"伪慈善""被慈善""暴力慈善"现象，使虚拟主体对网络慈善抱有不信任态度。是故，网络慈善平台（组织）应经由自身使命彰显、内涵发展和施善者权利保障而赢得广泛信赖，吸引和激励更多虚拟主体乐于网络慈善。网络慈善文化认同是网络慈善事业之根本，只有根基牢固，方得以形

---

① ［美］罗伯特·L·佩顿、迈克尔·P·穆迪：《慈善的意义与使命》，郭烁译，中国劳动社会保障出版社 2013 年版，第 39 页。

成网络慈善文化，也才能形成一种慈善文化自觉，以自身行动诠释和丰富网络慈善文化。

弘扬网络慈善文化，必须提升网络慈善的公信力。慈善要在网络社会形成一种优势文化，以使大学生将慈善视为一项规定性义务，就要促成网络慈善文化在其身上实现内化，而这种内化应是一个柔性的而非强制的过程。因为，慈善之所以为"善"，全在于它是发自个人内心的、体现自由意志的行为，是虚拟主体对最高道德指令的内在性服从，但它会因网络慈善的公信力水平而受到一定阻隔。所以，虚拟主体的善意不能被蒙混、欺诈、强制、消费和消解，否则网络慈善就失去了应有的公信力，也就阻隔了虚拟主体的慈善意愿。为更好提升网络慈善的公信力，必须坚持四个特性。一是公益性。公益性是一切慈善的使命和本质要求，任何网络慈善平台（组织）及其业务人员的行为不以营利为目的，而恪守崇德向善、乐善好施、扶贫济困之宗旨。诸如收费服务、区别对待、滥设门槛，以及待遇丰厚、做派奢靡之类，必然使人对其公益性存疑。二是道德性。网络慈善平台（组织）及其业务人员，不论在业务执行过程中抑或在日常虚拟生存中，言行均应体现出鲜明的道德伦理性，彰显服务意识、责任意识和仁爱意识。三是透明性。建立公开透明的信息披露制度，定期向施善者详细说明善款善物使用情况及其效果，让网络施善者知晓自身善行之善果，由此保证网络慈善不会成为欺诈的牺牲品，也由此遏制了伪善之泛滥，呵护了施善者的善心。四是意愿性。网络施善者总期待着自己的善心得以如愿实现，网络慈善需要创造各种必要条件，切实保证施善者的权利，使之良好意愿能得到最大程度的实现。如此，不仅尊重了虚拟主体行善与否之自由，更保证了虚拟主体之善心用于其所愿意的对象或者场合，从而捍卫了施善者在慈善德行上的自主与自由。

弘扬网络慈善文化，必须加强网络慈善宣传教育。网络社会为大力倡导慈善文化创造了海量生产和极速传播的最好空间，是积极营造浓郁的慈善文化氛围的载体。在教育层面，应当将慈善文化尤其是网络慈善文化纳入道德教育体系之中，培养大中小学生对网络慈善事业之情感，引导其加深对网络慈善事业之理解，增强融入网络慈善事业的社会责任感。此中，特别要注意网络慈善动机教育。慈善可按其动机分为四个层次：一是伪善，它以慈善为牟利之手段；二是下善，它以慈善为实现社会和谐之目的；三是上善，它以慈善为社会的人的规定性义务；四是至善，它以慈善为利他与利己之有机统一①。显然，伪善与下善不足取，唯求上善与至善，这需要通过教育加以纠正。虚拟主体之所以要行善，并非简单地出于做好事之动机，而是个体承担对他人、社会之责任，此非分外之德行，实乃作为社会的人的分内之义务，是虚拟主体在网络社会公共生活中主体地位的体现。从而使网络慈善逐步实现从个人美德到公共责任之转向，进而使网络慈善成为一种平常行为。但过度强调义务性，网络慈善不足以为继，还应以网络慈善行为与虚拟主体德性完善相统一的视角加强网络慈善教育。在宣传方面，既要发挥大众传媒的效能，宣扬慈善理念、讲好慈善故事、树立慈善人物、传播慈善经验；更要充分活跃网络慈善事业，通过更多的政策支持，鼓励社会力量创办网络慈善平台（组织），让慈善运作机制灵活起来，让网络社会的民办慈善机构多起来、活跃起来，以使网络社会营造出人人关注网络慈善的浓厚氛围，极大丰富网络慈善文化的内涵与形式，从而推动网络慈善事业的健康化、普及化发展。

弘扬网络慈善文化，必须畅通网络慈善门户通道。网络慈善为网络社会展现一种"触手可及"的道德愿景，将校园涌动的爱心暖流延伸到网络，满足了大学生乐当"键盘侠"而张扬慈心善行的需求。在当前网络慈善文化依然薄弱的背景下，亟待畅通网络慈善门户通道。一是畅通网络慈善咨询渠道。政府和有资质的社会组织要开通爱心慈善网站，公布各种慈善项目、慈善活动，审核发布求助信息，开设交流窗口为网络慈善释疑解惑，通过畅通求助渠道使更多困难者得到及时有效帮扶，通过保障施善者对慈善对象的知情权而激发虚拟主体的善心善行。二是畅通网络空间施善渠道。充足活跃的网络慈善平台（组织）是网络慈善事业蓬勃发展的基础，政府应当大力鼓励社会力量积极创办网络慈善平台（组织）并加强人财物和业务监管，充分活跃网络慈善氛围，拓展虚拟主体网络施善渠道（包括募捐平台），提升网络慈善的可靠性、丰富性和便捷性。三是畅通网络慈善服务渠道。对施善者而言，行善往往不是一捐了之，通常还需要线下的上门服务、善行的跟踪披露、善行的效果反馈、善款善物使用反馈等一系列增值服务，让施善者深刻感受到个人网络慈善行为的价值所在。

---

① 周忠华、黄芳：《慈善文化的多层性与核心价值观的引领》，载于《中州学刊》2017年第10期，第93－98页。

二、塑造网络公共慈善精神

从宏观角度看，网络社会具有信息量大、覆盖面广、传播速度快、互动性强、超越时空、成本低廉等优势，使网络慈善得以全面涉及教育、科学、文化、卫生、体育、民生、环境等社会公共事业，传统的"小慈善"已扩展成为"大慈善"，已然超越社会保障之范畴，而与中国特色社会主义现代化建设、全面建成小康社会和实现中华民族伟大复兴紧密结合在一起，为塑造网络公共慈善精神提供了合适土壤。从微观角度看，在网络社会，虚拟主体可以低廉的成本、便捷的途径、细微的行动，随时随地自主自愿地融入慈善事业，自由、平等、民主、公开地践行慈善道德，在社会公共领域承担着社会责任和道德义务，加速了网络公共慈善精神大众化塑造。显然，一种以主动自觉姿态追求利他价值实现的关心公共利益的态度和行动，以公共慈善精神为核心，正在网络社会不断积聚着富含民主、平等、自由、负责等价值观念的公共理性。

塑造网络公共慈善精神，必须积聚无组织的组织力量[①]。虚拟主体在网络社会处于去中心化的无组织状态，要激发网络公共慈善精神，就必须调动无组织的组织力量。凭借网络社会具有瞬间传播、实时互动和高度共享的公共传播特点，任何一次网络慈善行动，都必须充分利用网络的交互力和感染力进行规模化动员，并利用"无组织"的虚拟主体的协同力量推动慈善项目得以短时间内落实完成。这些"无组织"的虚拟主体之所以能被"组织"起来并形成强大力量，在于慈善行动参与过程的交互性、平等性、情感性。交互性使每一个虚拟主体成为接受者的同时也成了"可信赖"的传播者，甚至是"感召者"和"作证者"，助推了慈善行动的迅速升温和几何级数传播。平等性使慈善行动的网络传播和施善行为消除了歧视，提供了平等参与机会，最大限度地扩大了施善者覆盖面，让所有人的善心都可以付诸善行，由此突破了人数限制、产生了规模效应。情感性使慈善行动在人多势众的传播中积聚着温情并彼此感染着、感动着，不断吸引新的成员加入互动，参与者都产生了极大的悲悯之心，激发了虚拟主体自主自愿献出一颗爱心的热情。

---

① 美国学者克莱·舍基提出了"无组织的组织力量"概念，认为当前社会出现的"社会性软件""社会性媒体"等能够配合人们社交的新工具，大幅度降低了大规模协调的成本，使自发群体更易形成，使个体在非正式管理情形下更易为群体做出贡献。参见克莱·舍基、胡泳：《无组织的组织力量》，载于《发现》2009 年第 10 期，第 16－18 页。

　　塑造网络公共慈善精神，必须培育可靠的网络意见领袖。网络意见领袖是指网络社会某一领域或范围内能够为他人提供信息、观点并形成影响，能够左右多数人态度倾向的少数虚拟主体。他是网络社会某个领域的"扩音器""吹号手""风向标"。尽管他不一定是什么"正式领袖"，但其往往消息灵通，或者通晓时事，或者足智多谋，或者意见有质量，或者有出色才干，从而获得一定虚拟主体的认可，由此成为网络舆论的引导者而对其他虚拟主体施加个人影响。网络意见领袖备受关注和推崇，有一定规模的粉丝，具有较大的影响力，在推动慈善行动上可以扮演发起者、助推者、集结者，以及舆论引导者、情感煽动者、行动示范者等角色。意见领袖一旦介入大众传播，不仅将加快传播速度并扩大影响，而且能够在某一群体中快速达成内部共识和保持慈善行动的一致性。因此，网络慈善事业要通过选择慈善形象大使、培育真实的意见领袖、打造虚拟的意见领袖等方式，有效培育可靠的公共慈善事业网络意见领袖。

　　塑造网络公共慈善精神，必须提升慈善行动的大众吸引力。网络慈善行动必须对虚拟主体有足够的吸引力，并足以形成价值认同和产生广泛支持，否则难以激发网络公共慈善精神。所以，首先要注重慈善项目之至善性。慈善项目至善是赢得广大虚拟主体价值认同与情感共鸣的基础，也是网络慈善项目提升传播力和感召力的关键因素。而至善的核心是困难性，困难程度越大越能赢得虚拟主体的善心善行。其次要注重慈善行动之正当性。慈善项目虽有一定的困难性，但当事人有能力自救，或者政府民生保障政策、保险制度足以救济的，就必然丧失了其正当性。当然，发起者是否有资质或者是否为利害关系人，也是正当性要考虑的因素。其三要注重慈善目的之公共性。一方面，网络社会的慈善行为虽与让困难者或者困难群体（区域）摆脱其所面临的困境有关，但其意义显然超越了扶贫济困本身，而指向于维持社会和谐、实现社会公平；另一方面，网络慈善行动应着眼于公共事业和社会共同利益，以号召更多大学生投身网络慈善事业，促进社会充分平衡发展。其四要注重慈善对象之公平性。网络慈善行为必须摆脱传统对具有血缘关系或者地缘关系的慈善对象之特殊责任，转为对所有慈善对象的普遍责任，最大程度上使慈善对象得以公平受益。而不能使一些应该受益的对象无法受益，或者使慈善对象在受益程度上存在着不合理之差别。只有使慈善对象能够得到平等、公平对待，才能真正地体现慈善的道德性，也才能激发大学生的公共慈善精神。

三、凝聚网络慈善心愿共同体

在面对一项网络慈善项目时，网络公共慈善精神的激发，使大学生施善者和受助者得以穿越时空而快速聚集互动。这种聚集的前提，是聚焦慈善对象而产生的身份认同、共同情感、共同价值和共同目标。虚拟主体通常基于共同的慈善心愿，以转发、点赞、评论、"作证"、感召、捐助等形式为新的社会关系的连接方式，形成了网络社会新的自由人的联合，这种联合体可以称之为慈善心愿共同体①。网络社会的跨地域性、超时空性，以及便捷性、平等性，使网络慈善平台（组织）、施善者、志愿者、受助者之间形成慈善心愿共同体成为最大的可能。既使求助者得以通过网络慈善平台（组织）表达需求而经由施善者救助来实现心愿，也使网络慈善平台（组织）、施善者、志愿者实现施善助人的心愿。当然，网络慈善心愿共同体是具有临时性特征的，当共同的慈善心愿实现、慈善任务完成时，基于某一共同慈善心愿而形成的共同体便最终走向解体。事实上，网络慈善心愿共同体正是围绕层出不穷的慈善心愿而不断生成、发展、解体、再生成，从而不断丰富着、发展着网络慈善事业，持续塑造着虚拟主体的网络公共慈善精神。但是，网络慈善心愿共同体也因慈善行动在道德性、透明性、公平性、正当性、合法性等层面的偏差，而瞬间遭遇非正常解体。如2016年11月罗尔卖文救女事件②，就是一个典型案例。因此，网络慈善平台（组织）应该审慎审核慈善求助信息，净化网络社会慈善环境，让每一个网络慈善心愿共同体顺利、愉快地实现共同的慈善心愿。

凝聚网络慈善心愿共同体，必须不断生成新的共同慈善心愿。凝聚网络慈善共同体是激发网络公共慈善精神的基本路径，而凝聚网络慈善心愿共同体必须以共同的慈善心愿的不断生成为前提。网络共同慈善心愿按照心愿发布主体可分为个体心愿和群体心愿。个体心愿通常以受助者个体向网络慈善平台申请发布，表达个人正当合理的求助需求，唤起虚拟主体的善心助其实现心愿。当前，爱心筹、轻松筹、水滴筹等个人大病求助网络慈善平台，就是不断生成个

---

① 秦安兰：《网络慈善心愿共同体：概念、特征与聚散路径》，载于《社会福利》2018年第9期，第8－14页。

② 2016年11月，深圳罗尔隐瞒自身殷实的家庭收入，与营销公司合作，借患白血病女儿进行炒作，快速赢得网民的慈善打赏两百余万元。但很快因知情人揭露其求助信息不诚信，使网民感受到强烈的被欺骗感，网络慈善心愿共同体由此瞬间解体，转而指责罗尔。

体心愿的重要载体。三家平台于 2018 年 10 月 19 日曾联合发布自律倡议书和自律公约，共同加强平台自律管理、提升风险防范水平，并明确提出抵制通过造谣、炒作、制造"悲情戏"、践踏求助人尊严等手段传播个人大病求助信息，从而保障了慈善心愿的至善性。群体心愿或称之为项目心愿，是由慈善组织在网络慈善平台发起或者网络慈善组织自己发起的慈善心愿，通过汇集广大虚拟主体的微小善心，凝聚慈善心愿共同体。而按照慈善任务完成的期限，网络共同慈善心愿可分为长期心愿和短期心愿。个体心愿往往以短期心愿为主，慈善任务可以在短时间内完成，慈善心愿共同体会因心愿实现而解体。所以，网络公共慈善精神的塑造还必然需要长期心愿来发挥稳定器作用，因此要以项目心愿的形式来生成长期心愿。可以聚焦民生保障、生命健康、社会福利、环境保护、公共服务等公共事业发展来生成长期慈善心愿，凝聚各类具有稳定性的网络慈善心愿共同体，更好塑造网络公共慈善精神。

凝聚网络慈善心愿共同体，必须持续激发共同的慈善情感。大学生网络慈善心愿共同体的凝聚必须以共同的慈善情感为基础。而共同的慈善情感之发生，依赖于归属感、同情心和感恩情三大要素的协同作用发挥①。首先，共同体之所以走向"共同"，乃基于虚拟主体对共同体的强烈归属感，它"就像是一个家，可以遮风避雨"②。可见，虚拟主体对共同体产生的归属感具有"家"的温暖色彩，是共同慈善情感的根本依赖，虚拟主体对共同体的这种依赖感，恰恰使之找到了归属、安全和幸福，从而忠诚于这个共同体，推动这个共同体的形成、壮大与发展。其次，同情心是人类最基本的道德情感，它使虚拟个体在情感和认知上与共同体成员达至共鸣，是虚拟主体实施慈善行为的内驱力，使之自觉自愿地持续施予善心。所以，康德才如此肯定指出，"出于对人们的爱和同情的好意而对他们行善"，是非常好的③。其好就好在，它打通了虚拟个体与慈善心愿共同体成员的情感界限，形成了网络慈善道德心理的共享机制。其三，感恩情是虚拟主体实施慈善行为的按钮。人类之所以有感恩情，全在于感受到了来自他人、社会和国家给予自己的恩惠而力图有所报答的情感特质。网络社

---

① 秦安兰：《网络慈善心愿共同体：概念、特征与聚散路径》，载于《社会福利》2018 年第 9 期，第 8 - 14 页。

② ［英］齐格蒙特·鲍曼：《共同体》，欧阳景根译，江苏人民出版社 2003 年版，第 2 - 5 页。

③ ［德］康德：《实践理性批判》，邓晓芒等译，人民出版社 2003 年版，第 112 页。

会不断生成的慈善心愿，恰恰为虚拟主体实现其报恩心愿、完善优质自我和获得精神幸福提供了渠道。由此可见，归属感、同情心和感恩情，在网络慈善心愿共同体的有效凝聚和慈善行动中，分别发挥着稳定器、推进器和发射器的作用。

第六节　制度规引：弘扬大学生网络社会的法治精神

习近平同志在第二届世界互联网大会开幕式上指出："网络空间不是'法外之地'……大家都应该遵守法律，明确各方权利义务。要坚持依法治网、依法办网、依法上网，让互联网在法治轨道上健康运行。"① 显然，网络社会跟现实社会一样，我们既要倡导自由，也要保持秩序。但是，网络社会的缺场性、匿名性、虚拟性和易变性，不仅加大了依法治网的难度，也加大了大学生虚拟生存的种种代价。事实上，许多代价是人为的，是可规引、可避免的，也是应该通过法律手段予以治理的。但由于当前在某些制度建构方面还有待完善，以致大学生在网络社会里仍在不断付出代价并克服种种困难的过程中蹒跚成长。为了营造清朗和谐的网络社会，应该从法治层面加强对网络社会的治理，建立长效的网络社会代价管控机制，以健全的法律制度规引虚拟生存实践，全面弘扬大学生网络社会的法治精神，积极管控人为的、可避免的代价之发生。

党的十八大以来，立足网络强国建设，针对虚拟生存的多样化特征，在信息安全、网络言论、个人隐私、知识产权等方面不断细化立法工作，构建了较为完善的网络法律体系，并大力推进网络社会法治实践常态化，维护了网络法律权威与公平正义，弘扬了网络社会的法治精神，切实维护了虚拟主体的合法权益，为广大网民所接受、认同和拥护。为进一步深化网络社会治理，推动互联网在法治轨道上健康运行，习近平同志指出："要提高网络综合治理能力，形成党委领导、政府管理、企业履责、社会监督、网民自律等多主体参与，经济、法律、技术等多种手段相结合的综合治网格局。"② 显然，依法治网是一项系统工程，它不仅需要健全的网络法律体系，更需要建立健全一些关键制度，并将

---

① 《习近平谈治国理政》（第 2 卷），外文出版社 2017 年版，第 534 页。
② 习近平：《在全国网络安全和信息化工作会议上的讲话》，载于《人民日报》2018 年 4 月 22 日，第 1 版。

之全面贯彻落实。

一、优化网络有限实名制度：遏制网络隐形人的恶

大学生之所以愿意成为有道德的人，除了意识到道德是作为现实的人的内在规定性义务或者基于其自身的良知之外，无非是害怕干不道德的事而得到惩罚。而一旦大学生得以为所欲为而不受任何惩罚时，就可能为一己之利而为不道德、不正义之事。网络社会缺场性、隐匿性和易变性的自由生存，恰恰为之提供了这样的土壤，使之在一定程度上丧失道德责任和自律精神。其原因在于，网络行为的具体责任指向的承担者是一个个数字符号，而网名及网络 IP 的易变性给网络社会的身份及角色认定带来极大困难，导致责任制约的不可追溯而致使违法者逍遥法外，加之现实社会的道德原则和规范难以影响到网络社会的"虚拟的人"，由此产生了诱发人性自利之可能①。当前，网络社会存在的诸如色情暴力、造谣传谣、坑蒙拐骗、入侵盗窃、侵犯知识产权、侵犯他人隐私、侵害他人名誉等一系列问题，就是例证。所以，人们期待通过网络实名制来解决这一系列难题，甚至期待如此能有效遏制网瘾，使人看到更有责任的言论，以利于建立网络社会信用体系，并提高网络社会虚拟生存的安全性。但反对者认为，实名制将产生限制网络言论自由、导致个人信息泄露，以及削弱网络批评、监督、举报意愿等弊端。

诚然，网络实名制使人们的虚拟生存行为更加透明，更具可追溯性和可追责性，由此增强了大学生自觉遵守网络社会秩序的外在约束力，从而促进网络社会的生态化发展。显然，在这一正义性、确定性的制度状态下，人们在网络社会虚拟生存中得以确信虚拟相对人也会履行相应的责任，于是能够也愿意履行其中的责任。当然，完全网络实名制在实现网络社会公共利益最大化的同时，力图保障虚拟主体的个人利益，却在一定程度上牺牲了大部分守法网民的个人利益。而完全网络匿名制在追求虚拟主体的个人利益最大化的同时，难以兼顾网络社会公共利益，从而使其他虚拟主体的利益、网络社会共同体利益得不到有力保障，终将使自身利益得不到根本保障。可见，全面实行实名制固然有所

---

① 此所谓自利，不仅包括损人利己之自利，也包括对他人利益的淡漠或者对他人利益毫无兴趣。此所谓可能，旨在表明并非所有网民都是自私的。但事实证明，在匿名状态下，现实社会中有道德的现实的人在网络社会的虚拟生存中并未完全呈现相应的道德水平，反而更容易倾向于肆无忌惮之"恶"。

不利，但完全匿名制更不可取，然权衡二者之利弊，实名制之利显然大于匿名制①。事实上，从2004年加强高校校园网络管理开始②，至今我国已逐步采取了有限实名制③，为保护网络知识产权、减少信息污染、净化网络环境、增强网民信任感以及打击网络违法犯罪提供了有力保障。

实际上，人们反对网络实名制的真正顾虑是，网络实名制是否可能成为某些不法权力或者不法势力用于压制言论自由乃至打击报复的工具。一方面，这固然是一个严肃的顾虑，这种行为必然要通过立法予以严厉惩罚；另一方面，基于这种担忧也确实应该为网络匿名批评、监督、举报开一道门。所以，网络有限实名制度还应予以进一步优化，以在秩序和自由之间找到一个平衡点，保障公共利益最大化和个人利益最优化。网络有限实名制可以按照下列规则进行，规则之外的网络行为则不宜强制实名制。一是约束论坛社交，对论坛、微信（群）、QQ（群）、邮箱等社交类工具予以实名注册管理来增强人际交往的信任感。二是保障合作交易，通过对网络金融平台、商业平台上的商家、客户进行实名注册来确定各方权利义务而降低合作交易风险。三是严管自媒体，通过对微博、博客、个人网站、个人专栏、音频广播、视频直播等自媒体的实名制来加强底线管理。四是严控网络运营者④，通过对公众号、小程序（App）、应用

---

① 这里不妨审视一下韩国网络实名制废除问题。韩国是世界上首个实施网络实名制的国家，自2007年7月起，至2012年8月韩国宪法裁判所判决违宪彻底废除，网络实名制实施5年便遭废除。判决称，网络实名制旨在公益性，但实名后网络恶性言论和非法信息并未明显减少，反而促使网民选择国外网站，未实现预期的公益性；而且实名制使网络言论自由受限，个人信息泄露并被非法利用的风险增加，也使外国人无法注册登录韩国网站，故其弊端远甚于公益性。从中，应该看清三个问题：一是韩国政府对国外网站监管不到位、对网络违法行为治理不力，才导致实名状态下的网络非法行为不减。二是将网民权利保护与实名制天然地对立起来，是个伪逻辑。例如，国外的Face-book和国内的人人网、开心网等都是实名制，不仅未使人望而却步，反而促进了成员之间的良心表达。三是个人信息泄露并被非法利用问题，并非网络实名制惹的祸，现实社会中这一问题同样严重，网络匿名制反而为现实社会的个人信息泄露提供了更便捷的传播途径。

② 2004年，教育部发布《关于进一步加强高等学校校园网络管理工作的意见》，明确提出"高校校园BBS严格实行用户实名注册制度"。

③ 2016年颁布的《中华人民共和国网络安全法》第24条第1款规定："网络运营者为用户办理网络接入、域名注册服务，办理固定电话、移动电话等入网手续，或者为用户提供信息发布、即时通讯等服务，在与用户签订协议或者确认提供服务时，应当要求用户提供真实身份信息。用户不提供真实身份信息的，网络运营者不得为其提供相关服务。"

④ 网络运营者，是指网络的所有者、管理者和网络服务提供者。

软件、网络平台、门户网站等实名注册管理来减少各种违法行为。五是把好网络接入关。网络运营者应严格按我国《网络安全法》规定，在为用户办理网络接入、域名注册、固定电话、移动电话等入网手续，或者为用户提供信息发布、即时通讯等服务时，强制实行实名制以提升网络责任的可追溯性。

而在具体实践上，网络实名制的实施可以采取四结合方式进行。一是直接实名制与间接实名制相结合。直接实名制以中国居民身份证、护照等证件进行实名注册登记，可以实现网络责任对象的直接追溯；间接实名制以强制实名的国内移动电话等进行注册和使用，对网络责任也可以实现间接追责。二是强制实名制与倡议实名制相结合。上述规则中的网络接入必然要强制实名，但所有网络入口也可以通过限制部分功能来区分实名与匿名之差异，由虚拟主体自愿选择实名。三是后台实名与前台自愿相结合。虚拟主体在网络接入时在后台实名注册，但可以设置昵称（化名）而显示在前台，以实现半隐匿效果。四是现实身份认证与网络可信身份认证相结合。我国《网络完全法》第 24 条第 2 款规定："国家实施网络可信身份战略，支持研究开发安全、方便的电子身份认证技术，推动不同电子身份认证之间的互认。"所以，应鼓励在现实身份认证的基础上，安全稳妥地推行网络可信身份认证。

二、建立网络行为诚信制度：强化虚拟生存的硬约束

当前，网络失信不仅消解着人们的虚拟生存认同，危及着网络社会的健康发展，也危及着现实社会的长治久安和人们的生命财产安全。网络诚信当属道德问题，但在网络社会的匿名、缺场和易变状态下，现实社会的道德原则和规则往往不能有效影响网络社会的"虚拟的人"的道德行为，使网络社会处于较大程度的道德真空状态。虚拟主体的网络失信行为源于彼此的不信任，根源在于网络责任的不可追溯性和追责性。由此逐渐演变成了网络诚信危机，其逻辑链条是：网络失信难以追责——怀疑他人会信守规则——自己信守规则可能遭损——犹豫自己是否要信守规则——网络诚信问题失控。因此，网络诚信道德教育作为软规范已不足以解决网络诚信危机，而应该建立网络行为诚信制度作为硬规范，将之作为网络诚信道德教育的必要补充。

自改革开放以来，党和国家高度重视诚信制度建设。早在 1986 年党的十二届六中全会就将"诚实守信"写进党的决议，随后诚实守信的内涵不断丰富并屡次写进党的决议。2012 年，党的十八大从国家、社会、个人三个层面提出的

社会主义核心价值观，并将"诚信"纳入其中。2014 年，国务院还颁布了《社会信用体系建设规划纲要（2014－2020 年）》。2017 年，党的十九大更明确提出要"推进诚信建设制度化"。从 2015 年开始，中央网信办每年举办一届网络诚信宣传活动，每年一个主题，全面营造了网络诚信文化氛围。而在诚信法律制度方面，2016 年国家制定颁布了《中华人民共和国网络安全法》，这是我国第一部全面规范网络空间安全管理方面问题的基础性法律。其第六条明确规定："国家倡导诚实守信、健康文明的网络行为，推动传播社会主义核心价值观，采取措施提高全社会的网络安全意识和水平，形成全社会共同参与促进网络安全的良好环境。"还有《互联网信息服务管理办法》《互联网电子公告服务管理规定》《网络交易管理办法》等法规均在加强网络诚信方面发挥了法律的震慑作用。网络诚信的重要性和必要性，已然在现实社会和网络社会达成了强烈的共识，但在实践中网络诚信问题仍然屡禁不止。我们认为，网络诚信法律制度要落到实处、打到痛处，还应建立健全网络诚信管理制度。

网络诚信管理是个复杂工程，一要建立网络诚信评价机制。由于虚拟主体的匿名、缺场的虚拟存在，使相对"虚拟的人"无法了解其信用程度，只能凭借网络运营者客观公正的诚信评价予以识别。故应大力倡导网络运营者（尤其是服务平台、门户网站）建立网络参与者行为分级评价机制，引导虚拟主体对其他虚拟主体的网络行为进行等级评价，由运营者系统生成虚拟主体的信用标识，以起到警示他人和约束自身行为之作用。二要建立网络诚信档案管理利用机制。网络诚信档案是虚拟主体、网络运营者在网络社会信用状况的真实反映，细化网络诚信档案管理和利用有利于推进网络诚信建设。一方面，鼓励网络运营者细化用户诚信档案管理，形成可视诚信档案供相对人查询识别，以防范诚信风险；另一方面，政府部门要加强对网络运营者的诚信档案建设，建立网络运营者可视诚信档案，并在政府网络诚信门户网站予以公告，供网络用户查询识别；再一方面，应将网络社会失信行为纳入现实社会诚信体系，将网络社会诚信档案与现实社会诚信档案对接融合，并予以同等对待。三要建立网络诚信底线预警处置机制。网络诚信关乎网络能否健康可持续发展和广大网民的权益，因此网络社会应当强化诚信底线思维，建立网络诚信底线预警机制。一方面，政府部门和网络运营者要制定并明示网络行为及信息发布的底线清单。如 2013年 8 月，国家网信办在"网络名人社会责任论坛"上，就曾组织网络名人达成共识，提出了网络社会"七条底线"，即法律法规底线、社会主义制度底线、国家利益底线、公民合法权益底线、社会公共秩序底线、道德风尚底线和信息真实性底线。另一方面，倡导网络运营者研发或引入敏感信息的事前过滤技术，事中的甄别、屏蔽、删除技术，事后的监控、侦查技术，以更好遏制虚拟主体的超越底线行为。

三、强化网络行为责任制度：加大虚拟生存的违法成本

习近平同志指出："网络空间是虚拟的，但运用网络空间的主体是现实的。"① 正是主体的现实性，虚拟主体在网络社会的虚拟生存行为必然对现实社会和现实的人产生一定程度的影响，其违法行为必然会对现实社会和现实的人产生危害。因此，所谓责任，是指虚拟主体在网络社会均负有的自觉遵守法律法规并维护法律法规尊严之义务，并具体体现为虚拟主体基于自身网络社会违法行为所应承担的具有强制性的法律责任。显然，法律责任与虚拟主体的违法行为紧密相关，而这种违法行为必须得到确定的、及时的、严厉的惩戒，才能对虚拟社会违法行为产生规引、评价、教育和威慑作用。当前，网络有限实名制的推行和网络侦查技术的发展，为网络责任在追溯责任承担者的方面提供了重要支撑，使网络责任有了可追责性，也使法律在网络社会有了更强的威慑力。

而要强化网络行为责任制度，有效加大虚拟生存违法成本，还应在如下四个方面予以完善推进：

一是完善网络安全把关人机制。习近平同志强调："要压实互联网企业的主体责任，绝不能让互联网成为传播有害信息、造谣生事的平台。"② 我们知道，人们进入网络社会总有一定的接入方式，要么是家庭网络，要么是个人移动设备，要么是办公设备，要么是共享设备，这是第一道关，网络接入的注册人就是把关人。而门户网站、程序软件、App、论坛、交流群等是人们进入网络社会的第二道关，主办方、管理方就是把关人。要严格界定把关人的责权利，明确把关人在自己所接入或者所创办或者所管理的网络中，在提供网络服务或者进行网络交流时应承担相应的把关义务。

二是建立网络安全外部监督机制。当前，网络社会的隐匿性特征使虚拟主体在网络社会的虚拟生存行为在一定程度上失去了道德与法律的有效约束，虚

---

① 《习近平谈治国理政》（第 2 卷），外文出版社 2017 年版，第 534 页。
② 《习近平在全国网络安全和信息化工作会议上强调：敏锐抓住信息化发展历史机遇，自主创新推进网络强国建设》，载于《光明日报》2018 年 4 月 22 日，第 1 版。

拟主体的慎独能力明显下降。因此，还必须以推行网络有限实名制和使用网络侦查技术为基础，建立行业组织监督、虚拟群体监督、网络舆论监督、网络违规行为举报等外部监督机制，以制约虚拟主体的网络违法失信行为。

三是建立网络适当禁入机制。政府部门、网络运营者应该建立网络黑名单制度，对在网络社会生产低俗、媚俗、色情、暴力等不良影响虚拟主体，应适当采取屏蔽、关停、禁入等措施，剥夺其提供网络服务或者进行网络传播的资格。譬如2018年8月，全国"扫黄打非"办公室会同工业和信息化部、公安部、文化和旅游部、国家广播电视总局、国家互联网信息办公室联合下发的《关于加强网络直播服务管理工作的通知》就强调，要落实用户实名制，强化主播管理，建立主播黑名单制度，健全完善直播内容监看、审查制度和违法有害内容处置措施。

四是强化网络安全责任追究机制。所有的网络违法行为都是人为的结果，由于网络社会的匿名性、易变性和缺场性，加之网络社会有限实名，这在一定程度上使网络违法行为的可追溯性变得不确定。但是，违法必究、执法必严，又是震慑网络社会失信违法行为的关键路径；因此，亟待开发更安全可靠的网民身份标识系统，使网络责任追究变得更准确和可操作。

第七章

行为重塑：大学生虚拟生存的社会责任之践行路径

前章从价值引领的视角分析了价值合理性行为问题，强调行为本身的合目的性与合价值性，突出价值对虚拟生存行为的引领性，旨在追求行为动机之善。本章将从行为实施的视角重点分析行为价值问题，强调行为结果的合目的性与合价值性，突出行为对虚拟生存价值的彰显度，旨在追求行为目的（或结果）之善。二者之所以相提并论，皆因网络行为之善，必出于行为动机之善与行为目的（或结果）之善。所谓动机之善，就是网络行为本身必须具有价值合理性。而所谓目的（或结果）之善，就是网络行为对他人、集体或者网络社会（乃至现实社会）进步有益处，即有价值。反之，即是无价值，甚至负价值。而这种行为价值，包含了网络行为的经济价值、认识价值、审美价值、道德价值等方面，其中对网络社会进步所产生的社会性价值是最为重要的。网络行为所产生的社会性价值，不仅体现在有价值的网络行为对现实的人经由"虚拟的人"而产生强烈的自我悦纳与激励以及他人认同与追随的传动效应（即自尊与他尊性价值），也体现在有价值的网络行为产生榜样引领作用所带来的网络社会分工效率提升、网络社会管理自觉规范化和网络社会公共意识自觉增强的蝴蝶效应（即社会性生产价值）。而大学生网络社会责任行为价值之大小与有无，全在于其自觉自愿地为他人、集体或者社会做出了多少自己应做的贡献。因此，大学生要想实现网络行为价值的最大化，就必须以目的（或结果）之善为标尺，对网络行为进行必要的选择。选择对网络社会有意义、有价值的社会责任行为，以利于调节网络社会道德关系，从而更好推动网络社会生态化建构。

第一节 公共参与：助推网络时代利益衡平公平正义

美国学者马克·格雷厄姆和威廉·H. 达顿在其合著的《另一个地球：互

联网 + 社会》一书中指出，网民在网络社会的公共参与中担任了更强大的角色，即"网民可以在平台上扮演一个促使诸如媒体、政府等机构更有责任心的角色"①。正是在这个意义上讲，一个民主的政府应该积极鼓励大学生网络公共参与行为，以使网络公共参与成为新时代大学生参与社会公共事务管理和公共利益衡平的重要渠道。

一、网络社会的公共参与

网络社会是新时代大学生意见表达的主渠道，大学生是网络公共参与的知识型主体，推动着网络公共参与活动的高质量发展。此所谓网络公共参与，是指大学生凭借互联网技术平台，恪守行动的理性和内容的合法性，围绕公共事务或者公共利益进行意见表达、利益博弈、决策分配、监督推动等系列参与行动。网络公共参与虽为一种政治现象，但其外延显然大大超越了政治参与本身。网络社会有序的公共参与，不仅有利于推动大学生的社会化，增强其社会责任感，激发其家国情怀，促进其精神成人，也有利于推动网络时代社会公共利益衡平的公平正义，不断推动实现人们对美好生活的向往；更有利于提升政府的执政水平，增强政府的社会治理能力，构建民主、公正、法治、文明、和谐的社会。

当前，大学生的网络公共参与，具有六个鲜明特征：一是公共参与内容的品质性。大学生作为网络公共参与的知识型主体，更容易形成高质量的公共参与行动，也通常表现为社会责任感更强烈、公共精神更鲜明、感召力更明显、视野更开阔、思考更深刻、对策更可行。二是公共参与规模的群体性。大学生网络公共参与通常不是特立独行的行为，而更多体现为一个群体性行动，要凝聚一个公共参与心理共同体，经过共同体的关注与分享，并在展开热烈讨论后达成共识，最后作出抉择而采取协同行动。三是公共参与过程的互动性。大学生喜欢在网络空间"晾晒"个人日常活动，喜欢通过"呼朋引伴"、发帖转帖、点赞邀赞来营造热闹气氛，从而使网络公共参与从宣传动员到组织实施、到总结提升，全过程均充满着互动，使公共参与活动迅速扩散，产生倍增影响。四是公共参与空间的超越性。网络社会的时空超越性给大学生网络公共参与提供了广阔的组织空间，不再像现实社会的公共参与而局限于身边同学和朋友，已

---

① ［美］马克·格雷厄姆、威廉·H. 达顿：《另一个地球：互联网 + 社会》，胡泳、徐嫩羽、于双燕、胡晓娅译，电子工业出版社 2015 年版，第 221 页。

然冲破校园、地区甚至国界的藩篱，在网络社会的"熟人"与"陌生人"之间结成了网络公共参与心愿共同体。五是公共参与行为的幼稚性。由于世界观、人生观、价值观的不成熟，加之网络社会的隐匿性，使大学生公共参与行动体现为理性与非理性并存，且非理性因素得到明显暴露。显然，在激情与极端、适度与过分、感性与理性、表达与宣泄的矛盾交织中，仍然呈现了大学生不够成熟的一面。六是公共参与行动的合法性。大学生有较强的法治意识，知道网络公共参与作为参与公共事务管理和公共利益衡平的行动，绝不是为所欲为的"法外行为"，而是一个法治化的民主活动，其意见表达和决策参与行为固然以合法为前提，并不得违背公共秩序或者损害社会公共利益。

二、大学生网络公共参与的动力与形式

毫无疑问，人们在实施某种行为时，总是需要一定内在驱动力的。那么，大学生网络公共参与的内在驱动力是什么？我们认为，有两大因素，即特定利益和内在需要。大学生是特定的群体，其首先关注的是大学生群体的特殊利益，其次是关注具有普遍性的公共利益。而大学生网络公共参与之实质，就是一种利益表达和利益争取，这是调动大学生网络公共参与积极性的关键点。至于大学生的内在需要，本质上是特定利益的具体体现。就大学生群体而言，其内在需要主要体现为三个层面，一是生活与安康、择业与就业、恋爱与婚姻等生存需要，二是交往与友情、自尊与尊重、社会参与等社会化需要，三是求知与审美、教育与成才、理想与成就等自我实现的需要。显然，较之现实社会参与，网络社会资源的丰富性、网络时空的超越性、网络渠道的便捷性，使网络公共参与为大学生实现特定利益和内在需要提供了极大的便利和可能。

那么，网络公共参与可以从哪些方面给大学生带来特定利益和内在需要的满足呢？一是公共参与成本的效益性。互联网技术无疑极大地降低了大学生公共参与的成本，包括信息成本、时间成本、空间成本、机会成本、渠道成本等，却使大学生的公共参与更有效率、更富效益、体验更深，由此吸引了大学生的积极参与。二是公共参与主体的平等性。平等是公平正义的基本前提，大学生渴望平等，而网络社会的隐匿性恰恰为公共参与的平等性提供了可能。网络社会打破科层制社会结构模式而推动了社会结构扁平化、去中心化，使"权力"分散于各个虚拟主体身上，大学生可以不受身份、地位、贫富、强弱、性别、信仰等因素之影响，直接进行无差别意见表达，由此增强了大学生在网络社会

的生命存在感和价值感，激发了其公共参与热情。三是公共参与力量的集聚性。大学生在网络社会极易结群，产生特定利益诉求的"网络社区"，逐步构建起超越现实社区、地域乃至国界的庞大的以"利益共同体"为特征的群体，甚至结成全新的网络社会组织，形成强大的利益诉求向心力，更利于满足其特定利益和内在需要，也更易于激发其公共参与的感性与激情。四是公共参与渠道的畅通性。大学生作为一个刚成年却未走向社会的特殊群体，有强烈的社会化需要和公共参与诉求，但制度内的参与渠道严重不足，致使大学生的利益诉求不能在制度内得到充分解决。而网络渠道的畅通，在一定程度上化解了大学生实现利益表达的窘境，为其利益表达提供了便捷通道，也就吸引了大学生更热衷于在制度之外进行公共参与。五是公共参与成效的获得性。在网络公共参与中，大学生因找到了实现自身意见表达的合适渠道，而必然产生精神上的满足感。尤其当其意见得到网民支持和共鸣，掀起一片正面舆论，进而影响到政府或社会组织的决策时，其内心的获得感更强，政治效能感、政治信赖感和政治责任感亦油然而生，从而提升大学生持续进行公共参与的积极性。

诚然，大学生在网络社会的公共参与，其形式是丰富多样的。一是依托各大网络平台对公共事务管理和公共利益分配表达意见和诉求，讨论公共事务或者公共利益议题，发表个体对事务管理或者利益分配的见解。二是充分利用网络力量的易聚集性，以发帖评论、转帖顶帖、参与调查、进行投票等方式参与其中，对重大问题合法合理地在网络社会形成强大的社会舆论，发挥舆论监督的作用。三是在网络社会凝聚利益共同体或者心愿共同体，达成良好共识，通过网络签名方式，形成舆论影响力。四是利用网络实时在线平台取得与政府领导人或者公共事务项目负责人的对话机会。当前，各级各地政府大凡举行重要会议、举办重大活动、实施重大项目、决定重大事项时，主要领导通常会亲自在网络上了解民意，或者职能部门会在网络上搜集舆论信息供领导参考，这是大学生公共参与的最好时机。五是通过网络参与政府部门的政策制定。互联网技术的快速发展，为政府推行网络问政创造了良好条件，使政府更加主动地提供网络征求更广泛的意见，也使政府决策更加公开、正义、民主，为大学生参与政府决策提供了平等机会和时空便利。六是利用网络传播的快速性、广泛性，召集利益相关者或者心愿共同者，发起现实的公共参与行动。

三、大学生网络公共参与的实现路径

大学生网络公共参与，不仅是推动网络时代利益衡平、实现公平正义的重

要途径，也是大学生自身社会化和精神成人的重要渠道，还是高校对大学生进行有效思想政治教育的重要方法。当前，大学生网络公共参与尚存在诸如网络公民意识不强、网络公共参与无序化、网络公共参与机制不健全等问题，亟待从如下方面予以综合治理，以提升大学生网络公共参与的积极性和品质性。

第一，发挥大学生组织对网络公共参与的引领作用。大学生网络公共参与意识的育成，离不开学生组织的引领。这里所谓大学生组织，包括各级学生党团组织、学生组织、社团组织，乃至班级组织、网络学生组织，尤其是上级团组织、学联组织和校内学生党支部、团委、学生会。学生组织作为学生思想建设、组织建设的各级主体，不仅要以公共活动强化大学生服务人民、奉献社会的意识，培养其公共责任、团结合作的精神；也要在公共活动中发挥学生组织的堡垒作用和学生干部的带头作用，强化学生党员和团员的责任感和使命感；更要发挥学生组织的服务职能、教育职能、管理职能和引领职能，经常组织大学生参与社会公共活动，培育良好的公民意识。

第二，强化大学生网络公共参与的资源与能力储备。大学生网络公共参与的质量高低，取决于大学生网络公共参与的资源积累程度和能力水平高低。因此，要不断拓展大学生参与公共活动的方式和领域，挖掘和深化大学生公共参与的内容，以使大学生在网络公共参与中有更丰富的经验。当前，大学生可以通过积极参与各类社会实践，如团中央、各省市和高校举办的大学生志愿者暑期"三下乡"社会实践活动，或者通过积极参与志愿服务，以使大学生不断积累公共参与资源（如资料、案例、现状、趋势等），有效提升公共参与能力（如经验总结、方法利用、途径选择、对策谋划等）。另外，要在理性化、合法化和制度化上下功夫，培育大学生网络公共参与的秩序意识。既要引导其在网络公共参与中注重意见表达的理性化，防止极端化，又要向其宣传在网络公共参与中注重言行举止的合法化，避免僭越化，也要推动政府在鼓励网络公共参与时注重公共活动的常态化和制度化，避免随意化。

第三，建立科学合理的大学生网络公共参与机制。为鼓励更多大学生通过网络公共参与来提升思想政治教育实效，推进大学生自身社会化进程，就必须多角度多层次构建大学生网络公共参与机制。首先是畅通网络意见表达机制。政府应当以开放、民主、包容的态度面对大学生的意见表达，以网络平台为主渠道，便利大学生在公共事务和公共利益问题上的公共参与。其次是健全网络舆论疏导机制。政府应加强网络监管、舆情监控、舆论疏导，避免不良信息的极速传播。其三是形成网络沟通对话机制。政府应通过实时对话、网络问政平台、工作邮箱、公众号等渠道，使大学生在公共参与中具有真实的体验。其四是理顺利益诉求回应机制。网络公共参与以问题的解决为核心，大学生在网络参与中提出合理合法的利益诉求应得到及时的回应和解决。五是优化各方利益衡平机制。大学生网络公共参与中的利益诉求必然为了自我利益最大化，可能与公共利益产生一定的冲突，政府应该在维护公共利益的前提下，兼顾个体利益，而不应一概予以简单粗暴的否定。

第二节　共享共治：引领网络社会虚拟社区价值共创

习近平同志在第二届世界互联网大会开幕式上指出，我们应该搭建"互联网共享共治的一个平台，共同推动互联网健康发展"①。虚拟社区（Virtual community）作为网络社会的一种组织形态，它为爱好相同、经历相似、专业相近或者业务相关的网民提供了一个得以"聚会"的群体活动空间，以便于彼此沟通交流和经验分享。但由于虚拟社区成员之间不一定具有某种程度的认识，而在虚拟社区分享某些知识和信息时，却在较大程度上将社区成员视同朋友，甚至有彼此关怀的共情，这在网络社会虚拟性、符号性和隐匿性条件下，是可能存在一定的被利用或者被欺骗风险的。因此，虚拟社区必须在共享共治理念下，引领虚拟社区成员推进社区价值共创。

一、网络社会的虚拟社区

在现实社会，社区是指聚居于一定地域范围内的居民所组成的社会生活共同体所在的生活场所。事实上，每一个现实的人、社会的人，都必然生活在一个特定的社区里。现实社区通常具有这样的特征：一是拥有一定数量的社区成员，二是成员相处于一定的地理区域内，三是成员之间有着共同的意识和利益，四是成员之间有相对密切的社会交往，五是成员之间有某种程度的认识甚至存在亲缘关系，六是成员通常以家庭或者组织为单元而生活在社区之中。

而在网络社会，虚拟社区或称之为在线社区（Online Community）、电子社

---

① 《习近平谈治国理政》（第 2 卷），外文出版社 2017 年版，第 536 页。

区（Electronic Community），是网民基于兴趣、价值、知识、经历或者业务等共性因素而在网络社会创建的一个长期固定的群体社交空间。在虚拟社区，人们可以实现丰富多样的社交需求，如信息公告、话题评论、社区通信、张贴讨论、交流交友、商业交易等等。可见，虚拟社区是现实社区模式在网络社会的反映和延展。根据虚拟社区的功能来划分，可以将之分为兴趣型虚拟社区、教育型虚拟社区、交易型虚拟社区、关系型虚拟社区和娱乐型虚拟社区等。无论何种虚拟社区，均与现实社区一样，在网络社会也有一定的活动"场所"、一定的社区成员、相应的社区活动，并展开活跃的交流与分享，通过成员之间超强的互动关系和某种文化共识而得以维系。显然，虚拟社区有其自身的独特性：

一是虚拟性。存在于同一虚拟社区的"人"极有可能从未谋面或者不知道是否有过谋面，在人工智能时代甚至有些"人"还可能是一个个应用程序的"人化"呈现。但人们依然通过网络彼此展开交流与沟通，分享信息与知识，形成虚拟社区社会关系网，凝聚共同的社区意识和社区文化。而这种虚拟性并不是虚假、虚无的，它与社会性、现实性相结合，通常具有较大程度的真实性（当然，幻想、游戏之类的虚拟社区除外），可称之为现实的虚拟或者虚拟的现实。其中的行为可能由虚拟转向现实，如交易型虚拟社区。

二是超越性。虚拟社区的交往不受时间、地域的限制，大学生只要拥有网络接入的客户终端，凭借计算机、手机等移动通讯设备，就可以在任何时间和世界上任何地方的人畅所欲言。虚拟社区的超时空性特征，也在一定程度上推动了现实社区的"虚拟化"呈现，如清华的"水木清华"社区、北大的"一塌糊涂"社区、交大的"兵马俑"社区等，极大拓展了大学生的交流分享时空。

三是符号性。虚拟社区的人际互动具有隐匿性，使社区成员具有符号性，社区成员以 ID 号标识自己，并可依个人喜好而随意更改昵称、性别、头像、年龄、国别、学识、身份、爱好等，以至于不知道社区中有自己的亲朋挚友，甚至"和你聊天的也许是条狗"。社区成员的符号性存在，增强了交流的平等性、自由性和宣泄性，因此广受大学生欢迎。

四是群聚性。虚拟社区的成员以个体形式和群聚方式存在于社区，成员进入社区后，会产生一定的归属感和期待感，能感受到其他成员的存在，彼此之间亦有某种程度的认同感，并在参与社区活动时有一定的情感投入。群聚性效应可通过两方面来形成：要么，期待自己能成为话题引领者，得到广大成员的跟帖认同；要么，积极参与感兴趣的讨论、顶帖、转帖。这种群聚性所产生的归属感、认同感和获得感，是大学生对虚拟社区产生黏性的情感基础。

五是流动性。社区成员的人际关系相对松散，社区成员有较强的流动性。虚拟社区的群聚性效应一旦减弱，必然降低社区的活力和"人气"，说明社区的主题或者成员的话题已经偏离大众"口味"，社区文化和价值观走向了分化，大学生对虚拟社区的归属感、认同感、期待感和获得感就会丧失，必然退出虚拟社区，使社区"门可罗雀"。

二、大学生虚拟社区的负面因素

虚拟社区是典型的"部落化的小圈子"，社区成员相对固定并接受虚拟社区的规则约束，由此形成了社区独特的文化氛围，并对大学生的人际交往和意见表达产生着较大影响。不论是交际方式、表达形式，抑或是审美意趣、价值观念等，均发生了不同程度的认同化。大学生的语言表达经由肢解细化后，逐渐趋向通俗化、娱乐化、碎片化、符号化，并由此形成了一定的负面因素。

一是表达的情绪性。虚拟社区为大学生提供了自由表达、情绪宣泄和寻找共鸣的渠道。在匿名状态下，大学生已不再看重事情的真相和公共讨论的质量，转而关注观点分享与情绪释放，语言表达趋向于一定程度的非理性，于是情绪表达就成为其最为重要而明显的特征。尤其是在新闻热点议题引发的社区舆论中，情绪化与非理性的特征极其明显。同时，虚拟社区的用户活跃度越高，其情绪表达越突出①。显然，虚拟社区的情绪化表达，具有极强的感染性、群体性和非理性，容易使争议性或者重大新闻议题的讨论在情绪化中迅速蔓延。

二是人际信任度低。虚拟社区的群聚性和符号性特征，决定了人际关系的矛盾性。这种矛盾体现为成员之间既有信任需求，又有可靠性担忧，由此导致了虚拟社区成员之间人际关系的脆弱。我们知道，虚拟社区的存续运营与持续活跃，有赖于社区成员个体之间和个体对群体的信任，以及对虚拟社区网站技术系统的稳定性、网络安全性和社区运营管理制度的信任②。但是，这种信任度是较低的，因为社区成员均可选择以符号隐匿其身份，以使其更自由地选择观点、立场、交流方法，也导致了随时可能出现虚假信息、网络暴力等问题，

---

① 胡杨涓、胡千红：《虚拟社区中的用户特征与情绪表达——对"知乎"社区五类新闻议题讨论的实证分析》，载于《青年记者》2019 年第 11 期，第 22－24 页。

② 徐小龙：《虚拟社区持续信任建立之策略》，载于《企业经济》2017 年第 1 期，第 110－114 页。

因此也可能瞬间消解成员之间的信任感。

三是信息可信度低。虚拟社区成员在对现实社会进行复制表达的过程中，往往掺杂个人的主观判断或者猜测，会有意或者无意地舍去、夸大或者编造一些细节，造成虚拟社区信息的失真与迷乱。在虚拟社区符合性的隐匿状态下，信息分享基本源于社区成员的道德良知，由此导致失范问题相当突出，也致使社区所传播信息的可信度偏低。

四是信息灰色庸俗。高端人才往往较少沉迷虚拟社区，也就决定了社区成员整体素质处于中低端水平，故其观察事物、分析问题的深度、广度略显不足，而更侧重于博取眼球、引起关注、增加流量，也就乐于通过猎奇、戏仿、山寨、搞怪、刺激乃至危言耸听等方式来吸引流量，于是生产出大量灰色、庸俗乃至暴力的虚拟社区文化。

五是引发社会舆情。虚拟社区因其群聚性所形成的归属感、认同感，将使大学生在面对争议性或者重大新闻议题时，对社区成员的事实分享会在一定程度上产生不加辨识而信任的情形，也就容易以发帖者"所见所闻"的"真相"为前提展开情绪化顶帖、讨论和转帖，形成强大的道德审判式甚至道德绑架式的舆论，因而极易引发负面的社会舆情。

三、大学生虚拟社区的价值共创

虚拟社区要健康良性发展，应该以传播正能量为主流、以价值共创为手段、以社区价值实现为目标。虚拟社区运营者和各个版主是社区价值的引领者和创造者，每一个成员也是社区价值的共同创造者。我们可以从如下路径引领大学生进行虚拟社区的价值共创：

一是优化虚拟社区环境以激励价值共创。虚拟社区务必以成员为中心，以成员之间、个体与群体之间的信任为基础，以成员之间、个体与群体之间的人际关系为纽带，通过虚拟社区与成员、社区成员与成员之间良性互动的价值共创行为而形成良好的社区环境。而优化虚拟社区环境，可以更好地激励社区成员的价值共创行为。虚拟社区环境可以从实用性、安全性、休闲性三个维度予以优化。实用性是社区成员参与价值共创的基础，社区提供的产品和服务以及社区成员的知识分享和信息发布，必须有一定的可信度和品质性，让社区成员感受到价值性和舒适性，从而乐于参与社区价值共创。安全性包括网站系统稳定、互联网技术安全、个人信息安全、社区活动安全等因素，是社区成员产生认同感、归属感和安全感的基础，由此形成更强的群聚性以利于价值共创。休闲性包括社区产品和服务以及成员知识分享和信息发布有趣味性、娱乐性，能够带来较强的愉悦性，从而在精神上激发成员参与价值共创。

二是活跃线上线下交流以推动价值共创。人际信任程度决定成员对虚拟社区产生归属感和认同感的水平。而人际信任在虚拟社区是很难形成的，它必须让成员脱掉"马甲"，以面对面的情感交流增进了解，成为一定程度上的熟人并建立友谊关系，从而建立良好的信任关系，进而提升成员对虚拟社区的信任度。由于各成员是基于共同的兴趣、需求而进入虚拟社区的，这是组织成员线下活动的思想基础。虚拟社区既可以根据兴趣爱好分别组织成员开展相关主题的线下见面活动，也可以鼓励各兴趣爱好的核心成员组织"线上＋线下"融合的见面会或者传播正能量的社会活动。同时，在社区开设板块展示线下活动风采，将线上互联与线下互动结合起来，虚实联动、以实促虚，以线下所增进的情谊推动活跃虚拟社区氛围，提升社区活跃度和群体凝聚力，以激发成员对社区价值共创的积极性。

三是建立持续信任机制以实现价值共创。社区成员的持续信任，是虚拟社区持续发展的基本前提。社区的持续信任机制建立，依赖于社区运营管理制度和社区成员及成员群体的可信赖性。从社区运营角度看，虚拟社区的商业行为不能超越社区成员的心理承受限度，避免产生不适感乃至厌恶感和不信任感。譬如，成员的习惯、偏好、意向等，在社区活动中往往被系统软件所抓获，并被过度商业化利用，如商业广告频繁跟踪投放等，使成员进入虚拟社区即产生不适感而因此对其失去信任。从社区管理角度看，虚拟社区对成员信息保密、社区环境维护、社区交流安全、社区利益保护、社区秩序管理等均负有义务，倘若出现成员信息泄露、社区文化低俗、虚假信息泛滥、网络暴力频发、社区制度失灵、社区管理不公正等现象，社区成员亦将弃而远之。从人际信任角度看，社区成员难以对符号化的成员的网络诚信予以有效识别，也就难以在短时间内或在无交往状态下产生信任和认同。当前，最有效的办法就是科学设计线上声誉评价系统，对社区成员的贡献度、违规情况、信息质量、诚信情况等声誉因素进行量化评价和动态管理，形成外显标识，从而便于相对人辨识。只有当社区成员对社区保有持续信任的态度，才能更好地激励成员的诚信行为，全面推动社区价值共创。

四是建立价值观维系机制以延续价值共创。虚拟社区无疑是社区成员价值取向反映与价值观建构的在线场域。社区价值观是社区成员价值共创的结果，这个价值观必然是连接社区成员的纽带，也是虚拟社区凝聚社区成员的关键黏合剂。虚拟社区应该重视建立价值观维系机制，以使社区成员对社区保有足够的黏度和活跃度。首先，虚拟社区要找准社区价值观定位，在发展中引领成员共同参与社区价值观建构；其次，要发挥成员作为"把关人"的主人翁作用，建立通道以使成员自觉过滤不良信息，共同完善社区公约，共同裁决违规行为，共同维护社区秩序，从而不断强化价值观认同；其三，应该强化新成员在虚拟社区的身份认同和情感认同，以包容、尊重、热情、平等的态度使新成员消除陌生感和戒备感，迅速融入社区"生活"，以情感认同优先转化为社区价值认同。只有建立价值观维系机制，才能推动社区成员持续展开价值共创。

第三节　内生净化：开启网络自媒体的自清洁新模式

互联网技术的迅猛发展，使网络使用成本迅速降低并推动了网络使用的普及化，为大学生分享自身事实、身边新闻和分享知识经验提供了便捷的途径，由此为催生自主化、个体化、草根化、普泛化的传播者提供了肥沃的土壤。较之主流媒体，这种自主、自由的非主流传播媒介，我们称之为自媒体（WE MEDIA）。有目共睹，自媒体已发展成为人们生活、学习和工作不可或缺的一部分。但因之在一定程度上脱离了公权力监管，以致出现了质量良莠不齐、内容低级庸俗、价值观多元冲突、意识形态偏差等问题，因此亟待对自媒体加强有效的监管引导，开启网络自媒体的自清洁新模式。

一、网络社会的自媒体发展

所谓自媒体，是个体或者团体组织通过网络对外分享知识、推送信息、抒发情绪、表达意见、发布其自身事实和新闻等内容的非主流传播媒介。它对网络具有高度的依赖性，通常存在于博客、微博、虚拟社区以及自媒体搭载平台等网络门户。每一个自媒体传播者均注册有独立用户号，以个体或者团体组织为信息制造主体进行内容创造，向不特定的受众或者特定的某类人传递规范性及非规范性信息。与主流媒体不同，自媒体是一种"自我言说"的传播模式，既脱离主流受众而缺乏社会声誉，也不能充分体现和传播社会主流意识形态与主流价值观，更不具有党和政府以及人民的喉舌功能，这也就决定了它难以成为一个客观公正的观察者和传播者。但自媒体满足了信息时代人们对简单、快捷、碎片化、趣味化的信息需求，在追随者（受众）与被追随者（自媒体）之间双向自主选择，形成了良好的互动性，创造了独特的网络亚文化。

自媒体发展历程虽短，但演变速度惊人。2009 年，新浪微博的上线掀起了社交平台自媒体浪潮；2012 年，微信公众号的推出把自媒体引向了移动端；随后，视频网站、电商平台、门户网站、直播平台等争相涉足，自媒体平台日趋丰富多元。时至今日，自媒体搭载平台有新浪微博、微信公众平台，抖音、土豆、优酷、喜马拉雅、蜻蜓 FM，虎牙直播、淘宝直播等等，层出不穷、数不胜数。内容覆盖知识分享、信息发布、娱乐表演、电商服务等，形式包括图文、音频、视频、直播等。由于自媒体是一个低门槛、无标准、缺规范的传播媒介，大学生得以自己所擅长或者感兴趣的领域为切入，以个性化内容和独特形式吸引人群的追捧、关注以及转载。与主流媒体相比，自媒体呈现出如下主要特征：

（1）草根化。互联网技术的商业化发展，使自媒体技术门槛低、操作便易，一部接入互联网的手机便可在网络空间接受自己感兴趣的信息，并自由地"拿起话筒"建立"个人新闻中心"，或分享知识，或发表"新闻"，或发起话题，或扩散议题，以引发网民的关注，体现了彻头彻尾的"草根性"。

（2）圈群化。基于共同的兴趣爱好、学习目标或社交需求等原因，以自媒体人（尤其是网红、公知、大 V 等）为中心，与粉丝（关注者）之间组合成了一个虚拟社群，并展现出一定的凝聚力和影响力。由于虚拟社群成员存在兴趣、爱好上的共同点以及对文化（尤其是其间所形成的亚文化）的认同，使之产生较强的网络圈群效应，并可能逐渐发展成为一种网络自组织，具有巨大的舆论创生与传播能力。

（3）交互化。这是自媒体最为显著的特征，自媒体的核心目的在于满足受众交流、互动的需求，往往要给受众提供更为充分的分享、交流、互动、讨论、参与等多元化沉浸式、融入式体验。互动形式主要有在线实时互动、离线延时互动两种。

（4）小众化。自媒体一般较少关注政治、经济、文化以及社会发展的主流问题或者体现主流价值，因此不是社会主流人群所倚重的资讯和思想来源，而注定是迎合具有某种兴趣偏好的小群体的小众化存在。

（5）碎片化。自媒体极大地因应了受众越来越习惯和乐于接受简短、直观的知识和信息的碎片化需求，如抖音短视频，作为一款风头正劲的短视频社交软件，其普通用户的作品单元时长仅为 15 秒到 1 分钟左右，却让大学生趋之若鹜。

（6）个性化。每一个自媒体的传播内容、形式、手段不尽相同，同一自媒体在不同时空也完全由传播者依据受众的喜好而定，是充分个性化双向互动选择的结果。

（7）趣味化。知识分享型自媒体较注重以质取胜，但其他类型自媒体一般不以质量制胜，不以社会声誉立足，也不以吸聚主流受众作为发展诉求，而以吸引更多追随者和浏览量为目标，因此想方设法提高自身的趣味性、新奇性和刺激性，以满足受众的娱乐、猎奇需要。

二、大学生自媒体的负面影响

美国学者肯尼恩·戈德史密斯指出："网络有一些众所周知的缺点：'喷子'、仇恨、舌战、垃圾广告，以及自大狂的愚昧无知。"① 自媒体似乎包揽了这些缺点。自媒体由于游离公权力的直接监管，而依赖传播者自律和平台监管，处于较为自由的状态。在流量经济和粉丝经济的利益驱使下，自媒体长期野蛮生长，各种信息层出不穷，每一个传播者都试图生产出最吸睛的内容，以求获得更多流量和关注。对大学生而言，在泥沙俱下的庞杂信息面前，难以分清到底哪些信息才是正确的、哪些信息才是自己最需要的。碎片化的信息冲击波，正在解构着大学生自身内在的知识图式。具体而言，大学生网络自媒体存在如下方面影响：

（1）信息泛滥。自媒体市场准入低，使大学生获得了更多话语权，可以随时随地用手机等多媒体设备记录身边琐事，"自我声音"的表达在大学生中越来越成为一种趋势。但是，在"人人都有麦克风，个个都是广播站"的大环境下，"人人都有权传播某种事实或观点，而不管该事实和观点是如何琐碎或者丑陋"②。而海量信息扑面而来，真假对错、是非美丑掺杂其中，大学生想要简单精准地获取准确信息，变得越来越艰难。而且，信息的真实性往往容易遭到质

---

① ［美］肯尼恩·戈德史密斯：《如何不在网上虚度人生》，刘畅译，北京联合出版公司 2017 年版，第 27 页。

② ［澳］约翰哈特利：《数字时代的文化》，李士林、黄晓波译，浙江大学出版社 2014 年版，第 129 页。

疑，劣质内容充斥于网络空间，甚至将"毒鸡汤"精心"调制"成所谓的"心灵鸡汤"，使大学生在获取信息时难以甄别。

（2）可信度低。自媒体门槛低，谁都可以注册自媒体进行表达、展示、广播、表演，"却也伴生着残忍的经济逻辑：有价值的不是信息，而是注意力"①。而网络社会的隐匿性、易变性、符号性特征，又给了一些自媒体人"随心所欲"进行宣泄性表达的空间，"有话要说"的人变得越来越多，追求以"注意力"变现"价值"（经济利益）的人也越来越多。因此，自媒体人在急于求成的心态下，就会发布一些旨在追求点击率和关注度的"新闻"，而忽略其真实性、准确性和价值性，从而降低了所传播信息的可信度。

（3）道德迷乱。作为社会的人、现实的人，其行为必然处于道德选择的情境之中，必须克制而坚定地选择所在社会所倡导的道德责任和义务。然而，作为自媒体受众的大学生，其在自媒体时代面临着多样化的价值选择，已然被充斥拜金主义、享乐主义、历史虚无主义的网络快餐所吸引，逐渐丧失道德选择的坚定意志。而作为自媒体人的大学生，功利主义与享乐主义俨然裹挟了其价值判断与行为选择，使之致力于迎合受众（粉丝）的需求，而把自己置身于道德真空地带，有意无意间放弃了道德信仰、遗忘了道德意志，以低俗、媚俗，甚至有悖于社会道德伦理的信息，博取受众（粉丝）的眼球。

（4）价值扭曲。当前，一些自媒体为了赢得更多网民关注，不仅甘于沦为资本之附庸，亦不惜沦为流量之奴隶。在"流量是唯一标准"的驱使下，什么政治、历史、文化、科学、道德、精神等，一切严肃的价值和意义都被消解了。于是，一些自媒体出现了各种山寨抄袭、调侃戏仿、拜金炫富、色情暴力、曲解诱导、虚假造谣、低俗炒作、歪曲历史等严重偏离主流价值的行为。

（5）行为失恰。自媒体不仅为大学生提供了宣泄性表达空间，并以自媒体为中心形成了一个圈群社区，而不同圈群之间的差异和隔阂不断被放大。大学生在自媒体环境中更容易找到"同道中人"而结成内群体，他们更偏向于做出比个人更为极端的选择。具体表现为对外群体的偏见，在行为上具有鲜明的易感性，极易发展成群体之间的冲突，如对不喜欢的人或事而在网络上进行不负责任的攻击、谩骂、围殴。同时，自媒体人也极易传播虚假、拜金、色情、暴力等负能量信息，以及涉及他人隐私的信息，对社会造成了极其恶劣的影响。

---

① ［美］克莱·舍基：《人人时代：无组织的组织力量》，胡泳、沈满琳译，浙江人民出版社2015年版，第65页。

（6）肆意表达。自媒体的活跃度、关注度和流量提升，主要通过自媒体人不断发布信息而激发受众（粉丝）发表评论的方式得以实现。在自媒体环境下，受众（粉丝）对热点事件的言论表达往往高度同质化与极端化，他们会高举"公平""正义""道德"等冠冕堂皇的大旗进行狂热吐槽，于是一股汹涌情绪和激烈争吵，以排山倒海之势对事件予以急速传播，甚至从一个自媒体的圈群社区蔓延至其他自媒体圈群社区，乃至整个网络社会，形成强大的舆论波。如此，容易出现偏激夸大、污言秽语、捏造诽谤、谩骂攻击等极端行为，以致出现一些违法犯罪行为。

三、大学生自媒体的自清洁实现路径

在"人人皆记者"的网络时代，"现代性的'阅读大众'（观众或者消费者）转变为全球互动媒介的'书写大众'（用户，'产消者'或者'专业的业余者'）"①，对网络文化生产提出了挑战。显然，自媒体的出现和蓬勃发展，推动了网络社会公共话语空间的权力再分配，赋予了公众更多的话语权，也就催生了网络时代的话语新生态。但拥有一定话语权的自媒体，其话语传播之目的不是制造撕裂、激化矛盾和挑起冲突，而是分享知识、促进交流和创造合作。因此，大学生应该把自媒体作为发布事实、发表观点、抒发情绪、实现交流、创造机会的平台，全面开启不良信息和负面情绪的自清洁模式。

一是大学生自媒体叙事的话语规则践履。按照话语传播特性，可以把自媒体传播内容分为告知性信息和劝服性信息。告知性信息突出传播内容的叙事性、新闻性、事实性和知识性，劝服性信息突出传播内容的议事性、评论性、观点性和引导性。显然，自媒体在发布告知性信息时，应把握"事实"这一内核，其话语表达模式是叙述一个事实或告知一种知识。因此，大学生在自媒体运营中，对告知性信息应遵循三个原则：（1）客观性原则，应叙述好一个事实，而不能发表一通观点或作一番评判，而且事实要有可靠来源，具有真实性和准确性。（2）公正性原则，叙述事实应以第三人视角切入，坚持中立立场，不使用褒贬倾向的语言，也不放大、不缩小事实。（3）完整性原则，在事实和观点涉及当事人多方时，必须进行完整、均衡地表达，不能偏听偏信、断章取义、以偏概全。

①　［澳］约翰·哈特利：《数字时代的文化》，李士林、黄晓波译，浙江大学出版社2014年版，第129页。

二是大学生自媒体议事的表达范式转换。毫无疑问，自媒体在发布劝服性信息时，应把握"观点"这一内核，其话语表达模式是评论一件事物或阐发一种观点。大学生在自媒体运营中，对劝服性信息应遵循四个原则：（1）观点鲜明原则，评论任何事情都必须亮出鲜明的观点，是赞成（为什么赞成）、反对（为什么反对）抑或折中（为什么折中），要光明磊落、清晰明了，不能晦涩歧义、拐弯抹角、模棱两可。（2）有理有据原则，任何评论性的结论都基于一个真实、客观、准确的事实或科学可靠的推理，而不能空穴来风、捕风捉影、主观臆断、人云亦云。（3）恰到好处原则，评论任何事都要有一定高度和深度，也要有一种风度和雅量，不能过度使用否定、反问、比喻、夸张等手法，更不宜发表语气强烈、褒贬浓厚、宣泄情绪、无理取闹的泼妇骂街式评论。（4）就事论事原则，自媒体评论应尊重相关当事人，不宜无端激发矛盾，尤不宜演变成质疑他人动机、偏好、样貌、能力、智商等人身攻击，或者东拉西扯而泄露他人隐私、引入无关的人和事。

三是大学生自媒体表达的主流文化融入。大学生作为有理想、有道德、有文化、有纪律的新时代"四有"新人，与其他群体所不同的是，他们不会对抗主流文化，而是基于更强的使命感和责任感，会更加主动地拥抱主流文化，更容易与主流文化形成良性互动。因此，以大学生为自媒体人所形成的圈群文化，在与主流文化相互融合、交流甚至转化方面，存在更多的可能性。尽管这种圈群文化在一定程度上冲击当下的主流文化，但主流文化显然对大学生自媒体圈群文化进行着潜移默化的影响甚至改造。事实上，绝大多数自媒体为了更好融入社会主流，也在努力建构理性、热衷公益、爱国等向上向善的美好形象。因此，自媒体圈群文化对主流文化的包容性，也体现了其易与主流文化进行互动，甚至在某种程度上主动谋求主流化，这为主流文化融入自媒体表达提供了内在条件。当然，大学生普遍生活在自媒体圈群文化之中，要使之积极地影响和改造现实社会文化，并参与和改变社会，就必须引导其将主流文化融入其自媒体表达之中。

第四节　共景监狱：重塑大学生多元利益的话语表达

互联网技术的大众化普及，使人类迈入一个"全媒体时代"，或称之为"全民记者时代"。在这个时代，无论是信息生产、传播抑或信息监控，公众参与度均得到空前增强。过去，人们处于"全景监狱"之中，为少数掌握信息资源者所监视。如今，"全景监狱"时代一去不复返，"共景监狱"已然取而代之，少数资源把控者的监督已显得苍白无力，人们一跃成为信息分享者和舆论监督者。人们充分享用着网络带来的诸多便利，也充分利用和把控着网络舆论监督的巨大威力。

一、全媒体时代"全景监狱"向"共景监狱"的转换

所谓"全景监狱"，是法国哲学家福柯对人类社会控制方式的一个形象比喻。福柯研究认为，传统社会的社会管理者主要凭借信息不对称而实现成本低、效率高的社会治理。而这种控制形式，犹如古罗马人发明的一种金字塔式监狱，即犯人虽被监禁于不同牢房，但狱卒可于牢顶作全景监视，而众犯却不知监视者身处何处，且犯人之间亦不得以有效沟通与传递信息。于是，不论管理者到位抑或缺位，众犯均假定其存在，故而不得不接受外在控制并自觉规罚己身①。而随着全媒体时代的到来，无限沟通与信息透明，已使"全景监狱"模式在社会治理中丧失用武之地。

在全媒体时代，人人都是信息传播者和分享者，完全打破了传统的社会控制模式，由此"发生了从'全景监狱'到'共景监狱'的根本性转变"②，社会管理也转向了社会治理。与一对多的"全景监狱"俯视结构不同，基于互联网技术的"共景监狱"作为一种多对一的围观结构，"是众人对个体展开的凝视和控制"③。显然，这是一种众多围观参与者共同建构的虚拟与现实交错融通的社会存在，个体由"被监视者"转变为"监视者"，舆论监督权从少数人身上转移到了公众身上。这种全民化监督主体的无限扩大，足以形成对某一对象的严密监督或者疯狂讨论，继而使之成为公众议题并形成社会舆论波，对信息发布者乃至整个社会（包括虚拟社会和现实社会）都可能产生一定乃至严重影响。

诚然，"共景监狱"场域犹如一个体育场，场内的"竞技者"就是场外围

---

① 喻国明：《社会话语能量的释放需要"安全阀"——从"全景监狱"到"共景监狱"的社会场域的转换说起》，载于《新闻与写作》2009年第9期，第56－57页。

② 喻国明：《社会话语能量的释放需要"安全阀"——从"全景监狱"到"共景监狱"的社会场域的转换说起》，载于《新闻与写作》2009年第9期，第56－57页。

③ 喻国明：《媒体变革：从"全景监狱"到"共景监狱"》，载于《人民论坛》2009年第8期，第21页。

观者"目光之猎物"。福柯将这种审视的目光比作"权力的眼睛"，故而围观即在实施一种"权力"。在网络社会，网络围观者同样得以通过围观而获得主体"权力"。事实上，这种"权力"的发挥机制体现为：当网络围观者认定网络上因发布某项信息而成为"猎物"的被围观者之知识或者观点"不正确""不符合审美标准"或者"违反公序良俗"等情形而得到其他围观者认同时，被围观者可能会被孤立而无法对其所涉事物行使围观之"权力"，从而使之成为被"示众"的对象，往往最终在这些"权力的眼睛"下围观者的意志可能被强加于被围观者身上。而被围观者要想突围或者扭转情势，必然要依赖于其在网络社会所表达的事项或者观点有足够的真实性和准确性，以及论据的充分性和论证的严密性。

在"共景监狱"场域中，还将产生围观者和被围观者的自我规训功能：即在网络围观过程中，网民的围观"目光"（舆论）编织成了一面"社会之镜"，围观者抑或被围观者均可在这面镜子中观照己身，由此不仅使被围观者在被围观中受到必要的警醒并自我矫正自身不恰当言行，也使围观者自身受到必要的警醒，在确认他者的错误与荒谬中预先"矫正"了自己言行，无形之中使每一次网络围观事件都发展成为一次"全民规训"的教育过程。因此，在全媒体时代，必须高度重视围观者（俗称"吃瓜群众"）的巨大影响力。

二、"共景监狱"场域下的网络社会特征分析

（一）网络行为特征："围观""围猎"与"围殴"

大学生网络行为的第一个特征是"围观"。在"共景监狱"场域中，网民作为网络舆情形成的中坚力量，他们以围观的姿态体现对事件和观点的关注，通过网络回帖、议论、转发，在网民之间不断暗示、传染而迅速"病毒感染式"地集合形成庞大的围观群体，遂使某个事件或者观点升级为社会热点事件，并形成强大的网络舆论而推动问题走向结局，从而使网络围观成为一种社会现象。显然，网民可以在任何时间任何地点进行各种形式的围观，而网络围观所产生的传播速度和社会影响已超越了人的可控范围，但在围观不良事件或者观点的过程中，人们会以之为镜、反思己身，而在围观不幸的事件信息中，人们会萌生悲悯、传递爱心、伸出援手。可见，理性的网络围观既可以促进大学生的社会化，推动网络围观者实现超我德性净化，促进其进行良好的自我控制；也可以反映大多数人的意见，形成一种良好的舆论公意；还可以对不恰当言行形成

舆论压力，产生一定约束作用。

其次是"围猎"。所谓围猎，其本意是指四面合围而猎，又称狩猎。网民对网络社会热点的围观，源自网民"看热闹"的心理需求，而网络媒体平台和自媒体为了快速成功地增强网民的流量和关注度，就必须想方设法迎合围观者的这种心理需求。而随着网民"看热闹"的心理越来越刁钻，网络媒体平台和自媒体开始主动寻找和发布"过度极化"的事件或者观点，造成了网上大量毫无伦理道德和社会责任感的信息涌现。而恰恰是这些极化的、不良的事件或者观点，往往容易偏离网民对公平正义、公序良俗、是非美丑等方面的价值追求，由此导致一些围观者愤然跳出来"拍砖""喷口水"（抨击指责），这种情绪随之迅速传染至众多围观者，从四面八方形成合围之势，对"目光之猎物"进行舆论"围猎"，迫使其妥协、删帖、认错、道歉、纠正、弥补，直至事件快速顺着围观者的"公意"结局而收场。显然，非理性的"围猎"会把事件推向危机的边缘，对被"围猎"者造成无法弥补的伤害，并产生恶劣的社会影响。唯有理性的网络"围猎"，才能推动事件向着公平正义的美好方向发展，使围观者和被围观者都从中受到道德感化。

其三是"围殴"。由于网络社会的隐匿性、符号性和易变性等特性，使部分网民脱离了现实社会中道德规则与法律规则的制约，致使网络围观出现内容低俗化、语言暴力化的不良倾向。于是，在任何被围观的事件或者观点中，均可以找到一些围观者"殴打"（人身攻击和辱骂）"目光之猎物"的斑斑劣迹。而一旦被围观的事件或者观点在一定程度上偏离了网民对公平正义、公序良俗、是非美丑等方面的价值追求，围观者（尤其是利益相关者）就会"出离愤怒"地蜂拥而上，将围观升级为网络暴力，乃至发生网络人肉搜索、线下非法聚众等"围殴"事件。网络"围殴"通常有两种情形：一是围观者对被围观者形成一边倒的"围殴"，使被围观者妥协、认错、纠正，但也可能使之在排山倒海的舆论中走上死胡同和不归路；二是在围观者和被围观者共同形成的临时圈群中产生对立的两派，两派之间由开始的据理力争发展到互相"围殴"，产生极其恶劣的社会影响。

（二）社会性格特征：幼稚、易怒与狂欢

一是幼稚性。在网络社会，很容易模糊成人与幼儿之间的性格边界，"共景监狱"的围观模式更是加剧了成年网民回归到"幼儿"状态。在海量信息面前，围观者和被围观者都容易变得缺乏耐性和理性，个体的智力极易被降低、个性极易被削弱、情绪极易被感染，异质性也就极易被同质性所淹没，个体无意识的品性占了上风①，并进一步同化产生了集体无意识。于是，围观者和被围观者变得不安、急躁、冲动和多变，不断下拉刷新，时而开怀欢呼，时而愤怒骂街，俨然一群充满孩子气的"幼儿"。就广大围观者而言，他们在不同的事件或者观点之间穿梭围观，囫囵吞枣地浅读误读，不论知与不知、懂与不懂，然后以"江湖"表达爱恨情仇之方式，将喜、怒、哀、乐在瞬间不断切换。而且，围观者往往不断自我宣称或者自我暗示为弱者而甘于"幼儿化"，表现在社会性格上就是"很傻很天真"，而一旦受到"委屈"就会猛然"很雷很暴力"。

二是易怒性。当前，我国正处于社会转型和利益调整波动较大时期，人们的利益诉求多元化，但现实与理想之差距致使人们的浮躁化情绪淤积，而能够宣泄情绪与不满的渠道与场所有限，于是网络社会就发挥了社会"安全阀"的功能。因此，网民在网络社会"喷口水""撒野"的情形也就在所难免②。因为，网民的愤怒必然是有名义的，尽管这种名义有时缺少真实性、准确性和证据性。而在网络社会"共景监狱"的围观模式下，更构造了一个很"江湖"的虚拟社会场景，只要点燃一根导火索，一切爱恨情仇和喜怒哀乐都可能表达得轰轰烈烈，从而使网络社会极易成为怒火燃烧的场域。此时，围观者和被围观者约束个人的责任感消失，容易受到情绪传染与心理暗示，网络社会在病毒式传染机制下，使得网民一旦发现有愤怒的理由之后，情绪总如烈火般蔓延，却往往很少网民深探事件之真相。因此，网民对社会热点事件所产生的宣泄和愤怒，是应该予以正视、澄清和疏导的。

三是狂欢性。网络社会是具有隐匿性，又有极强参与性与交互性的异度空间。在这里，人们戴着一副绝好的"面具"，摆脱了严明的规约、严肃的工作和烦琐的生活，打破了严格的科层秩序、悬殊的贫富差距和迥异的身份地位，同一切"虚拟的人"随意不拘地交往。大家可以随心所欲地"妆扮"自己，口无遮拦地"说笑取悦"，狂放不羁地"载歌载舞"，现实的人仿佛在网络社会新型的"社会关系"中得到了重生。在网络社会上，凡是能给人带来愉悦感的事物，都能被网民导演成笑谑式的"狂欢趴"，此刻的网民对一切（包括取笑者本人）

---

① 谭硕：《共景监狱视域下互联网受众的社会性格分析》，载于《东南传播》2013 年第 11 期，第 42 – 43 页。

② 喻国明：《社会话语能量的释放需要"安全阀"——从"全景监狱"到"共景监狱"的社会场域的转换说起》，载于《新闻与写作》2009 年第 9 期，第 56 – 57 页。

均表现出不敬、不屑，乃至歪曲、亵渎。而这种笑谑式的狂欢是"全民"性的，此中表演者与观看者的界限已不复存在，大家既是"演员"也是观众，网络生活本身成了网络表演，所有参与者都在观看与被看中陷入一片欢腾的海洋。事实上，在网络社会，每过一段时间就会有新的可愉悦事物出现，每一次也都得到网民的热情追捧，网民就不断从这一个"狂欢趴"走马灯式地切换到下一个"狂欢趴"。一切以兴趣为开端、以狂欢为结束。

（三）网络舆论特征：叛逆、易感与监督

一是叛逆性。在现实社会，人们的需求层次从低到高以及对美好生活的需求是无止境的，但因受到利益冲突、社会矛盾等异己力量之羁绊，就可能产生许多压抑、怨恨和无助的心理感受。当这些长期郁积内心的负面社会情绪无法得以有效宣泄时，就会借助网络社会这个"社会安全阀"进行替代性宣泄。当然，人们借由这个"社会安全阀"来宣泄情绪时，不是无端宣泄的，它必须有一个恰当的"发泄点"——也就是网络社会的失范行为或者不当言论。在"共景监狱"场域下，网民以不满情绪围观一切事件或者观点时，其逆反心理都可能瞬间膨胀，由此造成其网络言行的叛逆性。而且，现实中的生存危机、分配差距、保障缺失、政策不当、自身失利等因素均可引发个体的叛逆心理，以一种宣泄、抗争和挑战的言行导致网络舆论失控，形成了"共景监狱"场域下众语喧哗的亢奋与无序。

二是易感性。"共景监狱"场域下，在围观者与被围观者之间、围观者与围观者之间，得以"交头接耳"地自由交流彼此的信息，使得社会的整体透明度越来越高，网络圈群或社区之间的界限越来越模糊，网络参与者的话语权越来越具有能量和感染性。在网络舆论形成的过程中，基于共同的兴趣爱好、窘境遭遇、利益诉求等，围观者的情绪被瞬间激发或者暗示，被围观事件或者观点会突破圈群或者社区的界限而在不同的圈群或者社区里得到病毒式地迅速蔓延，从而使一个话题在更大范围内扩散和升级，甚至蔓延到线下现实社会。可见，网民自由表达意见的集合，通常足以形成极具影响力的网络舆论，并对现实社会产生深刻影响。

三是监督性。事实上，每一位网络参与者均身处"共景监狱"之中，因此在凝视并监督着"目光之猎物"的同时，其自身亦成为其他围观者"目光之猎物"而被监督着，即每一位网络参与者都处于相互监督的状态下。可见，网络社会的所有行为主体既为"共景监狱"的构建者，亦为围观者和被围观者。在网络社会，各种现象均成了被审视和批判的"猎物"，即便是再细微的失范行为或者不当言论均可能引来大范围、大规模的围观。网民在围观中，乐于也精于深度挖掘目标人物与事件，使社会的整体透明度越来越高。尤其是对公共政策、公共权利和公众人物，体现出更强的监督性。毫无疑问，公共权力之滥用、公共利益之失衡、公共政策之偏向、公众人物之越轨等，最易成为被围观并热议的话题，也最易形成网络舆情。显然，"共景监狱"场域下，作为一个高素质的网民，一方面不得不更加主动、严格地规范自身言行，接受围观者的监督；另一方面应该避免"监督权"的滥用和误用，杜绝网络社会的舆论绑架和舆论审判。

三、"共景监狱"场域下的大学生话语表达路径选择

一是话语表达的慎独自律性选择。自媒体、虚拟社区、网络论坛等，是"共景监狱"场域下虚拟生存的重要载体，大学生得以在这些载体上互动交流并展开集体行动，其围观行为（话语表达）直接影响着网络圈群秩序，而圈群秩序状况如何直接影响着网络社会治理成效。所以，美国学者埃瑟·戴森指出："网络给我们提供了一个掌握自身命运、在地方社区和全球社会中重新定义公民身份的机会。它也把自我治理、自主思考、教育后代、诚实经商以及同其他公民一起设计我们生活中所应遵循的规则的责任交给了我们。"① 那么，大学生在围观中的话语表达，理应更为注重慎独自律，崇尚圈群秩序内生。而秩序内生，即意味着大学生对主流文化的认同、对圈群文化的包容和对圈群秩序的遵守。事实上，尽管网络圈群社区具有更强的自组织性与自治性，但网络社会的隐匿性、易变性和符号性，却使秩序内生高度依赖于围观者的网络素质提升。因此，慎独自律的网络圈群秩序之形成，必然要求大学生具备一定的道德自省、价值自觉和言行自律，培育与网络社会治理体系相适应的网络文化。为此，应加强中华优秀传统文化、社会主流文化、新时代先进文化与网络文化的对接融通，发挥网络优势文化的教化引导与潜移默化作用，逐步形成普遍认可的价值规范、道德规范与言行规范，并引导大学生将之内化为参与网络社会治理的言行准则。同时，增强网络社会公共责任意识，发挥网络圈群的自治功能，引导大学生共同参与圈群秩序制定，以网络圈群的自省自律净化网络环境，自觉充当话语表

---

① ［美］埃瑟·戴森：《2.0 版数字化时代的生活设计》，胡泳、范海燕译，海南出版社1998 年版，第12 页。

达的"看门人"角色，化解网络社会的话语表达失范现象。

二是利益表达的公平正义性展开。马克思指出："人们奋斗所争取的一切，都同他们的利益有关。"① 毫无疑问，大学生在网络社会的围观行为，往往是在试图争取某些利益。当这种利益表达得到广泛认同时，就会在围观者中产生共鸣而一呼百应，并在现实得到迅速解决。但是，这种理想状态往往难以顺利促成。因为在"共景监狱"场域下，围观者所构成的多元主体参与模式，难以构建好彼此之间的伙伴关系与平等地位，由此导致了多元主体对各自利益的过度表达。因此，为了平衡围观者的利益表达的不协调甚至冲突，大学生围观者应秉承公共利益最大化原则，力求理性控制自我利益的不合理膨胀。同时，在这种利益的表达中，政府作为相关利益的主导方以及主要被围观对象，在防止过度干预公共领域而对利益相关者产生权力和利益侵害的同时，也要防止多元治理中政府权威弱化而滋生无政府主义。在面对网民日益增强的权力（权利）意识时，应树立与权力（权利）意识相适配的责任意识，以使多元参与主体趋于责、权、利的合理平衡。

三是舆论监督的社会责任性践履。网络社会所建构的"共景监狱"场域，显然不是一种自发而毫无意义的围观模式，而是一种监督权力（权利）在网络社会的具体实践。这个被监督的对象，是每一个网络社会的虚拟生存者和网络社会的一切虚拟平台、组织，其中政府是被监督的关键对象。作为监督主体的围观者和处于被监督状态的对象，往往在网络监督实践中不可避免地处于某种程度的对立状态。大多数围观者都缺乏足够的包容性和社会责任感，由此使网络监督容易发展成为社会负面情绪爆发的导火索，进而不断激化阶层对立、放大社会问题，以致演变为重大网络舆情。所以，大学生在网络社会进行舆论监督时，要切实增强网络空间的社会责任意识，秉持公平正义、机会均等、共享成果的包容性价值理念，弱化网络舆论监督过程中的对立性博弈心态，以推动政府规范治国理政和社会治理行为，从而减少和消除社会排斥，促进机会平等和公平参与。大学生围观者只有在平等参与、公平正义的原则下行使监督权力（权利），方可提升自身监督表达的合法性和公信力。只有这样，监督主体和被监督对象才能深刻感受到社会责任对消除彼此权力失范所发挥的推动效能，监督者与被监督者的和谐发展也才可能在网络社会治理中得到促进。

---

① 马克思、恩格斯：《马克思恩格斯选集》（第 1 卷），人民出版社 1972 年版，第 82 页。

第五节　积微致著：以微文明引领大学生践行微责任

所谓"一叶一菩提，一花一世界"，说的就是，一片叶子、一朵花也是一个整体、也是一个宇宙。那么，一个人也是一个整体、也是一个宇宙。也就是小中见大、见微知著的意思。所以，在网络文化异化的境遇下，大学生应勿以善小而不为，应从网络微文明的微观行为中悟出社会大文明的宏观要旨。

一、网络社会的微文明呈现

在网络时代，一切时空都被信息技术入侵，一切事物都被信息技术碎片化。人们观察、认识和改造事物的方式，参与外部一切活动的行动与过程，在标准上变得越来越精致化、片段化、细节化。"微"对网络时代而言，似乎摆脱了宏伟、重大的陪衬与补充角色，而日益呈现出主体与主导的主角地位，确确实实地渗透到人们生活的方方面面。大学生就是在其中乐于踏波冲浪的群体，他们天生就进入这样的时代并做好了准备。

在网络社会，每一个虚拟生存主体得以更为细密、平等地进行思想的碰撞、价值的分享和文明的创造，人们抓住每一个细节进行解构传播，使网络社会的文明形态更加形象和生动。而这些细微的、精致的过程与细节，恰恰能更好更多地和每一个生命个体的日常生活感受相融通，于是对当下人们的文明生活更具普遍的、现实的意义。可见，网络时代切中了人们内心的需求，使一切文明要素的积累更加开放、平等、亲近，且生活化地呈现在每一个人眼前，使每一个个体真正成为网络文明的共创者与共享者。因此，网络文明的积聚动力更为充足，不仅内容空前丰富，而且规模空前扩大，同时传播空前快速。

网络社会虚拟生存行为应该是富有文明性的，而虚拟生存行为的精致化、片段化和细节化，把世界带入了一个"微文明"时代。在这个时代，改变了人与人之间、人与世界之间的联系方式，大学生的一句言语或一个故事，一段视频或者一帧照片，一指点赞或者一通"拍砖"，均可能成为点燃未来的星星之火，甚至成为社会舆论的焦点。这意味着，我们每一个人可以更深入、更广泛地参与网络社会的文明创造，以更清晰地将所发现、创造的微文明"产品"展示在网络世界。因此，所谓网络微文明，又可称为"V文明"或者"我们文明"①，是指每个人都是网络文明的主体，都应该践行"文明有我"的理念，以微小的文明行动构筑网络社会的大文明。

二、网络微文明的特征分析

网络微文明虽然在形式上体现为"微"，但它绝不是虚无的、碎片的、无用的，而是以其"微"而以小见大、见微知著。它具有如下四方面特征：

一是细微性。微文明之"微"，突出强调我们每一个人在网络社会都要积极参与微小的、具体的和力所能及的文明行动。事实上，一句暖心话、一个助人行、一段感人情、一桩美好事，都可以成为网络微文明，每个个体的点滴文明聚合起来就是网络社会的文明风尚。每个大学生都乐于力所能及地从点滴小事做起，发现、传递和生产微文明，就能汇流成海、聚沙成塔。当然，大学生要杜绝大文明干不成、微文明不肯干，却一味空口抨击网络社会这不道德、那不文明的思想和行径。

二是可为性。网络微文明无门槛无难度，人人可为之，随时随地可为之。譬如网络公益捐赠，爱心无大小，大学生捐赠几元几角几分都是慈善，不捐而转发传递也是善意；又譬如在网络上不"喷人"、不拍砖、不起哄、不造谣、不诽谤、不蒙骗……减少一个不文明言行，就是践行一个微文明。可见，网络微文明是举手之劳的善事，它可以经由大学生的一个小举动而在群体中爱心传递、星火燎原。

三是律己性。古训有曰："一屋不扫，何以扫天下。"在网络社会，大学生微文明不做，又何以做大文明。因此，在网络社会的隐匿性、符号性和易变性状态下，律己显得尤为重要。每一个大学生都应该为自己的网络行为立规矩，既要避免空口"喷口水"批评他人不文明，规范自身的话语表达；又要有"一马当先、舍我其谁"的精神，以自身的微文明行动去影响和带动更多的人践行微文明，推动形成良好的网络文明风尚。而大学生每一次微小的、具体的律己行动，就是一次次个体道德修养的自我圆满。

四是传递性。信息网络的全民普及，加之大学生在网络社会具有极强的活跃性和互动性，使网络微文明实现了几何倍增的传递性，也就形成了几何倍增

---

① "V"代表着胜利、和平，这里代表的是向上向善的精神；它同时也是英文"we"的谐音，意指文明事关每一个人的具体行动，社会需要全民共同的文明行为。

的社会影响力和感召力。譬如一个轻松筹的善举，可以在微信朋友圈中瞬间转发传遍网络社会，一夜之间遍及国内外，使求助者得到及时救助。因此，大学生不可低估自身在传递微文明过程中的巨大能量，应该自觉参与网络社会的微文明行动。

三、网络微文明的实践路径

网络时代催生出来的"微文明"，其优势在于全民参与其中并创造规模性社会价值。它充分利用了网络社会的大众性、草根性和迅速传播性等特性，实现了网络文明建设的平民化与常态化。如今，"微文明"已成为一种生活方式，它不仅推动了网络精神文明的建设，更传递了一种人人文明的大众化理念，有效促进了网络微文明建设的平民化实践。其具体实践路径包括三方面：

一是发现微文明。不论现实社会还是网络社会，并不缺少文明而是缺少发现。善于发现微文明，是大学生文明自觉意识和文明水平的重要体现。一个善于发现微文明的人，其内心是乐于向上向善的，其言行也是勇于向上向善的。所以，不论是学校，抑或是政府和社会，为了推动全社会形成以"小细节"见"大文明"的良好风尚，都应该借助网络平台积极开展各类发现真、发现善、发现美、发现爱的普遍参与性活动，以"最美人物""最感动人物""最模范人物""最暖心时刻"等为主题，以"微视频""微小品""微动漫""微书画""微摄影""微海报"等为表现形式，以"微话题""微评比""微展播""微行动"以及微博、微信朋友圈等为展示平台，让大学生有更多参与发现微文明的活动机会，从力所能及的点滴小事做起，宣传好人、传播好人、点赞好人。也让"微文明"在广大网民丰富多样的展示方式下更加形象、生动、感人，从而逐步营造全民发现微文明的良好氛围，以使大学生无时不在感受道德的精神力量。

二是传递微文明。人皆有爱美之心，亦皆有向善之心。一个乐于、善于传递网络微文明的人，是一个对弱者富有同情心的人，是一个对网络文明寄予了美好期待的人，是一个对构建网络社会"大文明"富有责任感的人。事实上，一个大学生在面对一个充满向上向善的微文明"作品"时，其第一反应就是转发分享；而在面对一个可怜的求助者时，其悲悯之心油然而生，第一反应就是支持和转发传递。因此，在网络社会，完全有可能让传递微文明成为一种社交方式和生活方式。政府和社会有义务呵护和激发广大网民的这颗文明之心、慈善之心。首先，要引导网民发现真的善、真的美和真的文明，并予以精雕细琢，以"小细节"展现出"大文明"，让网民愿于乐于传递微文明"作品"；其次，要严把"微公益"项目关，让网民看到真公益、真慈善、真困难、真求助，而不能出现假公益真欺骗，透支网民的慈善之心，以致出现善意阻断情形；其三，应增强微文明传递过程中的互动性，通过线上线下联动、网络投票、话题讨论等方式激发广大网民的互动与共鸣。

三是生产微文明。进入网络时代，微信、微博、微评、微议等网络微产品，在大学生的学习、生活中产生越来越大的影响。这些网络微产品，通过"以小见大、见微知著"的方式，反哺着当代文明。它突破了大学生的思想维度，创造了大学生生活新空间，提升了大学生认识和改造世界的能力。大学生作为创造网络微产品的一大主体，在进行网络微产品创作时，要时刻用好社会主义核心价值观这个文明"筛子"细细过滤，将网络微产品生产为合格的微文明产品。事实上，网络微产品的合格与否以及文明程度如何，恰恰是大学生创作者文明素养高低的体现，其过文明"筛子"的过程也就是大学生提升文明素养的过程。所以，为保证网络微产品能够不断激荡出好声音、释放出正能量，大学生必须以社会主义核心价值观武装好自己，使之入心入脑入血脉，以便于更好分清何为真善美、何为假恶丑，而后才能创作出方向正确、内容文明的网络微产品。

余　论

相生相合：大学生虚拟生存的社会责任践行之路向

与现实相比，虚拟生存属于个体现实生存的在线映射，是个体活动模式和内容在现实生存之外的扩展和延伸。在教育层面，虚拟绝不等同于虚无，它为思想政治教育和社会责任教育提供了新的契机和平台。鉴于此，从虚拟生存的角度进行切入，对大学生的思想教育和社会责任的理路与践行进行了总结与探讨，以期为新时代大学生的成长提供可资借鉴、可供参考的理论梳理与研究素材。

第一节　虚实相生：社会责任在虚拟生存与现实生存中合力生成

在新时代的中国，思想政治教育的最终目标与中国共产党执政的终极目标相一致，是促成"人的全面发展"和"自由人的联合体"，这是马克思主义的"青年观"与"人才观"在教育实践中的结构性展示。在传统的以现实生存为主体的社会生活中，大学生在社会交往中与其他交往群体一样，会受到地域、身份、角色、空间的制约。然而，在网络时代的情境中，大学生群体的生存条件发生了根本性的变化：虚拟生存的成分逐渐增加，现实生存的成分逐渐减少。这不仅可以削减大学生对"物"与"物化"的依赖，进而促成其的主体性与创造性的激发，也能够更好地体现和实现他们的自我价值，进而在现实与虚拟的双重场域中完成自我的实现和全面发展的实现。与此同时，过高比重的虚拟生存，必然地带来部分大学生的生活意义的空洞和生活方向的迷失，甚至会增强他们对现实的疏离感和对未来生活的不安全感，成为需要我们注意和强调的问题。

一、社会责任在虚拟生存与现实生存中的合力生成环境

在罗尔斯那里，任何社会活动都是在公共理性中进行的，公共理性被认为是一种提倡和协调人与政治、人与人之间的文化关系的道德行为准则。在互联网主导的虚拟生活环境中，部分大学生在公共理性上出现缺失或缺位的问题，业已成为常态。因此，有必要对虚拟生活中社会责任合力生产的环境进行充分的解读，并深度分析其属性与价值，以探索适合大学生社会责任形成的外部环境。

这种外部环境首先展现为虚拟与现实相交融的公众社会生活。虚拟生活环境下的媒体呈现出明显的新兴化和多样化特征，越来越多的"新媒体"开始渗透到大学生学习和生活的各个领域，直观地影响着大学生的社会认知与社会实践。这一方面提高了信息传递的效率和有效性，扩大了大学生接收信息的来源；另一方面，拉近了大学生与社会环境的距离，使大学生无时无刻不面临着社会的挫折和恐惧。在虚拟的生活环境中，大学生可以通过网络平台学习到更多的知识，并在主观认定、比较识别、交流讨论和价值借鉴中，有意识地形成世界观、人生观和价值观。更重要的是，所有的这一切为他们参与公共生活做足了准备，也为思想政治教育工作和道德引领工作带来新的机遇与挑战。

其次反映于虚拟与现实相交融的公共交往范围内。在虚拟生活环境领域中，大学生所面对的符号化的网络社会，在经过符号处理后可以实现许多行为的超越自然与社会的存在转向。对于虚拟生活环境中的任何人而言，包括大学生，在这种转向过后都很难通过网络通信了解对方的真实身份，并且只能通过对象可能具有的感知和可能比较接近本体的符号来认识对方。同时，在虚拟的网络化生活环境中，无法通过行为获得他人的愿望、爱好和情感等特性的直观感受，这对于参与虚拟生存的大学生而言，自己不再受社会角色和社会地位的制约，传统的社会规范和社会角色以及其他因素将不会对自身产生直观而必然的阻碍，进而影响他们对自身行为进行约束的责任意识。

进而诠释于虚拟与现实相交融的公众参与途径中。生活在虚拟的社交环境中，大学生更倾向抛弃现实的伪装和面具，他们渴望按照自己的意愿生活，并通过创建虚拟的自我符号来增强其生存和活动的独特性。而大学生们之所以会以这种方式参与公共事务，是因为传统媒体具有单向传播的特点，导致大学生与他人之间缺乏互动机制，社会参与的路径也受到明显的限制。但是，在虚拟

的社交和生存环境中，在新媒体技术和移动互联网技术的支持下，传统意义上的上下通达信息传输方式转变为立体往复式，大学生作为信息接收者的地位也转变成为信息的生产者与传播者；这使得他们可以使用虚拟网络平台传递思想和建议，从而达到诉求和态度对外表达的目的。

二、社会责任在虚拟生存与现实生存中的合力生成瓶颈

虚拟生活环境建立在现实生活环境的基础上，并基于现实生活环境进行扩展和丰富，逐渐形成一种超越现实生活环境的特殊生存方式。在这种环境下，大学生可以借助互联网技术、虚拟符号和计算机语言来构建现实生活世界的生存意识和生活实践。如此，新的生活环境不仅会影响道德教育和社会责任的主体和对象，而且会对教育主体的主导地位和践行生态产生影响，并形成了传统的道德教育和社会责任培育的发展瓶颈。

这一发展瓶颈首先体现在对道德教育和社会责任培育的生态阻碍上。在虚拟的生活环境中，不同网络平台上的资源实现着互连，并且在活动参与者共同构建和共同享有的状态下，不同的思想和文化观念相互碰撞和融合。这不仅会影响虚拟的生产生态，而且会对大学生的思想产生不确定性影响。例如，如果大学生过分沉迷于网络通信，便很容易导致他们将虚拟生活中的盲目性和随机性带到现实生活中来。在这种情况下，针对此类大学生虚拟生存的网络垃圾邮件、虚假信息和计算机病毒将迅速传播，从而导致个体道德不端的发生甚至是社会信任危机发生。与此同时，由于虚拟生活环境的流动性和无常性很强，这使得大学生的思想状况与道德发展很难被明确把握，并为道德教育和社会责任的培养带来相应的困难。

其次体现在对教育与培育主客体的无差别影响中。在虚拟的社会生活的加持下，大学生生活的时间与空间都获得了极大的扩展，这使得他们可以使用虚拟生活环境强大的超时空能力而去追逐自身价值的实现和自身发展的实现，也即是说，他们可以在成本更低、效率更高的情况下实现前人所难以丰富的生存体验和生活内容，并让自身的生存意义和虚拟的社会生存充分融合。由此可见，虚拟生存有利于大学生的意愿表达和理想实现，并对大学生的社会认识和全面发展非常有益。然而，由于网络社会在本质上是市场经济所主导的技术社会，随着其迅速发展，大学生的平等和独立的概念也被继续加强，道德教育和社会责任培养客体的主体性在虚拟生活环境中变得越来越明显，当他们开始主动而

自发地获取相关信息，传统道德教育和社会责任培养的效果将不可避免地受到影响。

进而体现在对教育与培养主体地位的针对性影响中。虚拟环境中的大众传媒主体会向大学生呈现巨量的政治问题和社会事件，大学生也能够通过智能手机和网络终端轻松地获取大量相关事件的信息，并在此基础上表达自己的观点和感受。同时，一旦这种讨论形成规模，就会产生强大的网络舆论波，这虽在一定程度上能有意或无意地保护大学生的利益，但也会对传统的道德教育和责任培养产生负面影响。如果教育者不具备信息获取的优势，同时又不具备解释信息的权威，那便会严重地影响其主导地位，进而削弱道德教育和社会责任培养的有效性。

三、社会责任在虚拟生存与现实生存中的合力生成路径

目前，互联网技术深度而全方位地改变了传统的生存模式，并将人们的生产、生活空间从现实的生存空间变为虚拟的生存空间，人们的思想、行为和观念认识也相应地出现了史无前例的变化。因此，以积极态度应对其为道德教育和社会责任培养所带来的挑战，并依此构建一个主体多元且主体平等的培育模式就成为现实需要。在此基础上，加强对大学生三观发展的引导，并不断提升道德教育者和社会责任培养者的情感交流能力，进而在改造大学生的世界观、人生观和价值观的过程中，深度扩大教育空间、创新教育方法，成为满足这一现实需要的必要工作。

这一途径首先始步于对情感交流能力的培养。对于当代大学生来说，虚拟的网络生存不仅具有魅力，而且几乎无可替代。道德教育和社会责任培养的主体需要在传统教育思维的扬弃过程中，对教育内容和语言进行感性化、具体化的创新与发展，激发大学生对道德和责任本身的关注和兴趣，进而提升道德教育和社会责任培养的效能。对于具有情感交流能力的道德教育和社会责任培养主体，则需要提高他们对归纳性文字的理解和运用能力，以此在虚拟的生活环境中，通过隐性形式进行道德教育和社会责任培养，并使其目的通过内生的、隐喻的方式实现表达。如此一来，既能更好地把握虚拟生存背景下的道德教育和社会责任培养的话语权，又能更周延地引领大学生形成合理的价值取向，进而增强虚拟生存中大学生道德教育和社会责任培养的实效性。

其次需要结合双主体培育模式的构建。在虚拟的生活环境中，大学生们愈

发惯于借助网络来表达自己的情感。在此基础上，道德教育和社会责任培养的主体必须一方面确实地生活于现实生活中，另一方面也需要确实地生活于虚拟的生活中。这事实上要求双主体的道德教育和社会责任培养模式以虚拟的网络平台为载体，以新型互动教育为形式。在这种模式下，思想道德教育和社会责任培养者既要通过课堂诠释价值、讲解知识，又要借助以智能手机为代表的移动网络终端或其他网络终端补充讲座内容，使更多的案例既贴合于网络又能结合现实；在将这类信息传递给大学生的过程中，能够使大学生在相关问题的讨论中释放自己的真情，进而在互动交流和相互讨论中实现道德教育和社会责任培养发言权的掌握。

最后落脚于强化大学生的人生指导。要提高虚拟生活环境下道德教育和社会责任培养的实效性，必须以信息化和虚拟化的社会为背景，深度而全面地加强大学生社会主义核心价值观教育，增强道德教育和社会责任培养面向这一群体的影响力。具体做法包括：引导更多的道德教育和社会责任培养主体进入虚拟生活环境，对接受网络形式的大学生进行世界观、人生观和价值观的教育，使社会主义核心价值观真正融入大学生的"现实—虚拟"生活中，真正让虚拟的生活环境为道德教育和社会责任培养所用。对社会主义核心价值观的理论设计和落实方式进行不断创新，最大限度地满足当代大学生虚拟生活与现实生存同步延展的特质，将社会主义核心价值观转化为更容易被大学生所接受的情感内容。

第二节　虚实交融：大学生在虚实合一之生存中
走向德性之圆满

顾名思义，虚拟生存与物理生存相对应，是指借助虚拟工具（例如 Internet）所形成的一种新型生存模式。它超越实体生存的主要特质表现在：其一，前所未见的开放性，信息传输和人际交往超越了时空的约束，表现出没有边界，没有中心的特点。其二，交往的快速高效性，互联网技术使拷贝和传播思想变得更加容易，并以此创造了巨大的社会生产力。其三，前所未有的虚实兼备性，虚拟交往与现实生存发生互动，并在人们的生活交往中改变了人们的思维和行为模式。这些特质尤其作用于大学生的生活改变，他们通过匿名的社会交往而更高调地在网络社会中展示自我，成为网络时代中真正的有生力量。

一、虚实交融的道德形态

道德形态在虚实交融的生存模式中被个体经验的即时传递与主观描述所主导，在此情境中，明晰这种经验的传递与描述大致形态就成为探讨虚实交融道德形态的关键。

实时录像式经验传递，最典型的是指访问新一代最受欢迎的知识普及类网站。各行各业的人士实时地上传生活中的新事物，尤其是生活中的各种轶事，包括快乐的事物、悲伤的事物、困难的事物、尴尬的事物等等，只要具备传播可能和传播力，都可以随时上传并产生效果。这其中年轻的大学生是积极的参与者。现实生活中的微信、QQ、微博、抖音等多种自媒体平台的功能大抵如此。

文学探索式经验传递，对于网络作家来说是最典型的。在1990年前后，一些作家大胆地深入描述了个体隐藏的成长经历，试图探索自我，并被视为"先锋"（典型的是"初代网红"木子美）。如今，这种写作热潮已经发展成为网络文学的商业特征，它是内容混杂的，其中不乏庸俗和低俗的作品，但在各种文学网站中都有广泛的读者。其中，一些另类的粗俗文学作品等，对于涉世未深的年轻人来说相当致命，散布着亚文化的非主流价值观念。

互动交流式经验传递，参加各种社区论坛的年轻人会将在生活中遇到的问题、困惑和经验进行坦率的交流。而基于互联网交际的匿名效应，他们的表达更为直白，甚至粗鲁而故意搏出位。例如，在一些虚拟社区中描述自己的恋爱历史，或在论坛中讨论如何处理家庭冲突和危机，交流育儿经验，或在阿里旺旺或闲鱼平台中交流购物经验。许多个人描述显得直截了当而大胆，有的甚至严重背离公序良俗和道德伦理，这一趋势颠覆了长期以来的主流的文化交往模式。

牟利炒作式经验传递，在互联网技术普及的今天，网络上个性化的表达是各行各业的年轻人所熟悉的方式，也是他们日常生活的一部分。他们喜欢使用各种特征明显的网络语言，例如前几年流行的甄嬛体、火星文、淘宝客服体、糗事百科体等，应用各种拟声词、错别字和各种符号来表达情感。过去一些较贬义的词也已被忽略本意地随意使用。一些外文字母缩写词或中文与化名混合的表达方式也很受欢迎。这不仅是语言表达的创新和弄潮，而且在某种程度上是新一代人对传统文化、社会关系、制度模式的解构和颠覆的方法。众多的人对自身生活进行了详尽的表达和阐释，公开宣传了个人观点和想法，形成了对主流话语权的僭越与否定。

与此同时，与个体经验的即时传递和主观描述相一致的，是传统的对性别、个人属性、社会定位的刻板规定被多元化的价值表达所瓦解。性别的概念是由社会历史和文化创造的，性别之间的差异不仅是自然的生理差异、也是社会的差异，即男女在行为上存在不同的性别期望。这种表现于精神气质、自我表达等方面的差异，形成了相应的性别体系，性别文化和性别关系。由于社会性别的客观存在和主观建构，对性别的刻板印象也根深蒂固。公认的男性特征，例如男子气概，如刚强、勇敢和大胆等，与女性特征，如温柔、善良、体贴等，影响和塑造传统社会中各代人，它以规范的性别角色和角色期望，帮助人们快速定义性别。而在网络社会中，对传统性别定位的影响正在加剧。首先有些人出于某种目的故意隐瞒和模糊其性别认同，其次人们很难通过网络信息清楚地认识到彼此的性别，再次长期存在的社会性别不平等和性别压迫可以通过网络传播来扭转，另外有些已经存在性别错位的人渴望在网络上得到回应和支持，最后非主流性别概念在公众传播中具有地位。也即是说，无论是虚拟社交还是现实社交，性别的定位都开始多元化。"伪娘""蕾丝边"等形象粉墨登场而不再受到歧视，传统的性别界限也在人类社交中被逐渐模糊。

双性化逐渐成为虚拟社交主流，双性化即"同时具有男性气质和女性气质的心理特征"，已逐渐成为主要的性别取向。双性化是主流社会对模糊化性别的一种认可。首先，它满足了中国父母对性别的期望，大量的独生子女父母希望男孩子同时具有传统女孩子的性别特征，即孝顺谦和；同时又希望女孩子在温柔和亲密的同时能像男孩子一样积极向上，做出光宗耀祖的事业。其次，它符合应试教育的需要，由于我国的学校教育并不特别关注性别差异，而是关注应试能力和考试录取。其三是符合世界发展的潮流，欧美国家出现了明显的现实生活中的双性化的趋势，这也间接地打破了我国传统的性别观念。

单性化日趋成为虚拟社交的典型，单性化也就是传统文化的典型男性气质化和典型女性气质化。需要强调的是，典型的男性气质比例远低于典型的女性化率，男性青少年的情况则如此，典型的女性化比例随着年龄的增长而逐渐增加。社会通过各种影视文化作品和商业运作对性别角色定位表达了各种期望。大学生们变得异常关注身体特征，关注外表是否符合人们的欣赏标准，除开青春期后的自然生理因素，这一问题的大部分原因来自社会性别教育对个体的影响。

性别极端化个体成为虚拟生存中的异类，对双性化的对立极端，包括男性的女性化和女性的男性化。"伪娘"的话题从热门到平静，百度平台中的"腐女吧"活跃着一些年轻的"耽美"党和"同人"族，这类现象的出现或许源自大学生的青春期性别反叛，也可能是对性别传统观念的对抗，尚且需要一种结构性的研究和探讨。

性别尚未明显分化的个体依然存在。学校和家长没有特别注意大学生的性别差异和教育，因此许多教育和道德要求是统一的。例如，上大学之前男女学生穿校服、剪短发，外表着装没有明显区别的隐喻并没有进行系统化的消除。这样的要求既可以促进性别分化，也可能导致性别极端分化。以中国流行的"中性"时尚为例，中性化既可以是双性化的表征，也可以是性别未分化或性别极端的表现。

而虚拟生存中性别的多元化发展趋势，进一步地导致大学生对自身社会角色的认知模糊。这表现为单一个体的多重人格或角色的出现、个人虚拟角色与现实角色之间的冲突、同一社会角色对多人开放的独特性等维度。

单一个体的多重人格或角色的出现，表征为互联网上流行的称呼，它表达了对社会角色的各种描述。例如：把生于豪门嫁入豪门的妇女称为"豪门女"、把各种吸睛的成功女性称为"贵妇"、把受到有钱人关注的出身一般的姑娘成为"灰姑娘"、把用夫家的钱为娘家服务的妇女称为"凤凰女"、把在家中忍气吞声又不敢反抗的妇女称为"女包子"、把看起来比实际年龄小或婴儿脸的女性称为"洛丽塔"、把总是愿意待在家里的女性称为"宅女"、把热衷于欣赏男同性恋文学或其他作品的妇女称为"腐女"等等。各种各样的头衔不仅表现出女性群体的多样性和个性，而且反映出妇女权利与义务在社会定义上的严重混乱。

个人虚拟角色与现实角色之间的冲突凸显在：进入网络社会，个人可以选择自己所扮演的角色，而无须过多考虑自身的现实身份和地位。在某些网络游戏或虚拟社区中，人们还可以将自己塑造成主人、下人、父亲、儿子等关系性角色，甚至性别、年龄、职业、身份以及其他想要的任何社会角色都可以进行主观设定。虚拟角色形成系列后，必然会导致青少年在真实角色和虚拟角色中的不断转化，如果这种转换出现问题，就会导致他们对角色冲突的认知混乱。最常见的情况是把自身角色浪漫化，通过想象在彼此之间建立浪漫关系，从而导致真实关系与虚拟关系的矛盾，进而造成严重的心理挫伤和心理问题。同时角色替代问题也一样严重，例如在虚拟农场上购买房屋，结婚并生孩子，甚至实现模拟的虚拟性行为，容易使青年人把虚拟现实视为一生，分裂或疏远现实生活中的自己。

同一社会角色对多人开放的独特性则更为深刻。大学生在线虚拟生活的内容主要包括：娱乐游戏、约会聊天、在线学习、购物淘宝、随意浏览等等。这些在线活动，可以与不同地区、不同类型的人进行交流，可以接触到现实生活中所接触不到的各种文化元素，让人视野开阔。如果接触海外文化并感受到彼此观念的差异，那么就会触发大学生对什么是社会权利和义务的思考。就同一角色的自我设定内部，其权利和义务也具备十足的开放性。以搜狐开放式论坛为例，婆婆和儿媳之间的斗争成为交流空间里的常驻话题，而情人这个角色作为另一个例子，探讨的是到底是否该忠实于一个人，更多地是强调享受被爱还是强调付出的奉献精神，不一而足，在各种各样的声音中社会角色定位的混乱也必然地影响大学生的道德观念。

二、虚实交融的生存机制

当代大学生虚实交融的生存机制，既内生于其自身心理的宣泄与建设维度，又外显于外部的文化变迁与交流维度，还聚焦于社会矛盾与建设的维度，是一种立体而全面的生存机制。

历史溯源上，传统文化一直压制和塑造人性。社会对年轻人"服从"和"顺从"的期望，一直阻碍着年轻一代的思想腾飞。某些年轻人受到负面传统文化氛围的影响，生成对权力、地位和财富的扭曲观念，进而对自身和未来产生深刻担忧，导致功利价值标准和以考试成绩为目标的教育压力，迫使大学生进行过度繁重的机械学习；同时也让他们活在无休止的比较和标准成功标签追求中，这些固化的设置往往在新媒体时代构成大学生的心理压抑甚至心理扭曲。

网络社会的存在就像给大学生打开了一扇天窗，使个体的抑郁心理变得可以理解，并形成了属于他们自己的虚拟的社交"安全阀"。他们在互联网上畅所欲言，表达其内生的心理诉求。从心理动机的角度来看，新一代的网络活动大致可分为几种类型。其一，逃避现实型。通过网络中的迷幻电影、文学和电子游戏来避免外部世界的影响，严重者深深沉迷于互联网成瘾而不能自拔。其二，自我表达型。他们渴望被尊重、理解和重视，他们或者以正面的形象向人们展示，或者大惊小怪，希望引起他人的关注、支持甚至称赞。其三，排气平衡型。

将现实生活中的怨恨与担忧"吐槽"于网络空间中，形成各种各样的怪现象。其四，追求利益型。在虚拟手段的帮助下，寻求自己利益的最大化，例如开设网店、刷单赚钱、赚虚拟币等，以此获得心理上的满足和利益的获取。其五，理想实践型。在虚拟生存中虚拟地接近或实现理想，例如架设公益网站、参加俱乐部、协会等。在上述复杂的心理动机和网络表现中，大学生们发泄、寻找着，试图建立属于自己的精神世界。

大学生虚拟生活方式的文化根基可归因于传统文化与新兴文化的交融以及多元文化的相互激荡。在各种全球性的外国文化引进中，当前对中国大学生影响最大的主要是以下几种文化趋势：

首先，日韩文化中美容服装的普及。互联网使日韩戏剧在中国流行，主要视频网站的主页上挂着数百种日韩戏剧，并且每天都在更新。大量的青少年是日本和韩国戏剧的忠实拥护者。90后大学生对日本动画相当熟悉，对宫崎骏、高殿勋、士郎正宗等创作者也很熟悉。女大学生中的"哈韩"风比比皆是。尽管日韩戏剧中有许多奋斗主题作品，也宣传奋斗的精神，但都普遍以浪漫美丽的作品形式，尤其是讲述灰姑娘与花美男之间爱情故事的偶像剧在年轻女孩中更受欢迎。其次，英美影视和语言学习的趋势。由于需要考试，大学生经常在网上观看英语作品。在经历了五四运动和中国改革开放浪潮之后，年轻一代的独立姿态备受关注，一方面，新一代与西方价值观产生了共鸣，另一方面，由于西方文化背景与中国文化背景非常不同，自然会带来一些风格不搭的问题，导致一些年轻人盲目模仿。另外，西方文化更看重个人独立性，例如有时性与婚姻的分离，这也使一些无法理解西方文化的新一代引起误会，盲目地跟随学习。

大学生的虚拟生存也反映了转型期中国所面临的深刻矛盾。社会保障体系不健全，贫富差距增大，政治改革滞后等实际问题，对年轻人的现实生活状况与未来的发展产生着深远的影响，特别是在角色期望的压力作用下，成功和安全感的障碍感得到增强，支配着他们的价值观和世界观，对他们的婚姻观、职业观、金钱观都产生了深远影响。具体表现在：首先，大学生性格过强，即他们已经看到了这个角色的未来压力，同时将自身的职业导向和家庭导向等角色结合起来，使他们对生活逐渐疲倦；其次，对角色的具体作用尚不清楚，贫富之间的社会分化刺激了一些年轻人，在信仰缺乏的同时，导致一些年轻人不想长期奋斗，渴望立即获得财富，从而造就了一群"物质男人"和"欲望女人"；

其三是受宠型角色的错位。在目前应试教育的环境中长大的青少年通常不做家务或做得很少。即使结婚后，父母甚至祖父母也承担着抚养后代、做家务活等重担，这导致代际之间的角色替代乃至角色错位，这也意味着新的社会问题。许多进入家庭的年轻人仍然缺乏责任感或仍处于不成熟的童年。学校和家庭又没有通过必要的课程培训来训练年轻人们来掌握基本的生活技能，从而阻碍了他们的社会化进程。同时，家庭中权利和义务的不明确导致家庭中纠纷的产生，由于无法各司其职，长者和晚辈以及不同的家庭成员之间因此存在矛盾和争执，这一情况转入网络社会时，也突出反映和表现了现实社会的内部矛盾。

三、虚实交融的德性前景

首先，要接受网络社会中大学生的成长尝试。在网络社会中，一些年轻人的行为令人大开眼界，例如自我暴露的隐私、行为另类而博人眼球，甚至违背公序良俗和道德规范。这一方面的确是一些年轻人文化水平较低，缺乏人文素养和价值判断所导致的，同时也因为只是在一定的成长探索过程中，青少年所表现出的一种有别于成年人的状态。当老一辈认为他们只是幼稚的孩子时，他们便诉诸虚拟工具来形成属于自己的社区，编写属于自己的故事，消遣属于自己的游戏，以该群体所熟悉的语言谈论世界或表达感情。他们会随时在网络恶搞和游戏中将个性化备注保留在在线签名文件中，以寻找属于年轻人自己的快乐。但是大量的真假相伴的信息也使他们容易迷失于自我的世界中，把落后消极的文化当成时尚，把粗俗的内容当成潮流。为此，我们必须对这种心态抱有宽容的理解态度，教育者和社会工作者应该积极地研究他们，在网络中聆听成长中的大学生的需求，参与探讨并解决他们所面临的各种难题，并帮助他们进行合理适当的社会交往。同时应该充分利用虚拟技术来解决其成长的心理压力，例如为他们搭建线上心理咨询社区帮助他们接触心理危机群体，为其建立心理安全的控制阀。

其次，要规范网络社会中大学生的个人权利。在个人的虚拟生存中，大学生所遇到的侵权行为主要涉及个人权利、知识产权和财产权等，尤其在个人权利方面最为突出。例如随便偷拍上传、散布谣言、扩大私人怨恨、进行不适当的人肉搜寻、进行不当的网络推测、制造和传播虚假的谎言等，这些行为通常都涉及侵犯个人隐私权、名誉权、生命权和健康权等。各种旨在消磨他人，将他人当作工具并随意嘲弄贬低的行为在线上比比皆是，侵犯了他人的人格尊严。

其他一些以欺骗和威胁为手段的营利行为，以及其他违法犯罪也严重损害了个人财产权和其他权益。因此，从制度规范的角度保护大学生的权利，加大打击违法犯罪的力度，是适应当前虚拟生存环境的，同时也要进一步加强社会管理和法律规范，建立良好的网络社会理性秩序。只有这样，看似自由的网络社会才能真正自由，并让虚拟生存朝着健康、自由、民主的方向发展，促进大学生真正受到尊重和保护。

最后，要弘扬和培育虚拟生存环境中的核心价值观念。网络社会展示了强烈的精神力量和价值观念，互联网技术可以迅速汇集思想，在现实社会中引发观点震荡。这时虚拟技术工具的双刃性也被凸显出来，但善与恶的伦理判断仍然存在于网络社会中。为了使个人实现真正的成长和发展，我们必须在网络社会中建立让个体价值匹配于社会的核心价值观，引领大学生形成健康的社会化倾向，并从根本上促进社会的健康运转。这首先要求我们充分发挥社会组织关怀的优势，建立公益性的虚拟社区，并搭建健康辅导心理社区，团结和培养积极进取的力量，倡导爱岗敬业的社会道德，反对不劳而获、骄奢浪费和个人至上主义。其次要求培养大学生的个人合法爱好，形成良性的利益互助群体，对于涉及黄赌毒的虚拟社区和网站要加大打击力度；同时组织专家学者及时发出积极的声音，鼓励个人具有崇高的精神利益；打造优秀人才的示范作用，以大学生的全面发展为前提，展现个人典范的独特价值。再次开辟大学生的社会视野，通过政府引导和社会力量的加入，以杰出人士为中心，建立组织权利维护联盟，树立大学生的个人权利意识，维护其合法权益和个人利益。最后将各种组织联系起来，进行综合治理、形成正确的舆论引导，防止各种虚实难辨、附带负面价值的信息混入大学生网络社会信息氛围。

第三节　虚实共生：在共存相合之中实现大学生的自由全面发展

伴随计算机通讯技术的逐步发展，基于互联网的新媒体技术得到了迅速的普及与应用，并广泛地渗透到社会生活的各个层面，如今互联网已成为一个现代社会的基本设施，深刻影响和改变着生活于其中的每一个人。与此同时，互联网虚拟空间构造越来越深地融入真实的世界，而作为其主要使用群体之一，利用互联网技术而在网络社会和真实世界之间随意切换的大学生，其思想、观念、行为和道德准则都随着外部生活环境在虚拟生存中的变化而变化着。

一、自由全面发展在虚实共生中的意蕴

在科学技术的推动下，互联网创造了一个新的社交网络社会。与此同时，互联网作为技术革命的产品，它在与社会彼此互动的过程中，促进了相应的社会革命，并促成了行为模式、思维习惯、道德标准、价值标准等在社会网络中的独特展开，有机地连接着个人、组织和社会。

虚拟生存是基于现代互联网技术而由人类实践在网络社会中创造的。从存在主义的角度来看，虚拟生存也就是一个人的"此在"，随着其肢体对鼠标不断地点击、移动而不断地扩展、外化和诠释的生存。虚拟生存对比于现实社会中的生存，具有显著的差异，它在行为方式、思维方式、经验、行为和表现上是社会实践的产物，一直在对一个全新的空间进行创作和展示，并为全人类提供机遇。人们不断地在虚拟生存的过程中重现社会关系的现实社会，又发展新的社会关系。在这样一个全新的主观性空间里，人们的主体价值性被充分激活，人们的自由被充分扩展，它是一种全然不同的、非常实用的互动和生存方式，直观地反映了人们在网络社会中的另一种现实的存在状态。

虚拟生存必须基于实体的信息而展开，因此互联网技术的发展和变化直接影响到虚拟生存的格式、逻辑和内容，但虚拟生存也是人类的一个特殊的社会实践，所以其发展也将会影响到互联网技术的发展趋势。实践是马克思主义哲学的基本观点，实践是人类存在的基本方式和本质性活动，是随着时代的不断进步而发展起来的主观外在化形式。虚拟生存来自并植根于现实生存，而且又导引人们开拓现实生存，在网络社会中与客体的目的性和身体状况的客观性进行双向化展开——这种展开的实践是兼备虚拟属性的实践。人们在虚拟实践中不断地改变自己，不断地丰富和提高自己。在这种相互作用下，虚拟生存和真实存在逐渐被整合为一，成为共生共在的生存模式。

二、自由全面发展在虚实共生中的转换

大学生群体是年轻、精力充沛、学习能力很强的群体，对新事物存有天然的好奇心，但也很容易受到外部环境和信息影响，是网络社会中最核心的群体之一，他们经常在虚拟生活中引导社会实践的趋势，而且在虚拟的生活实践中不断被塑造。大学生正处于人生和价值观形成的关键时期，研究他们在网络社会中的生存模式尤为重要。当前，随着新媒体的发展进入一个新的阶段，其所呈现出的新的变化，给大学生的虚拟生存带来了新的多元转型，其中的主要呈现方式可被定义为以下几类：

其一，生存向度由与网络社会的弱链接向强相关转换。虚拟通信的媒介是互联网应用程序。研究表明，早期的博客结合了自媒体的属性和交互式的属性，是公众交流信息和自我介绍的重要平台。随着社交媒体与网络的兴起，博客的互动属性逐渐被取代。目前，互联网技术的应用正从早期的一到多通信，即微博所代表的社交媒体方法，转向基于微信社交网络的多到多交互。微信是一种分散的独立的人群传播，是通过手机通讯录确立"熟人圈"，或通过"摇"来建立陌生人圈的一种传播模式，也即是说，其关键在于圈群的形成与组织，人们可以根据不同利益、兴趣来划分群体、角色等，并在集团内部互动，彼此间发生着类似于现实社会的社会关系，且表现出一种明确而强烈的相关性。目前使用新媒体的大学生们正在用同样的技术变革，改变课堂、构建群体，通过微信的班级群、专业群、兴趣群等，来区分不同兴趣集团的交际圈子。

在这种个人社交网络的构建中，最常用的沟通往往还是熟人间的圈群交际，由于群体成员的真实性和现实交流的公共性，这种交际对虚拟交流进行深度参与对网络媒体的依赖比较严重，因而主要也是对现实人际交流中的群体现象的再加固。层出不穷的互联网族群的集结现象，表达着一种以加入某一族群为意向的文化认同，即对某些行为观念和生活方式的认同。由于新媒体信息传播的便捷性、超时空性，大学生在网络社会中的交往更加频繁，观点更易通过群到群的裂变式传导而迅速放大，大学生的情绪在得到宣泄的同时，也在彼此相互的交流中碰撞着彼此的思想，这对大学生的心理影响更加深刻，也使得价值极化现象更加严重。

其二，认知向度由逻辑主导的理性转向实用主导的惰性。传统教育中的一个关键特质，主要集中在大学生的学习专业知识方面，它在一个相对封闭的环境中单纯进行教育活动，减少了由外部干涉所带来的影响，学生的思想也相对单纯而直观，这使得大学生可以集中精力于理论研究和专业学习上，并让教育成为深入培训。随着网络发展进入的一个新事物的发展周期，由于互联网、大数据、物联网的应用的立体式发展，一个全新的网络社会被构建。这一空间中，信息的聚合能力被极大增强、人们的知识挖掘能力也大为增强，互联网越来越"聪明"，它协助人们将信息收集、分析和挖掘工作变得极其简单且互动频繁。在此情境下，大学生更倾向于通过网络搜索获得简单、快速的答案，越来越少地愿意通过深入的理性思考获得答案。也即是说，互联网正在越来越多地给学生带来方便，但也在淡化和削弱大学生专业学习的理性精神，大学生知识的碎片化、随意化、粗浅化程度越来越高，对知识的工具化理解也越来越大众和明显，而对网络知识学习和搜索工具的依赖则已经成为一种习惯。这导致了大学生思想的冲动与浮躁，使他们的钻研学习精神退化，使他们的理性认知能力和学习能力逐步丧失。

其三，信息接受的重心从注意力分散向注意力快速漂移转变。这里提到的信息接受，在定义上是接收方通过选择而主动吸收信息的行为。由于信息在新媒体环境中的爆炸性生产和快速传播，大学生们早已被大量的信息淹没了。尤其是近几年 P2P 软件的普遍应用和即时通信工具的迅速发展，网络发展进入了后 WEB2.0 时代，其社交的工具性和通讯的社交性被大大强化，自媒体逐渐融入用户的社会关系的真实生活中，社交网络已然拥有了强劲的即时通信性和现实性，并让大学生们彼此之间在互联网空间中发生严密的交集，而大学生们接受信息的情况也发生了重大变化，导致了新的行为模式与生活习惯。研究表明，教育程度越高，群体中互联网用户的比例就越高。经常有对"低头族"身上发生的奇范事件的相关报道，反映了生活方式的变化和年轻人获取信息的方式的变化。随着移动互联网的快速普及和相关的 App 的迅速发展，大学生们随时随地都可沟通和上网，加上出于商业动机而大量提供的网络信息应用和制造网络突发事件来吸引用户参与的行为，以新鲜、有冲击力、有趣等形式严重地转移着学生的精力、改变了大学生之间的信息互动。这直观地导致了大学生的注意力随着信息热点的快速变化而变化，他们的注意力则由分心状态转变为快速漂移而不再固定的状态。

其四，大学生的日常生活从现实生存转向虚拟整合。与互联网技术的不断发展和应用相一致，互联网所创生的网络社会正在从一种远离真实世界的状态转变为与现实社会有密切联系的状态，并且由此带来真实社会和网络社会之间的界限模糊。因各种资料、视频以及网络虚拟的娱乐方式和 O2O 商业模式的兴起，让真实空间和虚拟空间快速融合、彼此呼应。大学生通过网络来进行各种各样的消费成为日常，大学生虚拟生存的内容包括并超越了生存现实的构成。目前，移动互联网上计算机网络与未来的一切都被技术和信息所支配，大量的移动设备的使用使得进一步引入虚拟现实技术成为可能，智能云和智慧互联网技术的不断发展将进一步改变人们的生活，会让人们在真正的虚拟与现实相互合并的环境中进行生存实践。

其五，思维范式从线性一维到网格式立体转变。互联网是一种"高维度媒体"，它激活了个体的需要和能力，比我们过去遇到的所有传统媒体都具有更大的维度，创造了一类全新的社会空间、探索空间和价值空间。微传播、微公众福利、微视频等微系列产品是指在这种现象引发的创造力爆发后，这种被激活的个体在社会元素的增加中展现自身价值而产生的现象。对于社会关系存在于虚拟和真实世界中的大学生来说，互联网不仅是现实社会的延伸和扩展，它还创造了新的内涵的模拟与产生过程中超越于真实的世界，在这一多维结构中大家都是彼此相互依存、交织和影响的。因此，在这个更高维度的空间中开发出了一些不同于现实社会的内容，它们强调情感的释放、自我意识的宣泄，进一步带来了网络社会的复杂性。一种新的话语系统和虚拟文化得以出现并不断生长。大学生长期生存在这样一个空间中，不可避免地带来自身思维的由一维向多维的转变，他们普遍在信息处理中认为信息具有更大的相关性，甚至富有情感和价值取向，这种思维模式的转变，呈现出高维度的网格状分布的样式。

三、自由全面发展在虚实共生中的路向

首先，加强网络舆论导向和网络危机应对能力。新媒体带来的"圈子"和"社区"改变了人们与世界的联系方式。在互联网环境中，人们可以很容易地通过他们认识的人找到他们需要的人，并扩展和利用这种人际资源。如果把一个群比作一个环，这个环的社会化以一种"环相关"的方式将大学里的学生联系起来。但是这种关系有一种"积极的反馈"效应，"圈内"的声音被放大，"圈外"的声音被压抑，社会观点和价值的主流去向被完全忽视，甚至被认为是不同的。

因此，沟通方式以圈式的交往方式进行虚拟体验，更加丰富的社会实践和情感的群体支持，使大学生们更愿意参与其中，但也更容易使得一些大学生的

偏执概念活动加强，形成一个密集而强大的舆论场，在短时期内，对大学生的思想和价值判断形成较大的影响。由于网络所带来的自由空间和表达欲望，大学生们往往在网络沟通中更加大胆和冲动，在不经意间一些突发情况很容易引起群体性的支持和反馈，有些坏消息很容易迅速传播并失去控制，导致整个舆论场出现变化，并造成舆论危机事件。所以，学校应重视网络交际圈发展的介入，并迅速和有效参与网络交际圈中的大学生的学习和生活实践，不断适应新媒体的特点；进一步整合和数据分析，以平等的身份与大学生互动，辩证地增强权威性的信息传播，避免出现两极分化的现象，也能避免大学生走进难以自拔的认知泥潭。

其次，改革传统教学内容和方法。大学生应学习各种各样的知识，其中包括通过网络获得的知识，但是网络所提供的往往是分散非系统性的知识，这些对学生学习的习惯和系统学习是非常不利的，常常导致他们无法获知事物的全貌。与此同时，传统的教学方法强调知识的"输入"，在教化之上强调学生的专业知识，特别是学习理论知识，很容易和学生学习课堂知识来产生短视认知。

高校应该加强研究和教育改革，利用互联网思维、新媒体的环境分解传统知识，有机地和创造性地进行碎片化知识的重建。从理性的角度来看，大学生的接受习惯需要在教学中使用更生动的教学和培训方法，引导大学生理解和挖掘课程内容。在学生们易于接受的方式上，可以补充思维训练、理论学习和立体式教学模式，并充分利用现代教育技术来增强学生学习的深度参与，提高他们的学习效果，并培养他们健康、科学的思维习惯。加强研究和运用新的教学方法，如"慕课""微课""翻转课堂"等，以教化模式的创新打破单向教学模式，让学生主动参与，通过老师和学生之间的互动，帮助学生建立一套系统的思考体系，引导学生发现问题，提高其科学探索精神，提高其专业素养。

其三，加强大学生媒体教育。高校学生的媒体素养是指学生在媒体提供的大众信息中获取、分析、处理甚至转化和产生信息的能力。良好的媒体教育有助于避免信息爆炸所引起的注意力转移，有助于培养学生健康的互联网个性。为了提高大学生的网络素养，必须首先通过媒介素养的相关课程引导学生正确理解互联网，培养学生理性地选择网络信息，进而在海量的信息冲击中去粗取精，学会网络中如何避免错误信息的干扰和如何习惯性正确使用网络，以及学会如何解决使用网络所带来的心理问题。让互联网成为为大学生服务的工具和渠道，这样其生存现实和虚拟生存就会有机地结合在一起，而不是让虚拟生存及其话语系统主导大学生的自我思考。

进而引导大学生合理使用新媒体。在个人自由方面，新媒体起到了很大的解放作用，通过对互联网合理的控制，可以帮助学生达到预期的表达效果，同时也可以帮助学生唤醒更强的自我意识，提高学生的学习主动性。加强校园科学管理。通过提供指导和交流、系统建设、多维激励等方式，减少学生在课堂和学习期间的随意上网和使用手机的频率。强调心理系统改善和大脑生理发育的双重作用，帮助学生发现注意力的漂移侵蚀了自身注意力的严重问题，同时积极避免和克服许多分散注意力的事情，培养在成长和发展中良好地使用互联网的习惯。最后，通过在校园内开展各种文化实践，引导大学生普遍参与，利用互联网与专业知识的结合，激发学生的热情，增强集体活动的吸引力，让更多的学生从虚拟空间回到现实社会。为了让大学生在数字时代有序地生存，必须教会他们在面对的各种媒体中合理地分配自己的注意力。

其四，培养学生对不良习惯的免疫力。科技的进步所带来的网络社会和真实世界的持续融合，将人们的生活变得更加方便和快捷，同时我们也应该看到一些虚拟生存所引致的负面影响：首先，虚拟生存与生活方式影响传统伦理律令的效果持续，就像网络游戏的泛滥流行，它所带来的歪曲价值观严重影响了大学生对公序良俗的正常认知，同时还严重影响大学生的时间分配逻辑；其次，大学生的自我控制能力严重下降，投机心里盛行，许多学生使用手机玩股票，上课时间也不打算听课；再次，打破了大学生健康的语言习惯和伦理观念，比如谣言谩骂、虚假信息、粗俗语言等正常生活中难以见到的内容在网上随处可见，不断降低着大学生的底线观念和对网络暴力的风险抵抗能力。

因此，帮助大学生在复杂的网络社会中培养良好的个人习惯成为必须。首先，心理健康教育至关重要。通过教育系统和连续的心理健康问题关注，来实现风险的预防，使学生们拥有积极、向上的心理；对于出现问题的大学生，要迅速找到问题并积极给出援助，确保问题解决于萌芽阶段。专注于帮助学生积极调整虚拟生存所造成的焦虑、逃避和自我认知不清晰等问题，从而避免他们因学业、人际关系、情感挫折等原因沉迷于虚拟生存，也避免形成遇到问题就到网络社会中逃避的恶性循环。其次，教育工作者需加强时政与法律的学习，将知识传播不仅限于专业领域，还要与社会发展、大政方针结合。帮助学生在知识学习中了解社会，避免与社会实践的脱节，而使学生成为易受不良情绪煽动和利用的目标人群。同时，引导学生合理使用网络语言，形成统一的人格，培养学生人格发展和道德理念上的自觉性，使大学生成为网络文明和自媒体发展的推动者。

教育工作者必须加强对现实问题和相关法律的研究，使得知识的传播不仅限于专业领域，而且包括思想教育和道德教育的内容。这能够帮助大学生通过学习知识来了解社会，避免其发展与社会实践相脱离，从而避免大学生成为不良情绪和恶意煽动的对象。与此同时，为了引导学生合理使用网络语言，要形成他们统一的人格，培养大学生的个性发展和道德良知的概念，所以学生们变成网络文明和网络和谐的推进人。最后，从事大学生思想教育和管理的专业人员应当更多地关注和理解学生群体，并真正融入、了解学生，进而有效地对大学生群体进行监测并及时找出问题，然后加强有实效的管理和引导，适时引导大学生直面和解决个人问题，帮助学生尽快摆脱对互联网的依赖，进而培养他们对不良网络风气的自觉抵抗力。

其五，增加基础工程建设，以满足新形势的需要。虚拟生存的"高维度"特征要求我们加强全面性的反应能力，特别是在必须增加努力的基础工作方面。首先，建立大学教师队伍的跨学科整合。新媒体的发展，改变了传统的社会生态，互联网思维解构传统的思维模式，从事意识形态和政治教育的专业人士应加强互联网技术研究，改善自身知识结构，以适应新形势的需要。目前从事思想政治教育的大学教师中，既具备意识形态专业知识又具备互联网技术方面的专门知识的个体并不多，可以进行深入研究和实践的团队力量还远远不够。因此，必须适应互联网技术发展趋势，富集信息专业人员，加强现有团队的信息素养，进行跨学科的合作研究；并与其他手段相结合，逐步建立一个跨学科团队来服务于学生不断增加的教育需要，更好地适应新形势。同时要加强主流文化和社会主义核心价值观的大众网络话语体系建设，加强传统文化在新媒体中的创新植入。

良好的网络文化对于学生的成长和基本价值观的建立是非常重要的。从大众网络舆论控制对网民使用粗俗词汇的统计数据显示，一些原始的粗俗词汇在微博上传播了数千万次，我们可以从中看到网络语言现象的普及。作为互联网的主要用户之一，大学生经常沉浸在这样的环境中，将不可避免地引致他们的思想和习惯的负面影响。因此，必须坚持构建新形势下的主流话语体系，引导和规范大学生网络话语。另外，加强网络合法化和标准化建设。网络空间具有与真实空间类似的属性，也是一个复杂的社会系统，建立科学的法律和监管体系，能够在确保良好的网络环境方面依然发挥不可替代的作用。

后 记

　　风险投资家、英特尔前高级副总裁威廉姆·戴维德（William H. Davidow）在其《过度互联》一书中告诫世人，网络使人类的连接更加方便紧密，但过度互联加速了信息传播，使人类社会变得更加脆弱。不难发现，这种脆弱体现在文化上，就是网络文化生产与传播始终处于失控状态。于是，美国学者迈克尔·帕特里克·林奇（Michael P. Lynch）在其《失控的真相》一书中指出，网络时代的人们知道得很多，但智慧却很少；人们总希望自己在网络社会所看到、所相信的就是真相，但是高贵的谎言正在频频误导大众。

　　显然，个中原因，就是网络社会的匿名性、易变性（流动性）和符号性，给网络文化异化生产和传播提供了"肥沃的土壤"，什么色情、暴力、取巧、抄袭、山寨、谎言、谣言、欺骗……这类的信息犹如一股股难以澄清的恶气污水，在网络社会横流肆虐。由此，玷污着无数网民的心灵，进一步加剧了网络社会的"道德市场化"，使许多网民在网络社会背弃了人类分工合作的基本契约精神，放松了对"虚拟的人"德行的要求，以求一己之私利，却带来对他人或者整个网络社会的伤害。

　　正是基于对网络社会健康发展的担忧，我们组织团队以"网络文化异化境遇下大学生虚拟生存的社会责任践行研究"为题，于2016年申报了教育部人文社会科学研究规划基金项目，并有幸得以立项资助（项目批准号为16YJA710012）。本课题由林瑞青主持，课题组的成员有范君、徐继超、黄颖珊、余俊渠、李平、李晓春、李荣华等人。课题立项后，主持人被佛山科学技术学院党委任命为马克思主义学院负责人。由于学院领导班子配备不足，一人单挑，集行政、科研、教学、学科建设、研究生教育等工作于一身，个中艰难自知。工作之余，学术研究时间有限，唯有充分利用假期。课题组成员一直就这么努力坚持下来，滴水成河、积沙成丘，这部著作就如此一天天"成长"起来。

2020 年春天，一场新冠肺炎疫情席卷全球，课堂教学被迫搬到了网络空间。上课少了路途奔波，行政会议和日常工作相对减少，给了我们更多研究时间。把握住这个时间，在工作之余，课题组顺利完成了全部书稿的撰写和修改，可谓"战果"累累。

直面这场突如其来的疫情，人们高度配合疾控部门——居家隔离，共同防疫，利己利人。于是，远程办公、云端学习、网络购物、线上交流……成为常态。人们依赖互联网技术度过了恐慌的日子，如今变得更加向往"互联网＋"的工作、学习和生活模式，更加认同网络社会的虚拟生存。我们已无法、也无意去瓦解这种过度互联。网络经济发展成为疫情期间最为亮丽的风景线，谁抓住了互联网这根稻草，谁就获得了新的生机。

当然，如今的互联网技术和网络社会发展，已不再是纯粹解决"有没有"的基础问题，而转向了重点解决"好不好"的品质问题。大家知道，新时代人们对美好生活的向往，体现在网络社会，就是人们在网络社会的虚拟生存有明显的获得感。因此，我们可以用习近平同志提出的"新三个有利于"来作为评判网络社会发展成效的标准，即人民是否真正得到了实惠，人民生活是否真正得到了改善，人民权益是否真正得到了保障。

显然，互联网技术改变了人类社会的发展模式，更改变了人类的生存发展模式。一个美好的网络空间，不仅可以使人们得到更多实惠，也可以使人们的生活得到有效改善，还可以使人们的权益得到快速保障。网络社会作为人类生存实践不可或缺的第二空间，网络社会发展的健康与否，已成为人们最关心、最直接、最现实的一项根本利益。

但是，网络社会的"道德市场化"倾向，也已成为我国经济高质量发展背景下人民群众的一大操心事、烦心事和揪心事。那么，谋求网络社会发展的道德化，推动构建网络空间命运共同体，就顺应了人类合理利用互联网技术的需要，顺应了增强网络社会虚拟认同的需要。因此，在网络社会践行社会责任，是全体网民的共同义务。这是一个值得研究的重大课题，本著作的出版就是这一重大课题研究上的一粒不成熟的"小果"。

本著作的顺利出版，首先得感谢佛山科学技术学院党委书记曾峥教授、校长郝志峰教授、党委副书记许晓珠同志、副校长李先祥教授等领导的不懈鼓劲和支持，更要感谢中山大学马克思主义学院李辉教授、王仕民教授，暨南大学马克思主义学院程京武教授，广东财经大学马克思主义学院刘苍劲教授，华南理工大学马克思主义学院刘社欣教授，福建师范大学马克思主义学院廖志诚教授等同行大家的悉心指点；还要感谢佛山科学技术学院党委组织部部长卢建红副研究员、教务处处长古广灵研究员、马克思主义学院党委书记杜环欢教授、学生处处长余俊渠副研究员等人的关心和帮助。

　　谨以为记。

林瑞青

2020 年 6 月 26 日